조선이야기집과 속담

朝鮮の物語集 附俚諺

이시준 · 장경남 · 김광식 편

제이앤씨
Publishing Company

식민지시기 일본어 조선설화자료집 간행사

1910년 8월 22일 일제의 강점 이후, 2010년으로 100년이 지났고, 현재 102년을 맞이하고 있다. 1965년 한일국교 정상화 이후, 한일간의 인적·물적 교류는 양적으로 급속히 발전해 왔다. 하지만 그 양적 발전이 반드시 질적 발전으로 이어지지 않았음이 오늘날의 상황이다. 한일간에는 한류와 일류, 영화, 드라마, 애니메이션, 만화, 음악, 소설 등 상호 교류가 확대일로에 있지만, 한편으로 독도문제를 둘러싼 영유권 문제, 일제강점기의 해석과 기억을 둘러싼 과거사 문제, 1930년대 이후 제국일본의 총력전 체제가 양산해낸 일본군 위안부, 강제연행 강제노역, 전쟁범죄 문제 등이 첨예한 현안으로 남아 있다.

한편, 패전후 일본의 잘못된 역사인식에 대한 시민단체와 학계의 꾸준한 문제제기가 있었고, 이에 힘입은 일본의 양식적 지식인이 일본사회에 존재하는 것도 엄연한 사실이다. 이제 우리 자신을 되돌아보아야 한다. 우리는 일제 식민지 문화와 그 실체를 제대로 규명해 내었는가? 해방후 행해진 일제의 식민지 문화에 대한 비판적 연구가 행해진 것은 사실이지만 그 실체에 대한 총체적 규명은 아직도 지난한 과제로 남아 있다.

일제는 한국인의 심성과 사상을 지배하기 위해 민간설화 조사에 착수했고, 수많은 설화집과 일선동조론에 기반한 연구를 양산해 냈다. 해가 지나면서 이들 자료는 사라져가고 있어, 서둘러 일제강점기의 '조선설화'(해방후의 한국설화와 구분해, 식민시기 당시의 일반적 용어였던 '조선설화'라는 용어를 사용) 연구의 실체를 규명하는 작업이 요청된다.

이에 본 연구소에서는 1908년 이후 출간된 50여종 이상의 조선설화를 포함한 제국일본 설화집을 새롭게 발굴하여 향후 순차적으로 자료집으로 출간하고자 하니, 한국설화문학・민속학에서 뿐만이 아니라 동아시아 설화문학・민속학의 기반을 형성하는 기초자료가 되고, 더 나아가 국제사회에서의 학문적 역할을 증대하는데 공헌할 수 있기를 바라마지 않는다.

숭실대학교 동아시아언어문화연구소
소장 이 시 준

조선이야기집과 속담 4

다카하시 도루(高橋亨)와 『조선 이야기집(朝鮮の物語集 附俚諺)』

김광식, 이시준

1 머리말

본책의 전반부 '이야기(物語)'는 다카하시 도루(高橋亨)의 『朝鮮の物語集 附俚諺』(日韓書房, 1910年9月)본을 사용하였고, 후반부 '속담(俚諺)'은 『朝鮮の俚諺集 附物語』(1914年6月)본을 사용하였다.

다카하시 도루(高橋亨; 1878~1967)는 일찍부터 조선설화에 주목하여 한국병합이 강제 체결된 다음달인 1910년 9월에 『조선 이야기집 및 속담(朝鮮の物語集 附俚諺)』(일한서방, 이하 『조선 이야기집』으로 약칭)을 간행하고, 1914년 6월에는 같은 출판사에서 증보판 『조선의 속담집 및 이야기(朝鮮の俚諺集 附物語)』(이하, 『속담집』으로 약칭. 『조선 이야기집』과 『조선 속담집』두 자료를 총칭해서 자료집으로 약칭)을 펴냈다. 다카하시의 자료집은 출판 이후 다카기 도시오(高木敏雄; 1876~1922) 등 한일 설화 연구자의 기본 텍스트가 되어 자주 거론되었다는 점에서 그의 자료집에 대한 본격적인 연구가 요구된다 하겠다.[1)]

니시오카 겐지(西岡健治)는 1904년에 육합관(六合館)에서 간행된 일본어

1) 예를 들면 다카기의 「일한공통의 민간설화(日韓共通の民間説話)」(『東亜之光』7권11·12호, 1912년, 高木敏雄, 『増補 日本神話伝説の研究』2(平凡社,1974년)에 수록됨) 등을 참고.

사진『언해(言海)』의「물어(物語)」항목의 설명, 즉 (1)이야기하는 것. 이야기. 담(談). 설화. (2)다음과 같은 물어(이야기)류의 호칭.「다케토리(竹取)물어」,「겐지(源氏)물어」를 들어, 다카하시가 사용한 '물어'는 (1)의「설화」를 말하고 있다고 지적한다.[2] 니시오카의 지적대로 다카하시의 자료집은 민간전승을 모은 설화집이라는 특색을 지니고 있다. 다카하시는 설화라는 용어를 직접 사용하지는 않았지만, 다카기 이후의 선행 연구에 의해 선구적인 설화집으로서 다루어져 왔다.

2 다카하시의 조선연구 및 설화 연구

다가하시 도루는 1878년 니가타현(新潟県) 나카우오누마군(中魚沼郡) 가와지 촌(川治村)에서 시게이치로(茂一郎)와 기이의 장남으로 태어났다.[3] 다카하시는 1898년 도쿄 제국대학 문과대학에 입학, 1902년에 지나(支那) 철학과를 졸업한다. 같은 해 12월에 다케베 돈고(建部遯吾; 1871～1945, 1901년부터 도쿄 제국대학 교수가 되어, 사회학 강좌를 담당)의 추천으로, 규슈(九州)일보의 주필이 되어 후쿠오카에 부임. 1904년 말,[4] 한국 정부의 초대를 받아 시데하라 다이라(幣原坦; 1870～1953)의 후임으로서 관립중학교 외

2) 西岡健治,「高橋仏焉／高橋亨の『春香伝』について」,『福岡県立大學人間社会學部紀要』, 第14巻第1号, 2005年12月, 44쪽.

3) 다카하시의 경력에 대해서는 다음을 참고. 權純哲,「高橋亨の朝鮮思想史研究」,『埼玉大學紀要 教養學部』, 33巻1号, 1997年11月; 阿部薫編,『朝鮮功労者銘鑑』(民衆時論社, 1935年);「高橋亨先生年 譜略」및「高橋亨先生 著作年表」, 朝鮮學会『朝鮮學報』14輯, 1959年10月;「高橋亨先生 年譜略·著作年表」, 朝鮮學会『朝鮮學報』48輯, 1968年７月.

4)『朝鮮學報』의 연보에는「明治36[1903]년말」도한으로 기록돼 있지만, 다카하시의『韓語文典』(1909)에는 "나는 明治37[1904]년 겨울, 이곳에 와서"(3쪽)라고 적혀 있다. 본고에서는 가장 빠른 시기의 기술인 1909년의 회고를 신뢰함과 더불어, 시데하라 다이라(幣原坦)의 후임으로 부임했다는 것을 고려하여 1904년이 타당하다고 판단했다.

국인 교사가 된다. 1908년 관립 한성 고등학교의 학감으로 승신된 후 『한어문전(韓語文典)』(1909)을 간행한다. 그 서문에 일본의 한국경영에 있어 정부 주도의 시대는 과거가 되었고, 혼연일체로서의 국민을 통해 이에 종사해야 할 것이라고 전제하고, 국민적 경영의 최적 조건은 경제적 교익(交益)과 일한 언어의 교환이라고 주장하였다. 그는 메이지(明治) 내셔널리즘의 강한 영향을 받아 제국 일본의 교육자로서 한국 경영에 강한 의욕을 보였다.

1910년에는 『물어집』을 간행하는 한편, 조선총독부 촉탁으로서 조선의 고서, 금석문 등을 수집한다. 다음해에는 '이왕가 규장각'[5] 도서의 조사를 담당함과 동시에, 경성 고등보통학교의 교사로 근무하게 된다. 그리고 보통학교용 언문철자법을 제정하기 위한 회의에 위원 자격으로 참여하고, 1916년에는 대구 고등보통학교 교장이 되며, 1926년 경성 제국대학의 창립과 함께 교수로 임명된다.

1940년에 경성 제국대학을 퇴임한 후 야마구치현(山口縣)에 일시적으로 기거하나, 1945년에 명륜연성소(明倫錬成所; 1910년 한국병합 이후 성균관은 경성 경학원, 명륜학원, 명륜전문학원을 거쳐 1942년에 명륜전문학교로 승격되었으나, 1944년에 폐교되어 명륜연성소가 설치됨) 소장이 되어 다시 경성에 돌아왔으나, 패전을 맞아 10월 야마구치현 하기시(萩市)로 귀환한다. 1949년 후쿠오카 상과대학 교수를 거쳐 1950년에 덴리(天理)대학 교수

---

5) 『朝鮮學報』의 연보에는 "이왕가 규장각(李王家 奎章閣)"으로 기록되어 있다. 이것이 '이왕직 이왕가 장서각'인지, '규장각'인지는 불분명하다. 그러나 다카하시는 조선총독부 학무국에 소속되어 있었고, 규장각도서를 조사했을 가능성이 높다. 조선왕조 규장각 도서는 한국병합 이후, 1911년 6월 구관제도 조사를 총괄한 조선총독부 취조국에 인수되어, 1912년 참사관 분실, 1916년 관방총무과 박물관, 1922년 학무국 학무과 분실을 거쳐, 경성 제국대학 설립 후에 1928년부터 3차에 걸쳐 16만 2159책이 동대학 부속 도서관 서고에 이관되었다. 해방후에는 국립 서울대학교 중앙도서관의 소관이 되었고 나중에 독립되어 지금의 서울대학교 규장각으로 계속되고 있다(김문식 외, 『규장각 —그 역사와 문화의 재발견—』(서울대학교 출판문화원, 2009년)을 참고).

로 초빙되어 조선학회의 발족에 힘쓰고, 그 부회장이 되어 1960년대 중반까지 실질적으로 조선학회를 이끌었다.

박광현은 다카하시의 조선 연구는 세 방면에서 전개되었다고 보고, 다음과 같이 정리했다. 첫번째는 조선어에 대한 관심이다. 『한어문전』(1909)과 「일한 양어 어법의 흡사한 일례(日韓両語語法の酷似せる一例)」(1910.2.)등의 연구가 있는데, 이는 가나자와 쇼자부로(金澤庄三郎)의 『일한 양국어 동계론』 (1910)과 같은 이념적인 측면에서 보다는 지극히 실용적인 측면에서 기술된 것이라고 할 수 있다.

두번째는 조선인에 관한 서술이다. 조선인의 내면과 생활을 이해하기 위한 민담과 속담을 모아 소개한 『조선 이야기집』, 『조선 속담집』을 간행했다. 그리고 '조선인'이라는 제목을 붙인 논문을 『일본사회학원 연보』(1917. 6.)에 발표했다. 이 논문에서 "나는 종래 조선의 사상 및 신앙 즉 문학과 철학과 종교의 연구에 종사"(1-2쪽)해 왔다고 언급하며, 조선 연구자로서의 자신을 본국에 소개하고 있다. 이 시기는 "조선에 사는 일본인은 조선인이 종래 악정의 결과로 양성된 어두운 성질을 선정과 우수민족의 감화로 씻어내고 일본인으로 동화시키는 동시에 민족적으로 향상시키는 것을 의무라고 자각하지 않으면 안 된다"(원문, 86쪽)라는 기술에서 알 수 있듯이, 조선의 식민 통치를 위한 조사 사업의 연장선에서 다카하시의 학문을 형성해 나간 전환기이기도 했다.

세번째는 조선의 교화와 교정(教政)에 관한 조사다. 이는 본격적으로 조선 총독부의 조사 사업에 종사한 시기에 행해진 성과였다. 그 내용은 주로 조선 교육사와 조선의 유학과 불교를 중심으로 한 사상과 신앙에 관한 연구다. 식민지 통치를 위한 '조사'사업을 '학술'로 승화시키는데 중심적인 역할을 수행했다. 이상의 세 가지 연구 영역은 깊은 관계를 맺으며 유기적으로

연계되어 있었다.[6]

박광현의 지적대로, 세방면의 연구의 관련성에 주목해 그 전체상을 명확하게 파악하는 연구가 요청되는데, 선행 연구에서는 다카하시의 조선유학관에 대한 비판에 집중되었다.[7] 최근에 조선 불교관 및 문학관에 관한 연구가 진행되고 있다.[8] 더불어 다카하시의 초기 연구에서는 그의 유창한 한국어 능력[9]을 살려 조선(인)을 이해하기 위한 물어·이언에 주목한 만큼, 자료집에 대한 정밀한 검토가 필요함은 두말할 필요도 없다.

---

6) 박광현, 「경성제대 '조선어학조선문학' 강좌 연구－다카하시 토오루(高橋亨)를 중심으로」, 한국어문학연구학회, 『한국어문학연구』41집, 2003년 8월, 345－347쪽.

7) 예를 들면, 『오늘의 동양사상』(제13호, 2005년 가을·겨울호, 예문동양사상 연구원)은 특집 「해방 60년, 우리 속의 식민지 한국철학」을 마련해 다음처럼 8편의 논문 전부를 다카하시와 관련된 논고로 수록하고 있다.
최영성, 「다카하시 도오루의 한국 유학관 비판」; 이형성, 「다카하시 도오루의 조선 성리학 연구 영향과 새로운 모색」; 박홍식, 「다카하시 도오루의 조선 양명학 연구에 대한 소고」; 김기주, 「다카하시 도오루의 조선 유학관에 대한 비판과 대안적 논의」; 이상호, 「고등학교 윤리 교과서에 나타난 다카하시 도오루의 영향」; 이성환, 「조선총독부의 지배 정책과 다카하시 도오루」; 고희탁, 「다카하시 도오루 조선사상사론의 양면성」; 홍원식, 「장지연과 다카하시 도오루의 '유자·유학자 불이·불일' 논쟁」. 이상의 논문들은 「비판」, 「양면성」, 「대안」 등의 논문제목에서 알 수 있듯이. 다카하시의 유학관에 대해 엄격한 실증적 비판을 행하였다. 이러한 비판의 배경에는 권순철의 지적대로 「그의 연구를 통해 왜곡된 한국사상상(思想像)을 극복하고, 민족의 자주적인 사상상을 구축해야 한다는 해방후 한국 사상사학계의 동시대적 과제가 있음에 유의할 필요가 있다」(權純哲, 앞의 논문, 73－74쪽). 이와 더불어 주의할 것은 다카하시의 조선유학관은 일관된 것이 아니라, 시국에 따라 변화했다는 점이다. 이노우에의 지적대로, 다카하시는 초기에는 이퇴계를 평가하지 않았지만, 1937년 중일전쟁 이후 그 평가가 달라졌음을 확인할 수 있다. 이는 조선인 또한 국가총동원체제에 참여시켜야 했기에 일본 성리학과 관련성이 있는 이퇴계를 높이 평가하기 시작했다. 이는 식민지 조선인의 동화와 개조, 즉 반도 사인(半島士人)의 혼을 근본적으로 구하는 양약(良薬)으로 파악했음이 명백하다(井上厚志, 「近代日本における李退渓研究の系譜學」, 島根県立大學総合政策學会, 『総合政策論叢』第18号, 2010年2月, 76－77쪽).

8) 다카하시와 조선불교, 조선문학에 대해서는 다음 논문을 참고. 川瀬貴也, 『植民地朝鮮の宗教と學知 ―帝国日本の眼差しの構築』(青弓社, 2009年)의 「『朝鮮人』『朝鮮宗教』『朝鮮仏教』への眼差し ―高橋亨を中心に―」; 박광현, 앞의 논문.

9) 경성제국대학 교수시절, 동료들과 함께 다카하시로부터 조선어를 배운 다카기 이치노스케(高木市之助)는 「(다카하시 씨는) 반생을 조선교육에 진력한 사람으로, 특히 조선어 회화가 능숙하여, 고등 보통학교 교장 시절에는 학생 훈시 등에 있어 일체 일본어를 사용 안했다고 하니 대단하다 하겠습니다.」(『国文學五十年』, 岩波書店, 1967年, 145쪽)고 회상했다.

3 『조선 이야기집』에 관한 선행연구

『조선 이야기집』에 대해서 일찍이 최인학은 "아마도 일본인이 출판한 것 중 최초"의 자료집이라고 평가하고, 『금석이야기집(今昔物語集)』류의 원용으로 보이는 첫머리 부분의 "지금은 옛날(今は昔)"이라는 표현에 대해서 "이 표현은 한국 민담 연구에 오해를 줄 우려가 있다"고 지적함과 더불어, "오늘날 본격적인 민담으로는 완전한 자료는 아니지만, 적어도 반세기 전에 수집된 자료라는 점에서 그 의의를 인정할 수 있다. 그리고 외국인에 의한 이러한 자료집의 출판은 아마도 국내 학자에게 한편으로는 자극을, 또 한편으로는 실망을 주었을 것으로 것이다"고 지적하였다.[10)]

그 후 김용의, 김환희 등에 의해 근대초기 자료집에 수록된 개별 설화의 변용 및 그 성격을 고찰하는 연구가 계속되었다.[11)] 『조선 이야기집』에 관한 언급은 일부분에 한정되어 있지만 그 평가는 커다란 차이가 있다. 예를 들면 김용의는 『조선 이야기집』은 식민지기에 일본인이 처음으로 간행한 한국의 민간전승에 관한 자료집이라는 점에서 주목되며 그 자료적 가치를 인정하는 데 반해,[12)] 김환희는 이른 시기에 간행되었으나 구비문학적인 가치가 의심스럽다며 부정적이다.[13)]

『조선 이야기집』에 대한 본격적 연구는 권혁래에 의해 행해졌다. 권혁래

---

10) 崔仁鶴, 『韓国昔話の研究 ―その理論とタイプインデックス―』, 弘文堂, 1976年, 13－14쪽.
11) 각각의 논자의 대표적인 논문을 들면 다음과 같다. 김용의, 「민담의 이데올로기적 성격」, 『일본연구』14, 중앙대학교 일본연구소, 1999년; 大竹聖美, 「「조선동화」와 호랑이－근대일본인의 「조선동화」인식－」(『동화와 번역』5집, 2003년); 西岡健治, 「高橋仏焉／高橋亨の『春香伝』」, 『福岡県立大學 人間社会學部 紀要』, 第14巻 第1号, 2005年; 김환희 「〈나무꾼과 선녀〉와 일본 〈날개옷〉 설화의 비교연구가 안고 있는 문제점과 가능성」, 『열상고전연구』 26집, 2007년.
12) 김용의, 위의 논문, 314쪽.
13) 김환희, 앞의 논문, 92쪽.

는 다카하시가 『조선 이야기집』을 선집하고 작품들을 평가하는 과정에서 의식적이든 무의식적이든 식민사관에 입각한 편향성이 개입했을 가능성을 인정하면서도, "그럼에도 불구하고 다카하시가 사회관찰자의 의도에서 작품자체의 원형을 함부로 훼손하지는 않았을 것이라는 추론"을 할 수도 있다고 덧붙였다.[14] 더불어 『조선 이야기집』의 문학사적 의의에 대해 다음의 세 가지를 들고 있다.

첫째로는 근대 가장 초기에 간행된 설화·고전소설집으로, 『조선 이야기집』을 통하여 구전설화 전승의 시발점을 살펴볼 수 있다. 둘째로는 수록된 설화는 긍정적이든 부정적이든 후대에 지속적으로 영향을 미쳤다는 점이다. 셋째로는 수록된 네 편의 고전소설류 작품을 통하여, 중세 고소설이 근대 고전소설로 인식・형성되어 가는 초기 과정을 파악할 수 있다며 다카하시 연구의 공과와 더불어 일본어 자료 연구의 필요성을 강조하였다.[15]

박미경은 다카하시의 『조선 속담집』을 한국어로 번역하고,[16] 식민지기 자료집에 대한 연구의 중요성을 지적하고 형제담을 분석했다. 『조선 이야기집』의 「말하는 거북이(解語亀)」라는 이야기에는 "희귀한 것을 좋아하는 것은 조선인의 특색인데, 시간을 개의치 않고 노는 것도 이 나라의 국민성(珍しきもの好むは朝鮮人の特色、時間を関はず遊ぶもこの国の民性)"이라는 표현이 있고, 주석에도 "시간을 개의치 않는 한인(時間を構はぬ韓人)"이라고 부정적으로 부기한 것에 주목해, 작품전체의 원형을 함부로 훼손하지는 않았을 것이라는 권혁래의 추론에 대해 재고의 여지가 농후하다고

14) 권혁래, 「근대 초기 설화·고전소설집 『조선물어집』의 성격과 문학사적 의의」, 『한국언어문학』64, 2008년, 224쪽.

15) 권혁래, 위의 논문, 239－240쪽.

16) 高橋亨(박미경 역), 『다카하시 도루의 조선속담집』, 어문학사, 2006년. 이야기(설화)를 제외한 속담만을 번역하였다.

지적하고 있다.[17] 다카하시가 의도적으로 자료를 훼손했는지에 대해서는 동시대의 다른 자료와의 대비를 통한 엄밀한 분석이 요청된다고 사료된다.

4 다카하시 자료집과 조선인론

권혁래는 『조선 이야기집』의 수록작품의 성격을 파악하기 위해서는 유형분류가 필요함을 지적하고, 〈표 1〉처럼 삼분하였다. 『조선 이야기집』에는 번호가 없지만 편의상 번호를 매겨서 기술하기로 한다.

〈표 1〉 수록작품의 분류

유형(편)	작품명
·문헌설화류(5편)	12.淫僧食生豆四升 16.盲者逐妖魔 22.富貴有命,栄達有運 24.神虎 28.毒婦
·구전설화류(19편)	1.瘤取 2.城隍堂 3.貧郡守得銭 4.嘘較べ 5.風水先生 6.巳時下午時発福 7.得対句半死 8.解語亀 9.鬼失金銀棒 10.贋名人 13.片身奴

17) 박미경, 「일본인의 조선민담 연구고찰」, 『일본학연구』28집, 단국대학교 일본학연구소, 2009년 9월, 79쪽.

	14.無法者 15.明者欺盲者 17.妓生烈女 18.癩疥病童知雨 19.双童十度 20.韓様松山鏡 21.仙女の羽衣 23.人と虎との争い
· 고전소설류(4편)	11.興夫伝 25.長花紅蓮伝 26.再生縁 27.春香伝

1910년판 『조선 이야기집』에는 28편의 설화와 더불어 547편의 속담이 수록되었다. 한편 1914년판 『조선 속담집』에는 속담을 대폭 증보하여 1,298편의 속담을 수록했다. 설화의 수록 수에 대해서 니시오카는 "변화가 없다"[18] 고 하였고, 박미경은 「25.長花紅蓮伝」과 「26.再生縁」만이 '제외'되었다고 지적했으나,[19] 조희웅과 권혁래의 지적대로, 「13.반쪽이片身奴」 또한 삭제되어 25편이 수록되었다.[20] 단, 조희웅과 권혁래의 연구에서도 3편의 삭제에 대해 주목하지 않았지만, 다카하시의 조선 연구의 변화와 함께 그 삭제의 원인을 규명할 필요가 있다고 사료된다. 본 해제에서는 이에 대한 구체적인 고찰은 생략하지만, 속담의 대폭적인 증보로 인해 장편인 「25.長花紅蓮伝」과 「26.再生縁」이 삭제된 것은 이해할 수 있다고 해도, 단편인 「13.반쪽이片身奴」마저 삭제된 것은 납득이 되지 않는다. 권혁래의 지적대로 반쪽이는 트릭스터(trickster) 유형의 설화로 매우 주목되는데, 이 작품이

18) 西岡健治, 앞의 논문, 43쪽.
19) 박미경, 앞의 논문, 77쪽.
20) 조희웅, 「일본어로 쓰여진 한국설화/한국설화론(1)」, 『어문학논총』24집, 국민대 어문학연구소, 2005.12, 17쪽; 권혁래, 앞의 논문, 2008년, 233쪽.

1914년에 삭제된 것은 다카하시의 조선인의 특성 및 성격과 부합되지 않았기 때문으로 판단되는데, 앞으로 엄밀한 고찰이 요구된다.

더불어 선행연구에서는 설화와 속담을 분리해 연구해 왔으나 적어도 다카하시에게 둘은 깊게 연결된 것이었다. 설화와 속담의 관련성에 주목하여 고찰해야 할 것이다.[21] 필자의 분석에 의하면, 다카하시의 속담은 설화와 깊이 관련을 맺고 있다. 다카하시는 속담을 소개하고 나서 자세한 해설을 추가하였는데, 속담의 발생이 설화와 깊이 관련됨을 거듭해서 언급하고 있다. 1914년판의 속담「65 飢えて錦が一度の飯」,「134 豚は自分の番に湯を沸せと言ふ」,「410 大学を教へてやらうか」,「438 おれはパダロプンと言ふが,お前はパダロプンと言へ」,「445 背負ひ込むだ坊主」,「579 盲人が自分の鶏を捉めて食ふ」,「993 桑も亀も言を慎まずして殃に罹れり」,「1005 甕商人が九々をする」,「1161 懐仁郡に監司が来た」,「1163 尹君来る時に泣き,去る時に復た泣く」,「1194 西門の門番餅を搗く」,「1203 すどろが寧辺へ往つて戻つて来た様だ」의 열 두개의 속담은 모두 설화에 기원을 두고 있다. 또한「828 祈祷はしたいが,嫁が巫女の舞のまねをして舞ふが憎らしい」과「832 鶏卵に骨がある」에서는 각각의 속담을 해설하고 나서 독립된 제목으로 각기「嫁達の姑の悪口」,「鶏卵有骨」을 두어 조선의 '이화(俚話)'로 언급하고 있다. 이상의 14편의 이언은 소담으로 분류할 수 있는 설화=이화(俚話)와 깊이 관련된다.

『조선 이야기집』은 1910년 9월에 출판되었는데, 같은 해 8월호『帝国文学』에 다카하시의「한국의 이언(韓国の俚諺)」이 수록되었다. 여기에서 다카하시는 "조선의 사회연구의 일부로서 여러 방법으로 경성지방의 이언을 수집

21) 설화와 이언의 관련에 대해서는 조희웅의 연구를 참고(『증보개정판 한국설화의 유형』, 일조각, 1996년, 67쪽).

했다"[22] 고 적고 있다. 나카하시의 조선 민간전승 채집은 조선사회 연구의 일환이었음을 잊어서는 안 될 것이다.

전술한 박광현의 지적처럼 다카하시의 자료집은 조선인론과 깊은 관련을 맺고 있는데, 다카하시가 조선인의 성격에 대해 논한 글을 시기별로 정리하면 〈표 2〉와 같다.

〈表 2〉 조선인의 성격에 관한 다카하시의 논고의 목차 및 내용

『조선의 속담집』「自序」(1914)	「朝鮮人特性之研究」 유인본 (1915.5.11稿了)	「조선사정」『講習会講演集』(1915)	「조선인」『日本社会学院年報』(1917)	총독부학무국 『조선인』(1920)
	총론		총설	第一 총설
사상의 고착성, 사상의 무창견(無創見), 창기(暢氣), 문약(文弱), 당파심, 형식주의	각론 1사상상의 고착성 2사상상의 비독립성 3극단적 형식주의 4불성실 5당파심 6문약 7심미관념의 결핍 8공사혼효 9관옹응양(寬雍膺揚) 10종순(從順) 11낙천적	공사혼효(公私混淆) 관유응양(寬裕膺揚)	각론 1사상의 고저(固著) 2사상의 종속 3형식주의 4당파심 5문약 6심미관념의 결핍 7공사혼효 8관옹, 응양 9종순 10낙천적	第二 각론 1사상의 고저 2사상의 종속 3형식주의 4당파심 5문약 6심미관념의 결핍 7공사혼효 8관옹, 응양 9종순 10낙천적
	여론(餘論)		여론	第三 여론 第四 후론(後論)

22) 高橋亨, 「韓国の俚諺—京城地方の俚諺一般—」, 『帝国文學』16巻8号, 1910年8月, 65쪽.

〈표 2〉처럼 조선인의 성격에 대해 다카하시가 처음으로 언급한 것은 『조선 속담집』의 「자서(自序)」이다. 다카하시는 조선민족의 '육성(六性)'(사상의 고착성, 사상의 무창견, 창기, 문약, 당파심, 형식주의)을 부정적으로 언급하고, 2천년의 조선사는 현재도 육궤도(六軌道) 위를 돌고 있는데, 이는 '상식적 해설'이라며 정체론을 주장하였다. 그러나 근대 일본인의 조선관을 대표하는 부정적 조선민족 六性이라는 '상식적 해설'은 처음부터 존재한 것이 아니라, 다카하시의 담론에 의해 창출된 면이 있으며, 그가 구축한 '진보 없는 조선의 사상과 종교'라는 스테레오 타입은 '만들어진 전통 invention of tradition'이라 할 수 있다.[23)]

한편 다카하시 도루의 「조선인특성지연구(朝鮮人特性之研究)」(1915)라는 제목의 유인본(油印本, 도쿄대학 경제학부 도서관 소장)이 유통되었는데, 이는 1917년 『日本社会学院年報』에 게재되기 전단계의 원고다.[24)] 이 글은 1920년에 조선총독부 단행본으로 증보 간행된다. 총독부의 『조선인』에는 후론이 추가되어 그 후에 일어난 상황에 대한 그의 의견을 덧붙였다. 1920년 다카하시는 조선총독부 학무국 발행의 3권의 책자를 집필하였다. 『조선인』, 『조선의 교원제도 약사(朝鮮の教員制度略史)』, 『조선종교사에 나타난 신앙의 특색(朝鮮宗教史に現はれたる信仰の特色)』이 그것이다. 그 중 『조선인』은 다음해 재판을 발행했음에도 불구하고, 『朝鮮学報』의 연표에는 1920년 발행의 책 중 『조선인』만이 빠져 있다. 그러나 구인모가 지적한 대로 다카하시의 지역학 또는 민족지(民族誌)적 조선 연구의 초기 연구 성과를 결산한 것이 바로 『조선인』이었다고 할 수 있다.[25)] 이처럼 다카하시의

23) 川瀬貴也, 앞의 책, 2009年, 170쪽.
24) 権純哲, 앞의 논문, 109쪽.
25) 구인모, 「해제 『조선인』과 다카하시 도루의 조선 연구」(다카하시 도루, 구인모 역, 『식민지 조선인을 논하다』, 동국대학교출판부, 2010년, 163쪽).

자료집은 다카하시가 본격적으로 조선인론을 형성하는 과정에서 창출된 산물로 다카하시의 조선인론 형성에 큰 영향을 주었다. 다카하시의 조선인론이 자료집의 서술에 일정부분 영향을 미친 측면이 있을 뿐만 아니라, 자료수집을 통해서 다카하시의 조선인론이 형성되어 간 측면도 있었다. 이를테면 다카하시에게 자료집은 조선인론을 '상상'하고 이를 상기시키는 장치로서 기능하였다고 판단된다.

실제로 다카하시의 조선인론과 관련된 설화를 살펴보고자 한다. 다카하시는 조선의 멸망의 주된 원인으로 '공사혼효(公私混淆)'를 들고, 그 발생원인으로 '지나(支那)'제도의 악영향, 관리 임기의 짧음을 지적했다.[26] 자료집에서는 '지나'의 악영향이 자주 열거되었다. 「2.성황당」은 총각이 성황당과 내기 장기에서 이겨 장가갔다는 이야기인데, 성황당의 기원에 대해서 다카하시는 중국 주나라의 영향이라고 단정짓고 있다. 「5.풍수선생」과 「6.巳時下午時発福」은 명당을 둘러싼 이야기인데, 풍수는 "지나에서 수입한 것"(30쪽)이라 적고 있다. 또한 「10.가짜 명인」은 한 양반(생원)이 결국 점쟁이가 되어, 지나의 수도까지 가서 옥새를 찾게 된다는 이야기인데, "조선은 신라 이래 항상 지나의 속국"으로, "속국으로서의 예의 뿐"(55쪽)이고 "이에 감복" 하는 게 "이 나라의 국민성"(56쪽)이라고 주장하고 있다.

그리고 관리 임기가 짧은 폐해를 여실히 그린 이야기가 있어 흥미롭다. 「3.貧郡守得銭」은 가난한 양반이 군수가 되자마자 면관 사령을 받고, 머나먼 부임지로 가야하는데 노자돈이 없어 곤란해 할 때, 그 사정을 눈치 챈 부하가 못된 꾀를 부려 뇌물을 받아 떠난다는 이야기다. 이 이야기는 짧은 관리 임기로 인한 폐해를 단적으로 보여주는데, 부임되자마자 새부임지로

---

26) 高橋亨, 「朝鮮事情」(朝鮮総督府内務部學務局, 『大正四年十一月 公立普通學校教員 講習会講演集』1915年12月, 314쪽.

사령받는다는 부분 등 개작의 가능성이 엿보인다. 실제로 들은 대로 채록했다고 해도 이 이야기가 다카하시의 조선인론을 뒷받침하고 이를 재구성하는데 매우 편리한 소재였음은 분명하다.

「14.무법자」는 빈곤함의 끝에 도둑질을 한 시골사람의 이야기로 불결한 조선인 상이 그려져 있다. 그리고 「16.盲者逐妖魔」는 신통력으로 요마를 퇴치한 맹인 이야기인데, 다카하시는 귀신을 믿는 '우민'이라는 주를 달고, 조선인의 속신 관념을 비판하고 있다. 또한, 전술한 것처럼 "시간을 개의치 않고 노는 것도 이 나라의 국민성"이라는 표현처럼, '근대 문명인' 다카하시의 오리엔탈리즘적 인식을 확인할 수 있다.

5 맺음말

지금까지 초기 조선 설화 연구에 커다란 영향을 끼친 다카하시의 자료집을 검토했다. 자료집에는 설화와 속담이 수록되고 있는데, 속담 속에도 설화를 기원으로 하는 경우가 다수 존재하고 있음을 확인할 수 있었다. 또한 다카하시의 자료집은 그의 조선인론의 형성 과정에서 오버랩되면서 수록되었을 것으로 추정된다. 즉 다카하시의 자료집은 다카하시가 본격적으로 조선인론을 형성해 가는 과정의 산물이며, 그의 조선인론 형성에 큰 역할을 수행했다. 이를테면 다카하시의 조선인론과 자료집과는 상보적인 관계에 있었던 것이다. 그는 자료집을 통해서 조선인론을 인위적으로 '상상'하고, 이를 재생산해 냈다고 해석할 수 있다. 다카하시의 자료집이 준 영향이나 그것에 대한 비판에 관한 본격적인 연구는 앞으로의 과제이다.

文學士 高橋亨著

朝鮮の物語集 附 俚諺

日韓書房藏版

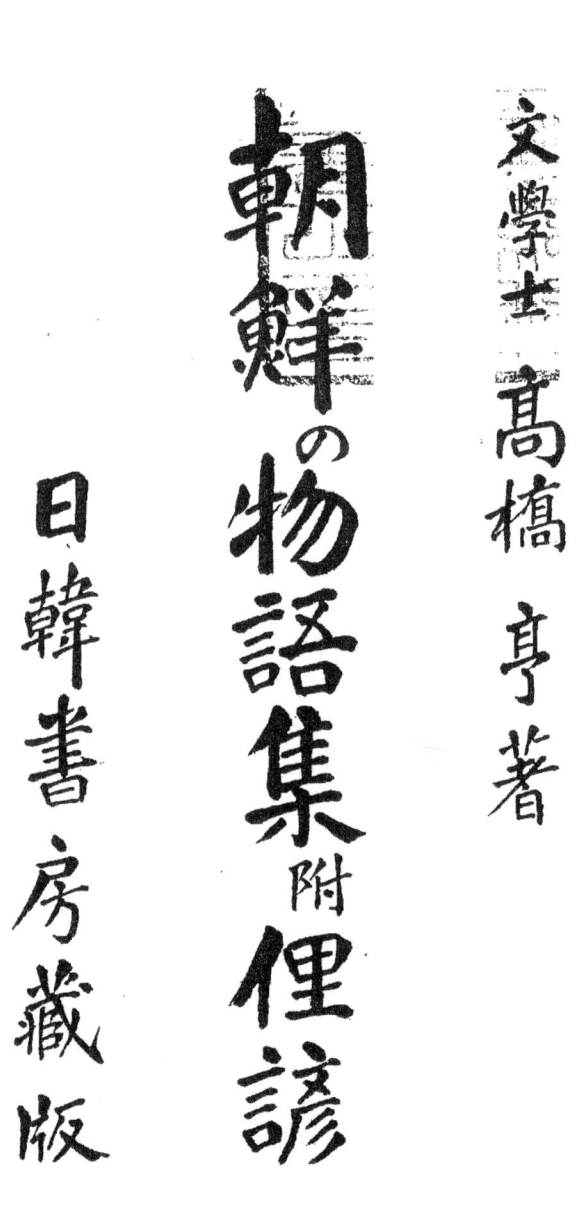

序

韓國の現狀を調査して、我が中古史の半面と比較せんが爲に、昨年の冬、韓國に出張しつゝる時、多くの人に會見して、樣々の事どもを見聞しけるが、其國の俗間に傳はれる說話又は俚諺に關しては、文學士高橋亨君に益を得たる所多かりき。

高橋君は、我が東京帝國大學文科大學漢學科の出身にして、久しく韓京に在り、彼地の高等學校の學監として、數多の韓人子弟を敎育し善く韓語に通じ、其國情に熟せり。其監理せる學校の子弟は、諸方より來り學ぶものなるが故に、從つて廣く各地の俗話俚諺を調査するの便あり、此を以て多年採訪蒐輯せるもの頗衆く、これ此編著ある所以なり。

抑日韓は、同邦にして、其古傳說には同型なるが多かりしに、政教共に分れ、年代又遷りて、各自變化したる所に、其國民性を露はせり。　今此書について其一二の例を言はゞ、鬼に瘤取らるゝ話の如きは、殆ど宇治拾遺物語の傳說と同一なれども、羽衣傳說の如きは、彼我によりて其國民性の異同を表白したり、即ち我はこれを海濱の事となしつるに、彼は山間の事となし、彼は天女の昇天を追跡して雲に入らんとせるに、我にはさる執着なく、澹泊なる所に國民性は窺ひ知らるべし。

韓國は大陸に接して利病ともに支那影響を受くること一方ならず、中にも科擧の制の如き最其弊習を存せり、日本にも科擧に類すること、中古にはありつれども、早く廢したるに、韓國には近年まで行はれて、士人は皆科擧に及第して高官に昇り、美人を得て配偶となし、福祿身に餘るといふが唯一の理想なりき、されはこれに關する俗話は極めて多し、此に收めたる春香傳の如き最よく此意味を表明し、殆ど支那小說を讀むの面影あるも、亦韓國が日本に似たると共に支那にも似たる所あるを證するものなり。此兩國の影響以外に、韓國の眞面目の存する所果して幾何なるかは、亦興味ある調査ならずや。其諺語に於けるも亦同し。

本書はこれらの俗傳諺語を蒐輯せるのみならず、又其事實の解し難きものには解說をも付し、批評をも加へたれば、讀む者をして善く民情を知り國俗を辨へしむるに便なり、書中に挿める上中流の紳士の家屋の挿圖の如きは、高橋君が余の囑を納れて特に調査せられしものなり。凡かくの如き類は、高橋君の如き、韓語に通じ其國情に熟したる人にして、始めて能くする所ならん。

されば余は本書によりて、歴史上より日韓古今の比較を爲すに便利を得たるを感謝するのみならず、更に廣く一般の文學に携はる人士に薦めて、諸方面より日韓文野の異同を比較すべき材料にも備へたらんには必幾多の發明あるべきを信ず、豈たゞ一部の御伽譚として娯樂的の讀本に供すべきものならんや。

明治四十三年八月

萩野由之識す

自序

鴨綠、豆滿の兩江、源を長白山頭の靈湖に發し谿を縫ひ谷を穿ち東西に分流するや。河床の級をなす處に到りて輙ち急下して激潭を成し、渦を捲き、輪を作し、洄潆するもの無數、或は淺く或は深く、或は小に或は大なり。聞く嘗て人あり、其の一潭を浚ひしに拳大の金塊燦として現はれたりと。蓋し長白山は東亞の大金山にして、其の密林深壑金氣蓊勃たり。されば鴨綠豆滿の水急瀨矢の如く走る中、何時か兩岸河床の金を奪ひ去り、其の墮ちて潭を成すや、流波停回して其の抱ける所の金を放つ。金と金相率き相合して何時か團塊をなして沈澱したるものあり。

予は各種の民族の構成せる社會が、間斷なく源々發達の大生活を營みつゝある間に於て、時に其特色と精神とを沈澱せしむること、猶長白山の金氣鴨綠豆滿の激潭々底の金塊となる如き者あるを信ずるものなり。若し吾人能くこの社會生活の洗練せる沈澱物を浚ひ擧ぐるを得ば、即ち其社會生活の精神の眞を獲たるものなり。即ち其國の文學美術が、幾百千年間斷續的に出現せる天才に依りて情操化され具象化されたる社會精神と社會理想とを傳ふる。歷史傳記が過去を語りて而して其の中に隱さゞる時代精神と理想の音響を傳ふる。其他舊習慣好尙の其々其時代に於ける重要なる意味を敎ふる等、皆何れも其の中に社會生活の流れの停回して作成せる沈澱物を含有するものなり。彼の物語及俚諺の研究が社會學的價値あるは亦た實に此に在りて存す。蓋し俚諺は社會

二

的常識の結晶にしていつの世にか或人之を創稱して萬人之に和し、遂に社會に風行し、其の或るものは今日猶用ひられて千萬無量の意味を一句半語に寓し。物語は社會生活の精髓的縮圖にして、或は極めて上代に、或は下りて中世に若くは近き過去の人の手に成り、善く社會の興味を刺戟して口々相承けて長く傳はり來れるものなり。社會を唯だありの儘に看過すれば一枚の寫眞を見るが如し、何等の意義をも斟む能はず。社會觀察者はありの儘の生活の中に動かぬ風俗習慣の特色あるを認識せざるべからず。風俗習慣を究むるは猶不充分なり。更に其の風俗習慣を一貫する所の精神を看取し、而して其の社會を統制する所の理想に歸納して、始めて社會研究の能事畢れりとなすべし。是の社會精神と理想とを完全に發見し得たらんには、これ網の大綱を提げたるにて、爲政者社會政策者の經營施設にも多大の貢献を與ふ。直ちに民衆の心泉を掛みて此に陶冶の工夫を着くるを得せしむればなり。

予客歳以來如上の目的を以て朝鮮の物語と俚諺とを蒐集し、積むて本書を成せり。され共未た以て朝鮮社會の精神と理想との眞音を傳へ得たりといふ能はさるは勿論なり。更に研究を各方面に推擴して、正史、野史、法律、文學、及現在生活狀態等をも究めて漸次此に及ばんとするものなり。されども本書の中に既に其の社會眞相の微露すること、金龍の鱗甲黑雲間に閃くが如きものなきにしもあらざるは蓋し亦た讀者の首肯する所なるべし。

若し其れ朝鮮の物語と我の其れと及び支那の其れとの間に氣脈の辿るべきある。俚諺の同工異曲なるものあるを知りて。更に進むで日韓風俗好尙の比較をなさんは讀者の自ら默契する所に任す。

庚戌梅雨節

於京城　著　者　識

朝鮮の物語集附俚諺目次

朝鮮の物語集附俚諺目次 終

朝鮮の物語集附俚諺

文學士　高橋　亨　著

朝鮮の物語

瘤《こぶ》取《とり》

今は昔、と或る田舍にいと大けき瘤(一)を頬に下げたる老爺ありけり。勿論其の頃のことゝて、之を切取らんの醫術もなく、幾十年の間徒にブラ〳〵と邪魔氣に打振りながら困じ果てありき。一日の事なり、山に採薪に往き日影を見忘れて、未だ吾家に歸着かざるに日はドプリと暮れ、月の光も朧なるに、辿り往かんも例の朝鮮一流(二)の惡道の心元なければ、エヽ儘よど道傍の一軒の荒屋に薪打ち卸して、今夜は此處にと覺悟したり。見渡す限り人里離れし一ツ家の、夜更くるに從ひ何となく荒凉寂寞にえ堪へで眠るべくもあらず。一層起きて過さばやとて、日頃自慢の咽喉《のど》を惜し氣もなく張擧げて、おもしろしと云ふ歌共歌ふに、實に梁塵も漂ふ(三)許りなり。

かゝる寂しき境には、必ず色々の妖怪共住みなすを法とすれば。夜となれば、彼等は皆盛に活動を始め往さ來るさいと頻繁なり。忽ちこの老爺の歌に驚かされ、通り懸りの妖怪共我も／＼と詰めかけ來り、餘りの歌ひ上手に皆恍惚と聽きとれぬ。

異種異形の妖怪共の何時ともなく現れ來りて、別に我を害せんとはせざれ共、取卷きて居列びたるには老人頗る吃驚したれ。かゝる所に妖怪の住むべきは勿論の事なれば、逃げも隱れもせんとは思はず。却て弱味を見せまじとて、矢張聲高に更におもしろき歌共數を盡して歌ひたり。餘りの上手に滿場寂として音なく、妖怪共も感に堪へざる樣子なり。

かくて歌ひ明して、夜も漸く東雲ならんとすれば、老爺はホッと安心し、妖怪共は今夜のいとも短きを打呟きつゝ各歸途に着かんとす。其の內一番頭と見ゆる妖怪、流石に怪しき愛嬌を湛えながら。老爺よ君は如何にしてかゝる美しき聲をば出すかと問へり。老爺はもはや氣丈夫なれば、さればとよ大王の見らるゝ通り、我は此處に大きやかなる瘤《こぶ》を持てり、これこそ我が聲の溜め所よと答へたれば。妖怪さらばいかでその瘤をば我に賣り玉へとて、種々の寶共を持ち出で交換してけり。

日影刺しぬれば妖怪共は野末の露と諸共に消えて迹なし。老爺は獨りほくそ笑み、昨宵はしてやつたり、年來の惡疾は癒る、難病中の難病なる貧の病さへ癒えたりと。薪も何も打捨てゝ急ぎ足にて我家へ歸りぬ。此に老爺と同じく頬に瘤持てる一人其の町内に住みてけり。一日老爺の瘤なくなりたるを認め、怪しみ共の譯を糺して、さらば己れも其の妖怪共を騙しくれんと。一夜かの野中の一軒屋に往きて、これも自慢の下手にはあらぬ歌を歌ひながら、妖怪今か〳〵と待ち居たり。妖怪共は忽ち聽き着け今夜も先夜の噓吐き老人來居るとて、打誘ひて來合ひ、色々の歌共注文して歌はせ、終りに如何でかくもおもしろく歌をば歌ふぞと問ふからに。瘤爺は待ちたりと許りに眞面目顔して、見らるゝ通りこの大けき瘤よりぞといふ。妖怪の大將カラ〳〵と聲高に打笑ひ。さてもこの嘘付き爺め、先日我れ一人間に欺かれ、高金出して肉瘤を買取り、之を頬に附けて、さて歌はむとすれ共、美聲はおろか、却りて聲出惡くき樣なりき。もはやこの瘤我には用なし。汝の聲の出處ならば、これも序に汝に遣《や》らんとて元の瘤の傍に又一つ附けてやり、人間の愚さを見よやとて一同聲高に囃し立哄笑しつゝ出行けりとぞ。

(一)瘤……韓人には瘤持てる者中々多きが如く、韓人間には之を福とも云ひ習はせり、其のこの瘤取りの話しより出しか否やは定かならず。

(二)朝鮮の惡道……鴨綠江を超えて滿洲に入れば道路といふものの定形なく、一望萬里の何邊にてもあれ、行人の隨意に跡を附けて歩きまはり乘りまはるなれ共。朝鮮は其より少しは道路らしき道路ありて、自ら一條行人の軌を成せり。され共別に道路の修繕監理等なければ、凸凹上下天然の儘にして、石塊磊々溜水流れず。市街以外一歩を出れば到底夜道など出來べからず。まして一朝霖雨至る時は橋梁もなければ堤坊もなく、人馬何れもザンブ〳〵と處々の溪流小溝を徒渉せざるべからず。

(三)妖怪……朝鮮には妖怪を「トッケビ」と呼び、鬼神と妖魔を皆此中に包含す。「トッケビ」は何處にも何物にも在らざる所なし。例へば老木には老木の「トッケビ」あり。厨房にも厨房の神あり。疾病には疾病の神あり。其他山岳江川「トッケビ」の無き所なし。禍福の權あり。蠱魅の術あり。愚夫愚婦は尊敬大方ならず。

城隍堂《ぜうかう》

昔し周の太公望呂尙は、其壽一百六十歳、八十年間窮し八十年間富み且つ貴かりしとかや。されば其老妻餘りの長き困窮にえ堪へて、我から暇を乞ひて出行き。後太公富貴を極むるや再來りて妻たらんと哀願したるに、太公盆水を庭に捨てゝこれ見よ覆水再び盆に返らずとたしなめ。汝の樣なる輕薄女には永遠に用なしとて唾を吐きかけたり。彼女憤りと耻とにて家に歸りて直ちに死し、死して遂に鬼神となれり。朝鮮も之を祭りて城隍堂と云ふ。村の入口街道の傍森の中にさゝやかなる祠の京鄙所々に見ゆるは是即城隍堂なり。往きかふ人は其の罪を滅しやらんとてか、之に唾を吐き掛け、小石一つ投げてやるを習しとす。大凡願事殊に男女間の願事は誠心籠むれば感應ありとか。

今は昔父なく母なく兄弟なく、まして妻なく子なき天下浮浪の一人《ひとり》者《もの》ありけり。年既に三十を超えぬれども、誰ありて荊妻半個も世話せんといふものもなく。(一)總角徒に長く垂れてチョンガ〳〵と呼捨にされ何の因果かと嘆息し居たり。此奴天性の將棋好にて、常住空々たる無一物なれ共、將棋盤と駒丈は肌身を離さず。一日例の如く棋を肩にして浮き雲の的もなく彷徨ひて、端なく城隍堂の前を過ぎて不圖心留まり腰を卸して烟草を喫みながら、いざと將棋盤を取出して堂に向て、城隍堂樣一番棋を鬪はさんと云ひて、又自ら應と答へ。さらば此方が城隍堂樣、此方が我。併し神樣只指しても面白くはあるまじ、一番賭けましよう。我が負けなば神樣に酒一壺、明太魚一尾を上げましよう。若し神樣負けましたら我にみめよき女房一人授け玉はれと。又自ら城隍堂の代りに應と答へ。さて指す程に、初めの一番は彼負けたり。それてば賭を出しましようとて村に出て如何にしてか酒と明太とを調へ來り。さて神樣我が負けましたれば此に賭物を差上げませうと、自ら應と答へて手酌にして飲み終り。然らばもう一番とて指す程に、今度は見事に城隍堂の負となりぬ。さて神樣お負になりたり、我に必ずみめよき妻を授け玉へとて、笑ひ乍ら棋具を收めて出立てば、日もはや斜陽半山に殘る頃となりぬ。

彼一杯元氣に足に任して村へと下るに、道傍に爪外れ尋常なる一婦人、井戸水を掛み了りて水瓶を頭に載せて徐々歩き出さんとしたりしが、彼の來るを認め驚喜せる態して、やよ何某よ、我が夫よ、今歸り來れるか。妾は數日前より今日か今日かと待ち明し居たり。さるにても彼の一件如何になり行けるかと問ひ掛けたり。風來人たる彼は氣輕にはづを合して。さればとよ、急ぎに急ぎしがやう／＼今歸りぬ。又彼の一件は全く失敗に歸したりと答ふ。彼女然るか其も詮方なし、併し我夫さへ歸來りたれば事は安心といふもの、いざ一處に徃きませとて手を引かん許りにいそ／＼と前に立ちて導き、とある相當なる一軒の村屋に入り。母よ我夫歸來ませりと高聲に母を呼べば、母もいそ〳〵出來り實に何某歸來れり、彼の一件如何に成行けるかと問ふに。彼奴は白々しく一件は全く失敗せりと答へ、母もそは兎に角そなたの案外に早く歸れるが何より〳〵なり。さあ早く入りませとて、色々晩餐を調理してもてなし大方ならず。やがて食も了りて女房と共に內房に入りぬ。

かくて彼は數日間は生來始めての樂天地に起臥したるに、一日女は不圖彼が己の夫と違へるを見付けて仰天し、密と母にも耳打し如何にせば可ならんと相談す。母も彼日は旣に黄昏なり、殊に老眼の確とは物の見え分ねば、汝のいふ儘に我子と許り思ひしに、成程よく見れば少し違ふ樣なり。され共出來しことはもはや詮なし。よく譯を云つて出て行て貰ふより外なけんとて、彼奴を呼びておとなしく出行きくれよと談せしに。此奴は頑として動かばこそ、御身等の方から道行く人を強いて呼び入れておき乍ら、人違ひなるから出て行けよとは聞えず。誰が來ようとこの儘に出ては行かずといふ。二婦人ほと〳〵困し果て、其の中に眞夫の歸來る日も次第に近付く、仕樣事無しに家中の錢を集めて別に一軒の家を購ひ少しの土地迄も添へ、知り合より新婦を迎ひやり。かくて彼は俄かに總角を切りて髮を結ひ上げて一軒の主人となり、若き妻と睦しく暮したりとぞ。

(一)總角……朝鮮は長幼の差別甚だしく、長者は幼者を待すること主人の僕婢を待すると同じ。幼者とは年齡の多少をいふにあらで、未婚者をいふなり。未婚の男女は總角《チョンガ》と稱して髮を編みて長く背に垂る、婚約成りて始めて之を上げ結髮す。一度結髮すれば如何に乳臭の少年なりとも最早僕視婢呼せらるゝことなく、一室を占領し、年長者に對しても畧ぼ對等に交際するを得。されば資産あるか門閥ある家は十歳になるやならずに早く童女に婚約せしめ、男には成人らしく笠冠を戴かしむ。され共餘りなる少童には是國人の尊ふ黑毛の冠笠は似合はねば、草笠とて藁もて編みたる黃色の笠を戴かしむ。されば年壯にして猶總角を垂るゝは是上なき甲斐性なしにて、我子の樣なる少童に婢僕過されて怒ること能はざるなり。

貧《ひん》郡《ぐん》守《しゆ》得錢《ぜにをう》

京城の日本人町泥峴《ナンカウガイ》と云ふは、今こそ京城の京橋區日本橋區さては神田區となりて、京城第一、恐らく朝鮮第一の繁華の巷となりたれ共。李朝の始めより甲午前迄は、北村に對する南村とて、夏暑く冬寒く、雨に泥濘となり、風に砂塵となり、仕様事なしの惡地にて、勢力なき貧兩班（一）。共の住處なりけり。されば何れも何れも一貧徹骨の兩班共、上邊には食はねど高楊子の古風こそあれ、内心は鵜の目鷹の目にて如何で郡守（二）。の一つもありつきたしと、これ許りを終生の希望とこそするなりけれ。

これも同じく南村の貧兩班の一人、年が年中粥腹の先生、如何なる運の廻り合せか、思ひも掛けず祈願叶ひて首尾よく痔郡の郡守となりたりけり。然るに天道何の惡戯にや、着任して虎の皮に宴坐して、郡守樣々と仰がれたかと思ふと間もなく免官の辭令天降り、又々遙々と京城指して落歸るべき身となりぬ。赴任の旅費さへ漸々郡の官屬に依頼して作り來たりし貧兩班の、解任となりては旅費さへ出處なし、實に浮木に離れし盲龜の境遇。され共新來間もなき新顔の誰に意中を明して相談すべくもあらず。事情を見拔きし怜《さか》しき郡(三)の官屬の一人私かに郡守に向ひて、我に打任し玉はゞ決して惡しくは謀らうまじと云へば、願ふてもなき幸と萬事よろしくと手を擦らん許りなり。さらば來ませとて其の夕郡守引連れ往く先は日頃金持の名高き郡の酒屋の酒庫なり。かねて案内知れりとおぼしく、巧みに酒庫に忍入り。遠慮もなく酒瓶より酒斟出して翻《あふ》る。郡守も一切夢中なれ共、幾分焼け氣味に、彼のする儘にせよといふ儘に盛に翻る。一杯一杯又一杯。今は苦樂一切忘果て鼾聲囂々酒瓶に添寢の夢にぞ入りたりける。これを見濟まし彼吏員は酒庫を飛出し、大聲に泥棒あり／＼と呼立て雲を霞と逃失せたり。

酒屋の者共泥棒ありといふ聲に驚きて、手に／＼得物打ち振り聲せる方なる酒庫に入見れば、こはいかに身形賤しからざる盜賊が悠々と前後も知らず酒瓶の傍に醉倒し、今や甘夢の眞最中なり。己れ太き奴とて繩にて固く縛《いま》し捨て酒庫の前なる柿の木に吊り下げ、今夜は遲し明朝こそ郡守に訴へんと皆々打ち散じてけり。

折を見濟まし以前の吏員、首尾上々吉と柿の木より郡守を救ひ卸して逃げ歸らしめ、其の代りに酒屋の離れ座敷より八十に餘れる主人の老母を擾來り、高々と柿の木に吊上げたり。

かくとも知らぬ酒屋の主人、翌朝早々郡衙に出頭し、昨夜盜賊酒庫に入りたるを運よく捕へて今裏の柿の木に吊りおきたりと訴へたり。郡守吏員はさあらぬ顏して、其は出來したり、手柄なり。直樣捕盜手を遣して引立てさせんとて。やがて捕盜手の縛り來れるを見れば、こはそも如何に八十に餘れる老婆、餘りのことゝ堅き縛《イマシメ》とに聲も得立てず書然として立ちにたり。

仰天せるは酒屋の主人。こは何事と走寄り介抱せんとすれば、郡守はハッタと睥睨《にら》まひ。己れ不孝無道の鬼子、我母を縛めて木に吊り上げ、剩さへ盜賊と訴ふるとは何事ぞ、獄丁早々是奴を引立てよと云ひ訖りて、傲然と席を立ちたり。

酒家一家は大騷動、何が何やら一切夢中なれ共、覺むべくもあらぬは主人の禁獄一件なれば、この妙藥はこれ許りと、産を傾けて賄賂を使ひ、漸々赦されて主人は出獄し。郡守はかくて十二分の財貨を得旅裝萬端美々しく、跡を濁さず立ちてけり。但し彼の吏員が郡守以上の利得をせしめしは勿論なり。

(一)兩班《ヤンバン》……兩班とは是國の貴族若くは士族の階級に屬する所謂名門の總稱にして、文班武班兩班の意味なり。即ち其の家門文臣にして宰相大臣に迄至り得る者、及び武辨に屬して大將に至り得る者是なり。但し後代に至りては文臣にして武職を兼ね武辨にして文臣に轉ずる者亦頗る多く。孔明ならねども所謂入相出將たり。

此に序を以て朝鮮の社會組織の大概を説明せんに。朝鮮は常民の階級組織を大概三級に分ち、第一階級は即ち兩班、第二階級は中人、第三階級は常漢即平民なり。兩班は上述の如し。大凡名門といふ名門は皆之に屬し、又從來名門ならずとも一人大臣宰相に上りて重臣たるに至れば、其の子孫よりは兩班に列して社會的特權を獲得す。中人とは多く前朝の重臣の家にして李朝に至りては大臣たること能はず。され共平民とは同一視する能はざる所の一階級なり、重に司譯院、典醫監、觀象監、寫字監、圖書署、計事、律官に出仕し、役德最多し。されば中人は家計豐にして家柄こそ劣れ兩班を白眼に看、常に我階級内に於て結婚し、至りて傲岸の癖性あり。され共其内人才頗る多く、社會的位置低きに拘らず判書即ち大臣に至れるもあり。今の度支部大臣高永喜は實に現時中人の翹楚なり。第三級の常漢にも亦分類あり、鐘路以西に住する宮内府掖庭は宮裏の走隸にして之を世襲し、他の奴僕に比すれば衣食最も饒にて、常漢中の優等者なり。又東大門内に住する軍屬は兵卒及下士官を世襲する常漢にして、立身すれば將軍たるを得ざるに非ずと雖、多方は是れ賤卒を以て終身するものなり。され共猶官吏の端たるは脫せず。次に農、次に商、最下を工民となす。就中農は國の本なれば賤業とは認められず。されば兩班にして京城に勢力を失ひ、若くは中央政界の奔走を厭ひ、高踏したる輩の田園に隱居すれば、破笠短簑躬ら農夫に伍して耕耘し少しも耻辱とせず。兩班は依然兩班にして、尋常農夫に向ては尊嚴を維持し、同じ田畝に下立《おりた》ちて均しく農事に勤め乍ら、少しく兩班に禮を失するあらば之に私刑を課して構へなし。商民となりては階級頗る下り、工民に至りては更に下り殆ど奴隷に近し。中人常民は科擧に應ずる能はず、常漢の次に又奴隷及穢多の階級あれ共是は常民とは云ふを得ず。

(二)郡守……郡守の人民に對するや廣大無限の權柄あり。行政司法盡く其の專擅に委し、宛ら我が昔の小大名の如し。されば人民は之に對しては猶前鼠の如く敢て仰見ること能はず。一人郡守を三年すれば、一族一生豐かなりとは是國の俗諺なり。郡守の上に監司あり。監司は殆んど大大名の如し。され共近代に至りては郡守の交迭走馬燈の如く速かなり。一郡にして一年中六回の郡守を送迎すること珍らしからず。されば人民其の郡度惜別歡迎に是日も足らず。財を糜すること言外なり。太抵新郡守任命され其の人名郡下に知るゝや。郡の官屬は代表者を撰定して上京せしめ、初見の禮をなし何日下向するかを尋ね、多くは支度料旅費を進呈す。かくて下郷して歡迎の準備に忙し。郡守愈々來任すれば、邑外一里より三里に近接し、儀仗兵左右に整列し軍樂を奏し、警蹕して郡衙に入る、此に大宴を張り郡妓をして唱歌舞踏せしめ、連日の酒池肉林の興を盡す。其の去るや亦免官にあらずば相應に惜別の宴、惜別の贈、紀功の建碑あり。民財の浪費一々名狀すべからず。

(三)郡の官屬……郡の官屬は之を衙前《アヂヨン》と云ひ。多く地方の土豪之を世々にす。されば郡守は傀儡にして實は郡治の一切は彼等の方寸より出づ。誅求も彼が爲す所にして、收稅も彼等の爲す所なり。衙前は別に彼等のみの郡內秘密反別帖を有し、郡守には之を示さず。郡守には更により少き反別帖のみを提示す。されば衙前は收稅には己の帖簿に照して收め、上納には郡守の帖簿に照して上納し、差額は私腹を肥す。李朝數百年の惡政の過半は彼等の罪なり。

嘘《うそ》較《くらべ》

今は昔勢道（一）兩班ありけり。日々夜々の獵官連にて門前市を成し、靑蠅きなんど云ふ許りなし。されば一日兩班一計を案出し、獵官の狠連に宣告していふ樣、爾今君等の運動には如何なる方法にても一切耳を貸すまじ。但し巧妙なる嘘言にて我を欺き了せし者あらば、其人には必ず官職を與へんと。かゝる布告を聞きたる彼等は、嘘說と飯とは我等の專門なり。我も我もと每日考へに考へて、これでもか〳〵と詰め掛け〳〵上手の嘘を話せども、此方は勿論彼等の上の上行く豪の者、嘘の戰塲の大勇士として幾多の難戰に首尾よく勝利を占めて、勢道と迄經上りたる老兩班なり、いかで狠連の嘘說に乘るべき。一言の許に嘘だ〳〵と喝破し、誰れも〳〵見事に失敗してけり。

此にこれも狠連の一人なる某。既に氣節寒冬に入りたる陰曆十一月の一日。老兩班に參見して、某事一昨日親友の誕生日の宴會に招かれたるに、如何にも富貴を極めし勢家の事とて、萬事萬端整備して山海の珍味內外の料理、賓に近來稀なる盛宴なりき。中にもとりわけ衆客を駭絶驚絶せしめしは、一大盃に盛りたる鐘路(二)の巨鐘大の櫻桃《ゆすら》の實なりきと云へば。老兩班大喝して、瞎《ばか》奴《め》世に人鐘大の櫻桃あらんや、嘘言よと云へば。彼平氣に、さらば永道寺(三)の鐘程の櫻桃と云へば如何ならん。老兩班又大喝して、嘘言何處に寺鍾大の櫻桃あらんと云ふ。彼猶平氣に、さらば大監(四)の酒庫の酒瓶大と云へば如何ならんと。彼老又大喝して驢奴、何處にさる途方もなき櫻桃あらんと。彼愈々平氣に、さらば貧家の酒瓶大と云へば、エ、阿呆嘘言付と喝す。さらば茶碗大と云へば、これも大嘘言、下手嘘言と喝す。さらば栗實大と云へば、エ、嘘言。さらば大なる棗實大と云へば、それも嘘言。さらば小さき棗實大と云へば、之を聞きて兩班實に小さき棗實位の櫻桃はあらんと點頭したり。かくて彼は意氣揚々と辭し去りぬ。

辭し去りて彼盛に今番こそ巧みに老兩班を欺き了せたりと揚言すれば、狼連皆打寄りて、如何にして欺きたるかと問ふに、彼前の櫻桃の問答を縷述して、即ち最初話頭に於て一昨日の宴會に櫻桃を見たりと云へるに、老兩班之を怪まざりき。今は寒冬なり、爭て櫻桃實のある理あらん、老兩班櫻桃の鐘大といふに心を奪はれ、今の嚴冬なるに心付かず、終に一昨日秉實大の櫻桃を見たりと云ふを承引せりと。聞きたる衆人實にもと感じ入りたり。後老兩班これを傳聞きて一本參りたりとて、彼を某官に補せりとぞ。

(一)勢道……一時權勢第一なる官人を云ふ。何事の奏上にても必ず彼を通じて始めて達するを得、勢の道とは善く名を付けたり。

(二)鐘路の大鐘……鐘路の大鐘は京城の時の鐘なり。今猶午時と半夜とに打つ。音響餘り清爽ならず。一名又人鐘《インギョン》とも云ふ。人鐘とは人を鑄込みたる鐘の意なり。之には又俗説あり。其の昔この大鐘を鑄造せんとて、發起の僧侶諸方に寄附を募り歩きしが。ある田舍の一軒に寄進を請ひしに、主人なく母と一童とのみありて、いと幽かなる住居なり。母なる人いふ樣見らるゝ通りの貧しき暮しにて、寄進すべき一物もなし、如何にせば可ならん。已むなくばこの童にても寄進し參らせんかとて打笑ひぬ。僧侶も詮方なく出行けるに、鐘の鬼神この語をきゝて痛く不快に思ひたり。後勸募の事果てゝ鑄造を始め、やう／＼出來上り、さて撞き初めとて盛式を擧げて撞き試みたるに、些の音響も出ず。皆々不思議に思ひて色々と研究すれ共原因不明なり。然るに一發起者の其の夜の夢に、鐘の神あり／＼と現はれて、先きに某村の一婦人其の童を寄進せんと云ひしを未だ其寄進を受けざるが故に完成せざるなりと物語れり。終に事實を糺して官許を得、再鑄造の際其の童をも投じて今の鐘を作れりと。但し固より此俗說は荒誕にして、再鑄造の事蹟に牽强附會せる野人の造り事ならん。

(三)永道寺……京城東大門外の一小寺なり、今は唯だ京城兩班共の遊宴境たるのみ。

(四)大監……とは正三品以上の位階を有する兩班を呼ぶに用ふる尊稱なり。從二品以下正三品迄は令監、從三品以下九品迄苟も官位を有する者は之をナリと呼稱し、以て一般平民と區別す、官尊民卑知るべし。

風《ふう》水《すゐ》先《せん》生《せい》

今は昔京城に一人の（一）。風水の大家ありけり。眉雪の齢を重ねて相墓の術愈々精しく、是道の名匠として天下に其名を馳せたり。翁に三子あり。仔細ありてか風水の術は學はせね共、家道豐なる儘に名ある師に就けて聖人の道を修めしめ、臨池の業も拙からず、老翁夫婦も、何れ愚はあらずいと／＼愛てけり。

翁の齢も漸々傾きぬれば、何時如何なる事のあらんも測難ければとて、三人の子供は折にふれ時に臨みて、家嚴百年の後には何處に奥《おく》つ城《き》を撰定せば吉祥なるべき、此處ぞとだに敎へ玉ひなば、如何なる深山の奥わたつ海の央にても、必ず志を果し申さんと云へども、何故か老翁は其は既に我胸中相し定めたり、され共未だ敎ゆべき時にあらず、少しく待てといふのみ。其後一年二年經て愈々翁の壽命心細くなり行くにつけ、屢々之を尋ぬれ共矢張待て／＼と答ふる許り。其の内翁健康益々衰へて、哀れ晩秋の露の蟋蟀の如く曉方の燈の如く、もはや到底此冬は六かしく見えたれば。兄弟三人相談して、おして奥つ城處を問ひたるに、こは我が口よりは云はじ、我が死後に友人某の許に赴きて教へを乞へとぞ答へつる。かくて幾許ならざるに返らぬ旅へと上りぬ。

哀みに極りなし、其より急なるは墓所の撰定なりとて。三人相連れ先人の親友にて此も風水の巨匠たる某許赴きて遺言の程を打明けて謹て教へを乞ひたり。某は暫し沈吟して、實にも汝等先人の奥つ城所は彼も我も善く知れり。され共今我其の所を教へなば汝等は果して其處に葬るべきやと問へば。三人共聲を揃えて云ふにや及ぶべき。先人の遺言とあるものを爭で從はであるべき。如何なる虎住む窟にてもあれ、蛟龍の潜む淵にてもあれ、我等三人心力を協せて志を果しなんと答ふ。某重ねてされ共若し其處に墓を定めなば、汝等三人中長兄は初虞に(葬式の翌日)命を隕し、仲兄は卒哭(先人死後百日目)に命を隕し、季弟は小祥(先人死後一年目)に命を隕さん。斯くても猶必ず我言に從ふやと念を推すに。三人共餘りの事に打駭きしが、長兄更に反問する樣我等三人先人歿後一年ならざるに同じく命を失ふならば、其處に墓所を定むることと何の福田とかなるべきと。此の時某翁莞爾として曰く。さすれば將來汝家より宰相三人を出さんと。之を聞きたる三人兄弟一層驚駭の念を深めながら、心密かに思ふ樣、我等三人既に先人の歿後一年ならざるに皆命を失ふものとせば、我家より爭で三人の宰相を出さん。畢竟翁がかゝる戲言を出して我等の誠心の程を試むるものなりとて。末弟まづ如何なる運命が我が身に落來るとも必ず貴翁の敎へに從て墓所を定めむと誓ひ。仲兄長兄も異議なし。某翁乃はち詳細に其の場所を示敎して、やがて盛大なる葬儀を以て無事棺をぞ下しける。

不思議なるかな某翁の豫言は神の如し。葬儀終りて一族集まり位牌の前に圓座して哀號〳〵と哭しつゝ夜を明したる其の朝、今迄何ともなかりし長兄俄かに呟《うん》の一聲を此の世の暇乞としてあはれ坏土未だ築き了らざる先人の迹を追ひて昇天せり。一家の嘆鬱ふるに物なし。老翁の婦は猶存命したれば我身こそ彼に代るべきにと打嘆き〳〵、長兄の婦は又夢に夢見る心地して泣かんにも涙の乾き果てゝ打臥すのみ。是に至りて二人兄弟は老翁の讖言ひしひしと思ひ當り、嘆き乍らも各我が運命を覺悟せる心の中こそ哀なれ。

かくてあるべきに非ればゞ又々新しき葬式を出して、打濕りたる家一層濕りて五月雨頃の空にも似たり。白き駒の寸隙を過ぐるより早き光陰は悲しき家をも別け隔てず。今日はもはや老父の死後百日目となれば親族打集ひて天地も動けと慟哭しつゝあるに、あはれ仲兄も俄かに何の病とも知らず、はや緈切れて、呼べども、動かせ共、靈魂既に幽冥界に離去りて耆婆扁鵲も手を着くるに法なし。老母の哀彼の少婦の悲實に腸寸斷の絕境なり。今迄我が母には何とも打明かさゞりし季弟は、餘りの母等の哀を見兼ねて、乃ち敢へて相墓の砌りの一下りの話を物語りぬ。老母の驚きと悲哀は僅に其の命緖を取留め得たるばかり。兄弟三人の無謀の承諾を恨みて涙迸らして打怨す。されども既にかく定まりたる運命と聞きては今は悲むも詮なしとて野邊の送りを濟し、新に所天を失ひたる三寡婦と九ケ月後には同じく死ぬべき一男子と哀愁の裏に月日を送り居たり。

百年の壽を希ふ人間には、五十六十の一生も味氣なき極みとて出家得道するもありとかや。これはそれとは事變り、僅か二百餘日を壽命として、日々夜々に死地に近く最愛の獨子を見る老母親と、其の獨り子なる季弟とが、集り成せるこの一家に、何の笑ひ何の慰みのあるべきぞ。一日季弟は熟々我が身世の凶險なるを感じ、我母の悲みをも思ひやり、寧ろ遠遊して何處の山にても川にても屍を曝して、死際を母なる人に見せまじと決心し。此の由母にも物語り。先人小祥の日こそ已れが命を隕す其日ならめ。何處にて如何に死すとも心にな掛け給ひぞ。若し萬が一其日に死なであらば我が命更に何年迄と限りあらざるべければ、急ぎ歸り來るべしとて。多額の旅費を腰にして、涙に暮るゝ母親を後にし、的を定めぬこの世の旅ならぬ死出の旅へと出立ちぬ。酒は憂の玉箒、歌舞の巷には苦勞はなきものと極りたる人生なれ共、彼の如き悲慘なる運命を負へる者にはそれも强ちさにはあらずめり。金のあるに任せて酒に親み山水に放浪し、今日あるを今日の命と覺悟して、もはや畧ぼ定めの日數も費したり。され共身體は益々健全にて死すべき身とも露思ひ得ず。一日少し道を無理して山懐にて日を暮し、知らぬ土地とて一歩も叶はず、今夜はこの山麓に野宿せんかと少し高きに上りて見渡せば、程遠からぬ山下に住む人ありと見ゆる灯の影窓に映りて明るきに、やれ安心と急ぎ着きてほと〳〵と門を叩けば、通れと答へて五十の上を少し越えたる親切らしき老媼一人、寂然と温突口に坐し外に人影なし。彼行暮れたる旅人なればとて一夜の宿を頼みしに、老媼快く承諾して、夜食に酒など添へて甲斐〳〵しく待接し、實は妾は妾が娘明日婚姻すとて用事繁きに、君の來玉ひしこそ幸ひ、村迄下りて今夜はそこに泊すべければ、君は迷惑ながら留守居役をし玉はれ。誰も外にあらぬ一ッ家の、寢具は彼處に調ひたりとて、一切の支度を成し與へて、急ぎ足に出て行けり。

　漸々夜になり行けば、旅の疲も出來て、やをら老媼の寢房に上りて夜具引冠り眠らんとせるに。突然門を開け窓を開けて、蜜の如き甘き語にて、母よ抱かれ仕舞に今夜は一夜添寢し玉はれとて、手早く衣服を脱ぎ捨てゝ我が寢る蒲團に入來れるものあり。ほの暗き灯火にすかし見れば、こは如何に水も滴らん許りの妙齢の美少女なる。旣に斷崖に手を撒して飛込まれたる今となりては、男も彼此問答する勇氣もなし。況んや美人の驚きをや。玉の如き腕香雪の如き膚一度若き男に見られては今更逃げむも逃げられず。況して夏の蟲ならねど、我から飛來りしものをと。實に恥しさ恐しさに身體の打顫ふ許りなり。されど共幽かに相手の容貌を眺むれば、流石に都の富者の三男とて何處となく打上りたる風采灑洒として、長の旅に面少しく黑みたれ共男らしさは猶優れり。男といふものは生れて以來我が父我が兄弟の外には面さへ知らず、其儘に知らぬ男に嫁して後生大事とかしづく朝鮮の婦人は、又始めて逢ふ美しき男に如何で嬉しき情の起らざらん。男も之と情は變らず、生れて此に廿年、未だ陰陽の情を解せず、不思議の運命に囚はれて、直きに死すべき身の上なれ共、まだ靈魂四大を去らぬからには、暖き血肉の我知らず美人の香に溶けんとするも理なり。誰からともなく此に儚なき假寢の夢は結ばれてこの一夜を千代とぞ契りける。この美人と云ふはこの村の一兩班の愛娘にてこの家の老媼の乳子なりけり。さればこそ矢張母と呼びて始終添寢を習慣とせり。其の内娘漸々長じ天成の美貌隠れなく、良縁ありて明日は愈々婚儀を擧げんと定まり、今夜を仕舞に乳母に抱かれて寢むとて來れるなり。男も身の上細々と打もの語り、世にも儚き運命を嘆きければ。女は既に我命を捧げし男の、かゝる憐れなる身の上ときゝては一層情は熱して最早此人の外に男は持たじと堅く心に誓ひけり。男はしめ〳〵と物語りながら、指折り數ふれば、正に今夜ぞ先人小祥の日に當れる。今更ながら驚きつ、さては逢ふを終として此儘我は死ぬべきか、儚き運命やと熟々と嘆息し乍らも、やがて二人は一睡せるが、女は朝目覺むればこは如何に、男は既に四大冷え渡りてこの世の人にはあらざりき。

　女はかねて覺悟したれは、惡ぶれず。嚴しき父に昨夜の始末を明しつ。父は已れ淫婦不孝の女、系圖正しき我家に拭ふべからざる汚點を與へし畜生女とて折檻烈しさ云ふ許なし。されど娘は我身既に彼人に委《まか》しつれば二度と男は持つを許さず。今生の願には、かゝる因果と諦《あきら》め玉ひて我身を彼人にやり給ひ、彼人の亡き骸を護して京城なる彼人の家に遣して寡婦として一生を送らしめ玉へと涙ながらも決然と申出れば、父も殺すより外なき娘なれば殺すよりはと詮方なく許しつ。女の三人の兄に向て、誰かこの不孝の女を護して京城に送届けんかと尋ぬるに、長兄も仲兄も厭なり、厭に候ふ、兄弟にして兄弟にあらぬかゝる女のお伴はとて承引せず。季氏は流石に心優しく、さらば我護り行かんとて尸骸を先きに新寡婦を次に、日に歩き夜に宿りて京城へこそ旅立ちたれ。

母なる人は雨につけ風につけ、生殘りたる樫の實の一人の我子の事は忘るゝことなし。もはや日月も過ぎて先人小祥の日となりたれは、あはれ今夜は我子が死なん日なる。何處の果にて如何にしてか死なんと。降るは涙の雨、轉輾反側し一夜を泣明し。其より今日は訃告來るか、明日は訃告來るかと恐れながらも待ち居るに、十日過ぎても終に訃告の來らねば。或は不思議に運命を免れて其儘に存らへて遠からず無事歸來る事かと空頼みして、毎日〳〵門に立ちて其らしきものゝ通るを打眺め居たり。幾日か過ぎたる一日、我門より一直線なる街道を輿物二個が靜々とこなたに向て進來れり。あの輿物は何處に往くかと見守り居るに、漸々我家へ近き來て終に我家の大門にて卸したり。あはれ我子が無事に歸來りしかと飛出したるに、思ひも掛けず喪服を着けたる絶世の一美人涙痕未だ乾かず、輿物押開き現はれて深々と禮をなす。次いて美人の兄弟らしき若者馬より下りていと丁寧に禮をなす。母は仔細は分らねども内に導き對面して、さて一部始終を聽き取り、覺悟の上とは云へ胸迫りて膓寸斷。

され共貞節にして絶麗なる美人が婦と名のりて我を母と呼くるゝに少からず慰まれ。野邊の送りも鄭重に濟まして、今度は老若四人の寡婦一ッ家に暮して亡夫の冥福をぞ祈りける。

前世の契りや深かりけむ。一夜の情は實を成して少婦は其月より身重になりぬ。優曇華の花咲くにも似たる一家の喜び何と譬へん方もなし。母は固より二人の姉は心を籠めて介抱して、身重と知れたる其の夜より三人は必ず代る〳〵姙婦の添臥、母は我命を縮めても安産させ玉はれと神々に祈禱を懇く。十月は無事に過去りて、一夜祥雲屋を繞り此に產聲勇ましく一男兒生れぬ。

もはや產了れるかと思ふに暫して又一人の男兒、暫くして更に又一人の男兒、世に珍らしき男兒の三ッ子をぞ產みたりける。愈々老相墓家の豫言思ひ當りて、急ぎ田舍なる少婦の家に告げやり、父も急ぎ上り來、靜に三兒を觀相すれば、實に堂々たる富貴の靈相活躍たり。是兒等果して尋常の者に非ず。女許りの此家にて養育せんは心元なし。我引取りて敎育し天晴れ名士に仕立てんと。これより手元にて敎養す。三兒共に鋭敏無比一を聞きて十を悟る。終に龍門に登りて高官を歷仕し、相踵いて宰相となれりと云ふ。

風水……墓所を相する術にして韓語にては之を地術《チスル》と云ふ。蓋し支那より輸入せるものならん。筆苑雜記には後漢靑烏子に始まるとあり。其の迷信の昌なるや、苟も地術家の撰定せし所なれば禁葬地以外なるときは何處に墓を築くも國法之を禁ぜず。道の中央にてもあれ他人の田畠の內にてもあれ、誰も之を拒む能はず。京城附近及開城等の墳墓に就て之を檢するに、風水家が相定する善墓處には大抵一定の形式あるが如し。即ち總て山腹を稍平坦にして之を築き、必ず南面せしめ、最善の場所に至りては水其山を挾みて前方に流れ、東南に會して更に東流する者あらざるべからず。東麓の水を主水、西水を客水と謂ふ。されば風水家は常に山水を跋渉してかゝる墓地を調査して其の帖簿に記入しおき。人の依賴に應じて之を敎示するなり。先年服部博士の支那の風水說に關する記事を看たるに其形式の略相似たるを知り、必ず朝鮮の支那に原くを確かめ得たり。然れ共近來は漸次是の迷信輟みつゝあるが如し。

古來朝鮮の男女間の道德は女の貞操を責むること極酷にして男の貞操は問ふ所なし。されば女は一旦結髮して他人に約婚すれば、旣に其の人の婦たりと烙印せられて、約婚者不幸夭折するも直ちに寡婦となり、終生堅き貞操を强いらる。若し之を汚す時は同時に我身を泥溝に投ずる者にして、娼婦となるか奴となる外なし。されば古へ兩班の家の女子の敎育は嚴格を極め、頗る女德を淬勵せしが如し。

夫官遊して故鄕を離ぬる塲合には、婦は夫の代りに家事を見及び姑舅に孝事するの義務ありて、夫と同行する能はず。されば當然の要求は諸方に妓生なる妾の候補者を生ぜしめ男子の旅情を慰するとなれり。各監司府は勿論各郡邑にも亦官妓ありて、其の地の高官の自由に玩遊するに任すは勿論、來賓を待遇するに缺くべからざる具となれり。されば京官の有力者地方を巡遊する時は、到處に其地の名妓を自由に弄し、意氣相投ずる者に至ては別離の苦しきことと指叉を斷離するより苦しく、戀々として之を馬背に抱き乘せ二日程三日程を旅行し、甚しきは終に活荷物として京城に携へ歸り終生の妾となし、女をして一躍玉輿に乘しむることあり。爲に京官の地方巡回の政務を荒廢せしめ及地方官吏を遊惰に流れしむる流弊少からず。されば李朝世宗の朝かと覺ゆ、州邑の娼妓を罷革せんの議起れり。時の名宰相許文敬公稠獨り之に反對して曰く。誰か是愚論をなす。男女は人の大欲にして禁ずべからざるものなり。州邑娼妓は皆公家の物之を取るも妨なし。若し之を嚴禁すれば年少奉使の朝士皆非議を以て私家の女を奪取りて英雄俊傑多く罪に陷らんとて議終に浸みたり。就中平壤は京城に次ぐの大府にして富力亦地方に冠たり。されば此處に官遊する京紳は其の收入殊に多く、從て妓生に要求する所も高くして才貌双全を期す。是れ平壤の妓生を以て鳴りし所以なり。

巳時《みのとき》下棺《かんをくだし》午時《うまのとき》發福《ふくをはつす》

今は昔。これも貧しき老總角、新に老母に死なれ、葬らんにも錢はあらず、又風水先生に相墓を賴むの資もなし。思案に餘りてフラ〳〵と家を出て一酒幕《やど》に眠り夢中寢語に頻りに我が身世の拙を歎し、三十まだ家を成す能はず、家を成さゞるに母既に死し、母死して之を葬むるに處を知らずと嘆《かこ》つ。室を隔てゝ一老翁是の寢言を聽き心大に憐みつ。彼覺めたる後汝昨夜かく〳〵の嘆息をなしたり、其は誰が身上なりやと問ふに。彼頭を搔き乍ら、思案に餘りて眠りたれば睡夢中にも不思嘆せしものならんとて、我が不運を打明けたり。老翁は之を聽きてそはいと哀れなる話なり。我は風水先生なり。汝に發祥の墓所を敎へんとて處を敎示して曰く、汝彼處に亡母の墓所を定めなば、巳時に棺を下して午時には必ず禍祥を發せん。大地を打つ槌は外るとも、是言決して外れじ、夢疑ふこと勿れと戒めたり。

彼敎へを受けて夢の覺めたるが如く、三拜九拜して恩を謝し。急に親族友人間を賴み廻はりて、漸々葬式の錢を集め、正巳の刻に無事に棺を下しける。やがて午の刻とならん頃、彼方より容色いと勝れたる一婦人、小脓に紙紗包を挾みて呼吸せき切りて顔色靑さめ蒼黄とし走り來、彼に縋りて、後より我が敵追來れば何處へなりと隱し玉はれと賴む。彼此問ふ暇もなく、亡き母を容れ來れる棺輿の中に隱れさせけり。幾許もあらず一人の壯夫駿馬に跨り白刄を提げて面色蒼白大に激するが如く、彼に近きて今し此にしかゞの婦人來らさりしかと尋ぬ。彼實に來れりしが彼方を指して一目散に走りぬと欺きぬ。壯士難有しと禮して、一鞭空に躍らせて驅け去りたり。影早や見えずなりたる頃、婦人は輿中より出來りて謹んで再生の恩を謝して云ふ樣、妾は元と彼男子の妻なり。同捿既に多年、彼性質殘忍酷薄正業に從事せず、日夜酒に浸り、醉來れば妾を打擲す。幾度か虎口を逃れんとせしかど又捕へられ、今度こそは恩人の手に救はれたり。妾は今や三界に家亡きもの、願くば恩人妾を納れて婢妾となし玉へ、此處に携へ來れる包は皆寶にして價無數、優に君の一生を樂送するに足れりと云ふ。彼此に端なく天授の洪福を得て一生を花の如き婦人と無憂愁裡に送斷せしとぞ。

得《つる》對《くを》句《えて》半《はん》死《しす》

今は昔、生物《なま》知りなる兩班ありけり。良媒を得て才貌雙絶の聞え高き一淑女と約婚し、結納の式とも事無く濟みて愈々新郎豹皮の輿に乘じて新夫人の家へと乘込み、儀式の酒宴も果てゝ內房籠の一段となりしに、新夫人は背を向けて打解けむとせず。却りて曰く、貴郞この一句に對を聯ねたらば始めて我が夫として契りを結び申さむとて、海墨の迹麗しく書出したるを見れば、白鷗飛々、波萬頃、砂十里とあり。新郞意想の外の難題にグッと詰りて急に對句など聯ぬべくもあらず。寶の山に入りながら手を空うして歸る口惜しさはあれども、動かぬ手引の岩轉がすべくもあらねば、猶一層專心に學問して美事に是句の對を探り得て其上にて再び君に面會せんとて、此に發奮して山。(二)。寺に入りて勉學せり。

勉學漸々月日積りて研鑽の効空しからず。終に我乍ら巧みなる對句を案じ出せり。其の句に曰く、杜鵑啼々、月三更、花一枝、と。案出したる餘りの嬉しさに、〆たりと不覺我と我が膝を敲き喜色面に溢れぬ。時に同じ山寺に彼と机を併べて勉學せる彼の外從兄弟ありけり。彼が驚喜堪へ難き樣子を認めて其の仔細を尋ぬるに、彼は云ふも耻しければ何の彼とて打紛らせんとすれ共、いと執拗く問糺され、終に根負して其の譯を打明けたり。このものいと〱腹黑き惡漢にて、日頃世の噂にも彼の新夫人の容色絕美なるを聞き居たれば、不圖奸計を案出し、梶棒持て不意に彼を亂打して半死となしめ、床を剝いて此に蹴込み。其夜直ちに新夫人の門を叩いて、今夜こそ對句を案出したれば此の門開けよと呼びぬ。新夫人內房にて聽くに時分は更けたる夜にて我夫の來るには時刻も訝し、聲音さへも少し似ぬ節ありとて。まづ内よりさらば如何に聯ね玉へると問返すに、彼朗々と杜鵑啼々、月三更、花一枝、と打吟じたり。之を聽得たる彼女は打案ずるに、是句の氣象頗る悲哀淒涼なり。杜鵑啼は是れ死別を怨むに非ずば生別を悲むが爲なり。月三更なれば夜既に遲し、夜は陰なり、夜更くれば陰氣極まるなり。かゝる句を作る人は陰氣盛にして陽氣空し。生命のほど覺束なし。されども結尾花一枝とあり、花是陽氣の發する所、結末猶陽氣の存するあれば、未だ全く死せじ。恐らく半死の境に在らん。何れにもせよ今來れる男は我が夫の君にはあらじとて、下男に命じて裏門より廻らしめ正門に佇立して開くを待てる惡漢を捕へしむ。實にも我夫の君には非ざりけり。烈しく拷問して漸く實を得使を山寺に走らして夫の君を救ひ出しぬ。

(一)良媒……朝鮮の結婚は男女互の見合ひ抔あるべき筈なし。さらば如何にして出雲の神の架橋を得るかと云へば、多くは媒婆なる口入屋の力に倚るなり。この婆は常に良家の內房に出入して其の子女を熟知し、何處には年頃の女あり、貌是の如く才藝是の如しと一々記臆し、折に觸れ機に臨みて語り出し。さらばその女我子の嫁に欲しく、其の男に我娘をやりたしと、大抵門閥似合ひの家柄にて委細を媒婆に打明くれば、婆は之を引受けて此に兩方よろしく交渉の任に當り、多少の上手も交へつゝ、兎に角圓く結ふを手柄となす。されば媒婆の媒酌は屢々痘痕を笑渦に云ひ做すこともあり。上流社界にては却て之を賤しみ、多くは春林に梅花あればその香自然に現はるゝが如く、内外の制如何に嚴重なりとも、自然に何處の誰は才藻かく〳〵容貌かく〳〵と云ふ評判の世に洩るれば、之を本に子女の兩親直接に先方の子女に逢ひ、氣に叶へば更に其の兩親に交渉して此に約婚するを常法とす。この國の風習結婚ありて離婚なし。されば婦如何に逆待せらるゝとも再親家に太歸するの法なく。泣きて泣きて自盡するとも拯はることとなし。されば婦家の氣兼も大方ならず。婚後も常に衣類を貢ぎ物を送り汲々として夫家の哀を買はんことを之れ努む。憐むべきは朝鮮婦人の位置なり。今や漸次新空氣の朝鮮の家庭にも吹入りつゝあれば。久しからずして舊慣に對する破壞の機運至りて家庭の革命起らんか。

(二)山寺……朝鮮の早婚の弊あるは前に既に述べたり。衛生思想の發達せざる未開社會の年少者が親が許して結婚したるなれば、勢ひ濫に流れて學業を荒廢するは免れざる所なり。之を防ぐの手段にとてか、この國には古來兩班の子弟は結婚するや否や山寺に往いて獨居生活を始め、松風に耳を洗ひ深水に嗽ぎ、性慾を一時忘却し一意專心學業に勉勵するの風習あり。長きは數年短きも朞年。學業畧成り科擧に應ずるを得べしと思はるゝ時に至て、出山して此に始めて家庭の人となる。され共山寺に亦稚童あり龍陽の道頗る昌なりとかや。

解《もの》語《いふ》龜《かめ》

今は昔、父には既に死別れたる二人兄弟ありけり。兄者人は性質いと〲慾張りて、父の遺產は盡く獨り占領して弟には米粿一合も與へんとはせず。

加之に母を始め弟妹迄遺族は總べて弟に推し付け、心合へる妻と水入らずの勝手なる暮しをなして、我弟は馬鹿だと自慢し居たり。されば弟の貧窮なることは云ふ許あらず。晝は終日落葉掻、夜はすがらに索を綯ひ、身を碎きて稼ぐとすれど、中々に貧に追はれて年中腹ふくるゝことも稀なりけり。されとも流石に心優しくて我は食はねど母には食はせ、弟妹には與へてこれも拙き我が運命なりと諦《あきら》めて、少しも兄をば恨まんとせず。

一日秋闌にして落葉頻なる頃、古熊手掻込みて山道踏分け落葉を掻くに。偶然榾の實一つ落ち來れり。澁くはあれど食へば食ふべしと拾ひ取り。こは我が母にと獨言すれば不思議や、榾の木の根にいと小さやかなる龜蹲《うづくま》り居て、同じくこは我が母にと口《くち》擬《まね》す。一つ拾へば又一つ落ち來。こは我が姉にと拾ひ上れば、龜も同じくこは我姉にとものいふ。又一つ落來《おちく》。こは我弟にと拾へば、龜も同じく我弟にと擬《まね》す。又一つ。これは我が妹にと拾ふ。又一つ。こは我が妻にと。又一つ。我が兄にと。又一つ。こは我食はんと云ひて拾ひ上れば。其都度龜も同じくまねてものいふ。都合七つの榾の實を拾ひて袖に收め。かの龜もいとおもしろき奴なり、持往きて人にも見せんと懷《ふところ》にして山路を下りて里に出て、聲高にものいふ龜を見まさずや、もの云ふ龜を見まさずやと呼はる。大勢の里人世にもおかしきことと云ふ哉と集ひ來れば、彼やがて龜を取出して、こは我が母にと云へば、龜も矢張口開けてこは我が母にともの擬す。こは我が妹にと云へば、龜も同じく我が妹にといふ。鸚鵡のものまねすると露異る所あらず。珍らしきもの好むは朝鮮人の特色、時間(一)を關はず遊ぶもこの國の民性なれば。何かある、何かあると打群れ來て、皆あな珍らしく、おもしろきものを見る日かな。某も貧乏人なり、この料《しろ》に少しなりとも錢出さばやとて、誰始むともなく錢を投出し、やがて少からぬ贏《もうけ》をなし。今日は吉日ぞとて龜を大事に抱きつゝ、我が家へこそ歸りたれ。

これより、折々は人の請ふ儘に龜にもの云はせて見せ物にし、少しは米鹽の資にも窮せすなりにけり。こを聞きたる意地惡き兄者人、一日弟に、其許はこの比《ころ》中々工面よしときく、何の德付きて急にしかく富みたるかと問へば。弟は正直に、ものいふ龜を拾ひ得たりと出して見すれば、さらば其の龜我に貸せ、我も少しく德付かむと。龜を借りて、里の中をものいふ龜見ませ、ものいふ龜見ませと呼ひ步けば。誰彼、この頃久しく聞かざりき。呼止めていざ聞かむとするに。こはいかに、兄が如何許り高き聲にてこは母にこは弟にと鳴《なり》立《たつ》れ共龜は更に聞えぬ風して、首を引籠めて眠れる如し。集來れる人々、この嘘付奴お蔭で飛んだ時をば潰したり。えゝ强腹なとて、手を擧げて撲り、足を擧げて蹴り、唾を吐懸けなどし。彼は這ふ〳〵の態にて逃げ歸りぬ。

我が强慾は棚に上げ、憎き龜めと石にて打ち碎きたり。弟は兄が一向大事の龜を返さねば、如何にしつると取りに來るに。兄の怒猶烈しくて手も着けられず、泣く〳〵龜の亡骸拾ひ集めて、庭の隅に埋めて龜塚とし、朝夕花水を手向くるに、不圖塚の眞ん中より一莖の木生ひ出で、烈しき勢にて日に日に生長し。延びに延びて際限なく、終に其の頂雲霄に入りたるに、恰も天國の國庫の地盤を突拔きたりと見え、日々夜々幹を傳ひて降り來る金貨銀貨の小止なく、庭に盈ち、家に盈ち、庫を建つれば庫に盈ち、泉の水と同じく斟めども盡きず、使へども減せず。忽ち國內第一の大長者とこそはなりにけれ。

ねぢけし兄は弟の日夜の繁昌に大かたならず心悶えて、一日弟の庭の實の木の太やかなる一枝貰ひ來て我が庭に挿したり。この枝旨く根着きて、見る見る内に天空を摩す。してやつたり、あすあたりより實の雨や降り來ん。妻も來れ、子供も來よと。三日三晩睡りもやらず打ち守るに。この木も天國にこそは達したれども。天國の共同便所の溜桶へと突抜けたりと覺しく。色こそ黄けれ。降りに降るは黄糞の雨、黄糞の雪。庭を埋め、家を埋め、尺寸の坐所たになし。家族泣く〲はう〲の態にて弟の家に逃行けば、弟は優しくも之を憐みて、新に家を造り與へて住はせたりとぞ。

(一)時間構はぬ韓人……西洋人は東洋人の時間の觀念に乏しく、呑氣なるには常に喫驚するとかや。東洋中の文明國と信ずる我々日本人も是の點に於ては確に紅毛種に一籌を輸せざるべからず。況して東洋の古風を二千年に亘りて維持したるこの國の人民は、親の死目を控えても酒杯は手より捨てんとはせず。緩々として生活し、悠々として日を送る。長烟管の長く、顏の長きと、氣の長きとは正に相比例せり。されば都鄙を問はず、苟も新奇なる見物ある時は、往來の人々は勿論、耕作したる農夫、賣買したる商人乃至仕事中の工人、主用を持てる奴僕迄、雲合霧集して是上なき興味を以て見物し、快然として日の暮るゝを愛惜す。氣の長きこと長橋の長きより長く、新奇を好むこと蒼蠅の飯粒に群るより盛なり。これや日暦なき人民達とこそ云ふべけれ。

鬼失金銀棒《おにきんぎんぼうをうしなふ》

今は昔、ある山里にいと貧しけれども正直なる爺ありけり。或る日山に薪採りに往きて、樫の實一つ落來れるを、これは我母にと獨言して拾ひ取り。又一つ落來れるを我弟にとて拾ひ。又一つ落ちたるをば、我妻にとて拾ひ。又一つ落ち來れるをば我子に、又一つ落ち來れるをば、これは我にとて拾ひ上げ。折柄既に日は西山に沒したれば、薪肩にし家路に向へるに、道にして日は全く暮れたり。野宿やせんかと困じ居たりしに、不圖道傍に傾きかけし大なる門ある家を見付け、これ幸ひと内に入り見るに、荒草庭裡に盈ちて、虫の音高く、住む人絶えて既に久し。家に上りたるに、奥まりたる所に更に一層の樓あり。こゝぞよからんとて樓に上りて寢ねんとす。

夜露漸く冷かならんとする頃より、下の廣間俄かに騒々しく。耳を傾くればこのわたりの鬼共夥多集まりて、重き棒もておのがしゞ床を打擲きて、金出よ銀出よと聲高くのゝしりわめくなりけり。餘りの騒々しさに爺はえ眠るべくもあらず。殊に又かゝる境にて鬼共と一つ家に在ればいつ何事の起らんも知れずと恐ろしさ凄さいふ許りなし。覺えずいつか膝顫ひ出す。爺一計を案して、先きに拾ひ取りし樫の實一つ取出して、力を極めて嚙み潰したるに。静かなる夜にカチンと聲高く響き渡れり。鬼共驚き騒ぎ、あゝ古びたるこの高樓の崩れおつるなめりとて、我先きにと逃げ行けり。爺してやつたりと静々と下り來見れば、暗にも知るき銀棒金棒いと數多取り殘されたり。爺は仕合せよしと皆拾ひとりて、薪の代りに之を負ひ。今日は木こりにあらで銀こり金こりなりと喜びつゝ、市にひさぎて巨額の富を得たりけり。隣家の慾張り爺之を聽きて、おのれも儲けしてやらんと、矢張其の山に往きて彼の樫の木の下にて樫の實今や落ち來ると待ち居たりしに、果して一つ落ちたり。手早く拾ひて之は我にと獨言す。次に又一つ落つるをば、これは我子にと拾ひ。又一つ落ひるをば、これは我が妻にと拾ひ。又一つ落ちたるをば、これは我弟にとて拾ひ。又一つ落ち來れるをば、これは母にとて拾ひとり。態と日を暮して徐々歩み、日影は猶少し早けれど彼の荒屋の高樓に上りて、鬼共今やと待ち居たり。果して夜半にも及びたらん頃、例の鬼共重き棒にて床を打撲きて騷々しく金よ銀よとのゝしりわめく。時分はよしとことに大けき樫の實をカチンと許りかみ潰せり。鬼共きゝつけ逃げると思ひしに、其の中の一つがあゝ怪し、今夜も先夜の怪しきこゑすなりといふに。他の一つが人臭し人臭し、必定人間あると見えたり。又々我等を欺きて金棒銀棒を奪ひ去らんとする奸計なるらし。此度は捕へやらんと家中隈なく探し廻り、高樓にうろつく爺を引捉らへ、金棒銀棒にて處嫌はず打据ゑたれば、骨もひしけむ痛さにたゞ哀號するのみなり。其の内に夜明近くなりぬれば、鬼共も二度と來るなしれものよと罵りつゝ、かき消えたり。爺やう〳〵命許りは死なてありて、痛き腰延して立上れば、いかにひどく打たれたりけむ、身丈延びに延びてせいの高さ昨日の倍にも餘り、門低くして容易く出づべからず。やう〳〵人里近く來れるに、見まじとすれど人の家々周圍の墻を見越して內房(二〇)の櫞迄手に取る如く見下さるれば。家々の主人共あら憎し、何處の背高盗賊や人の家の墻を見越すや、目にもの見せんと。名々棍棒持來りていやといふ程打ちたりけり。二度の痛手に息もたえ〳〵になりつゝも情なき事情共打明して、やう〳〵許して貰ひたりとぞ。

(一)內房……男女の區別嚴重なる朝鮮にては、極端に表面には男の女を犯すに近き行ひをば禁ぜり。例へば便所の如きも內房專用の便所と男房專用のものとありて、物心なき小供の外は男は決して內房の便所に入るべからず。若し故意又は過失にて入りたらんには實に廉恥を沒せる行爲にして、社會の秩序を紊亂せるなり。されば、男子は內房全體をば不可窺の世界と定めて、忘れても見むとはすべきものにあらず。又男房と內

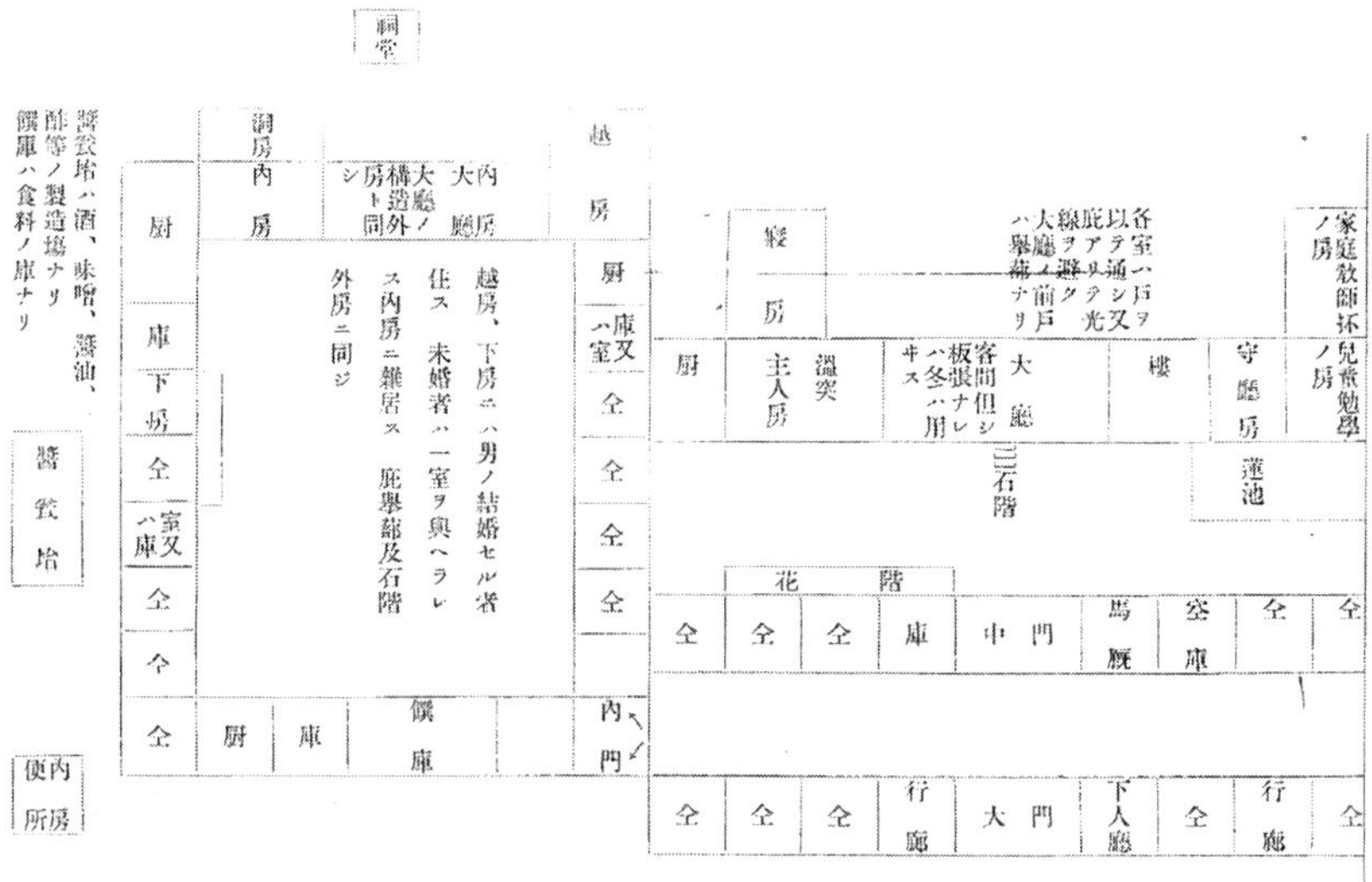

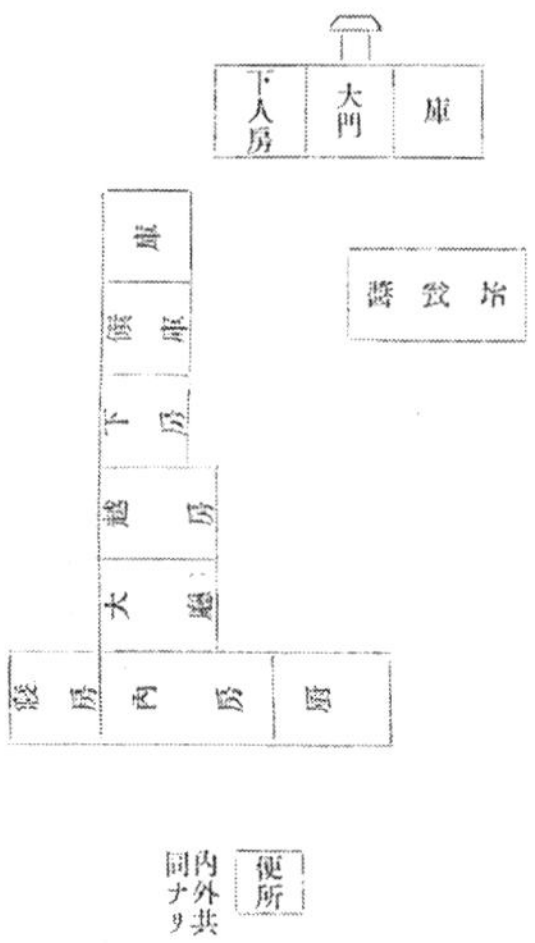

(三)下流韓屋ノ圖　但シ五分四方一間ニカン

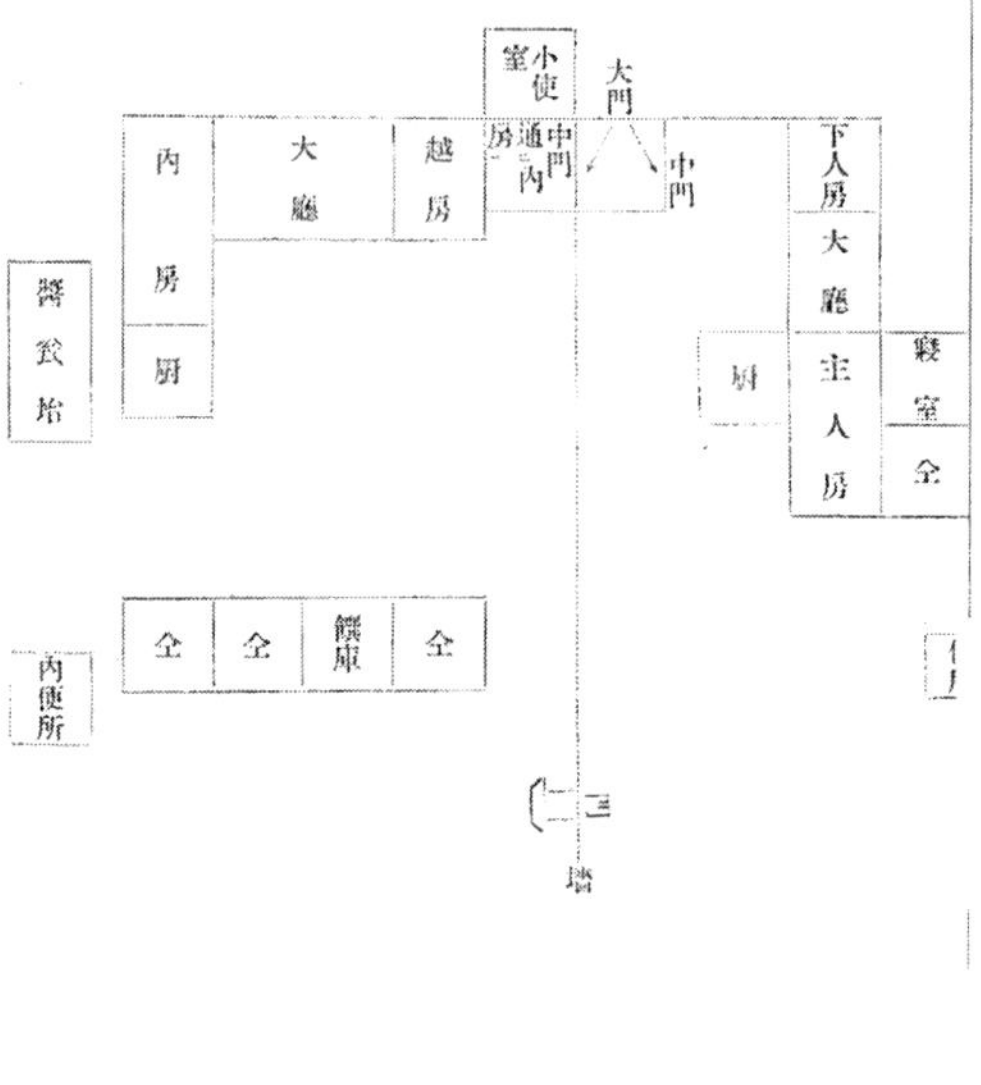

(一) 上流韓屋圖 但シ五分ヲ七尺トス即五分四方ハ七尺四方所謂一間《カン》ナリ

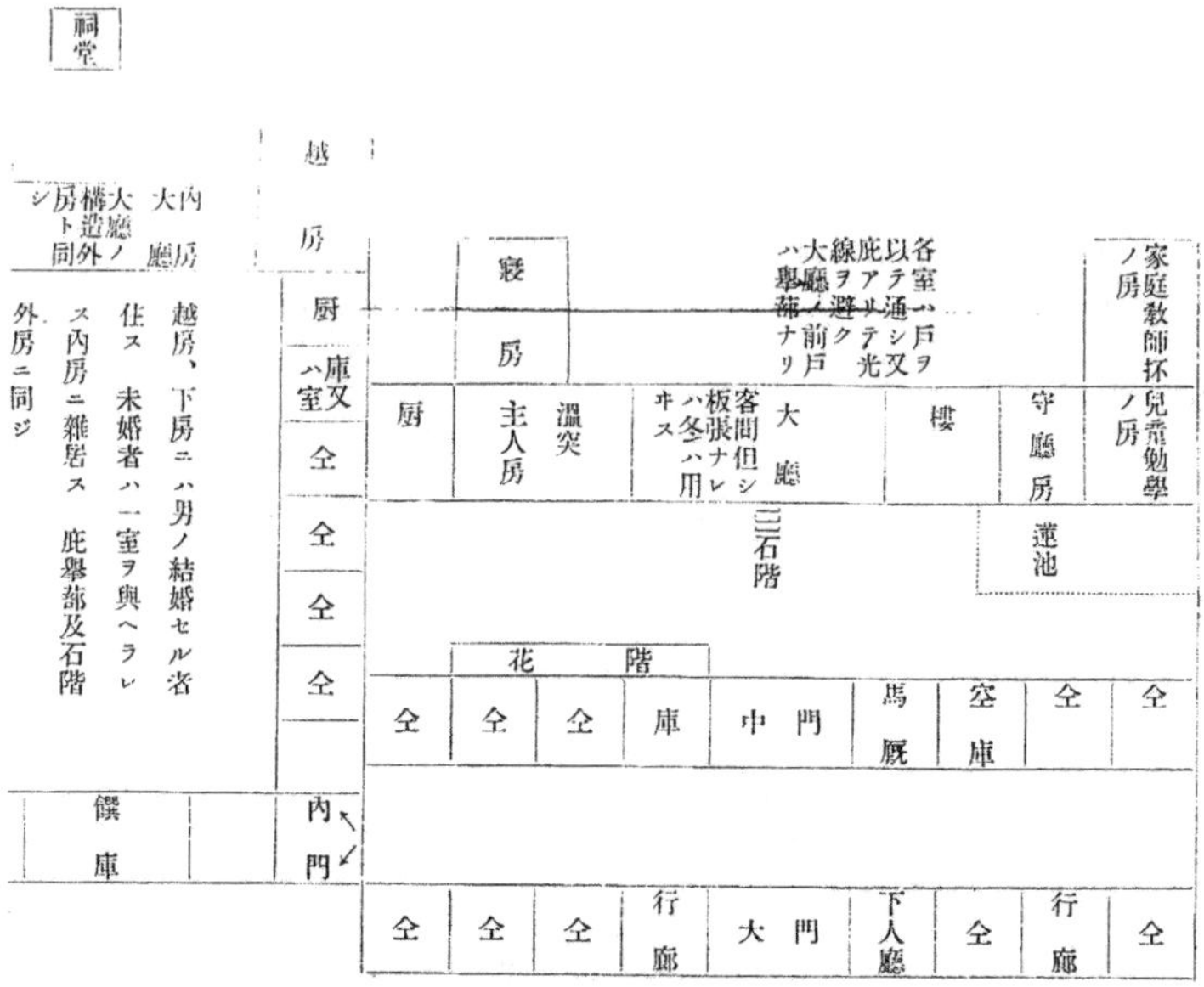

(二) 中流韓屋ノ圖 五分四方ヲ一間《カン》トス

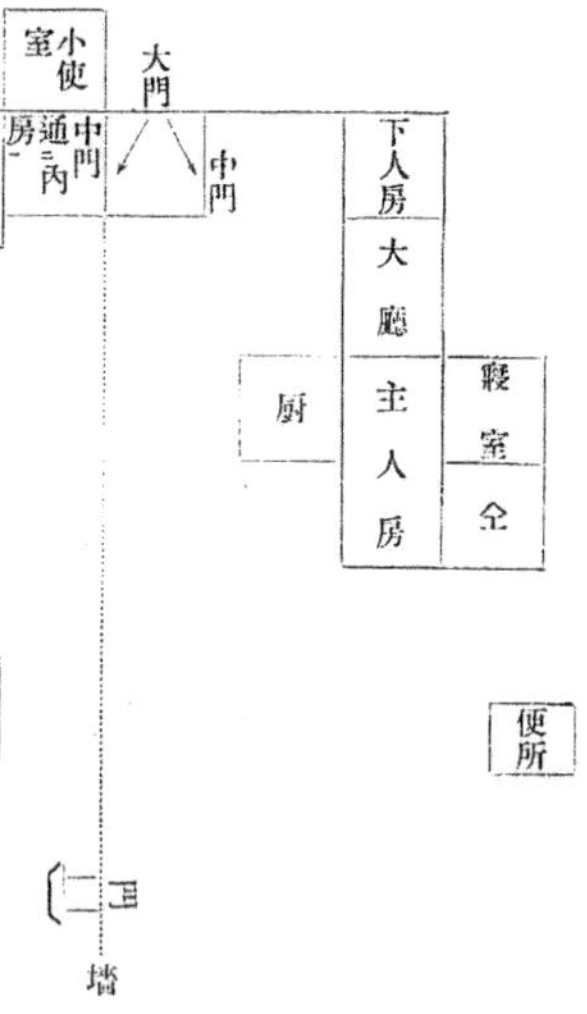

(三) 下流韓屋ノ圖 但シ五分四方一間《カン》

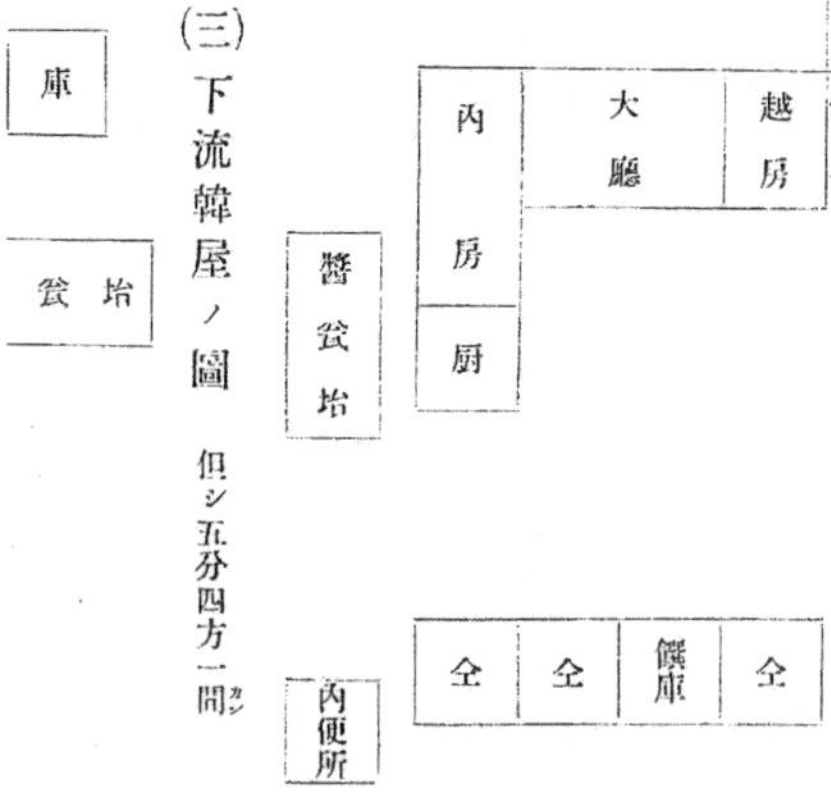

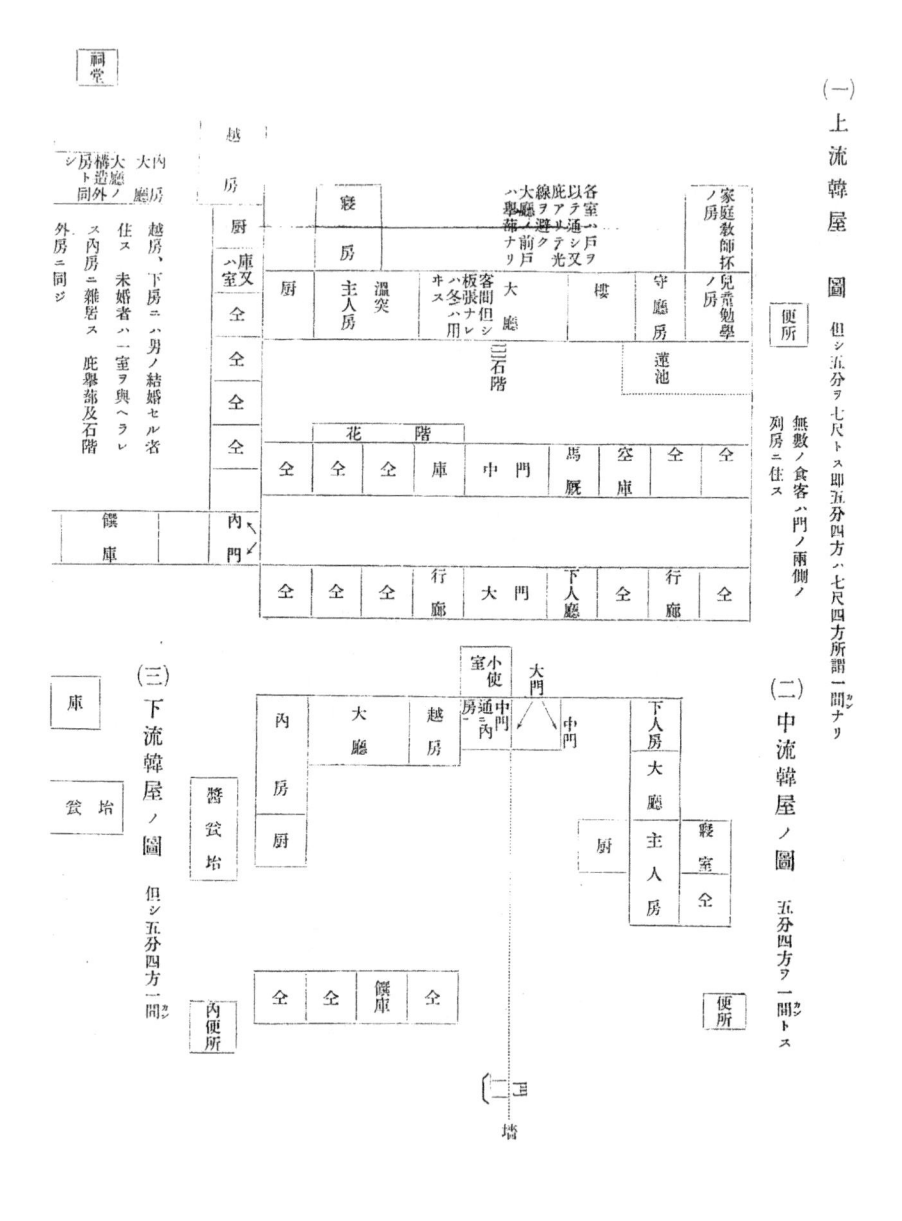

房との間には土墻ありて隔て、中々容易く窺ふべからず。されば屋根に上り木に攀ぢ、若くは高所に登り拆して、他家の内房を見下す者ある時は、之を盜賊となすとも國法之を許可し、盜の證據の有無に關せず之を處罰せり。然るに日本人の無遠慮なる、好むで內房の樣子を窺はんとする輩あり。韓人は之を怒れ共同國人の如く明ら樣に打することもえならず。憤懣して倭奴禮儀を知らずと慨す。是は日本人の方曲にして、かゝる小事の爲に日韓人の融和を害すること多きは嘆すべし。

贋《にせ》名《めい》人《じん》

今は昔、都なる一兩班の家庭敎師（一）に下第の生《なま》學者ありけり。日夜一室蕭然として形影相吊する寂しき境遇なるから、不圖兩班の下婢の一人のいとみ目好きに思ひ付。先生の身をも打忘れ、時折はそれとなく誘ふ水の誘ひ見れども、先方は水草の往なんとはせず。殊更隔てある樣に打振舞ひて、膳を運ぶにも無言の儘にて窓を開け、無言の儘にて膳を据ゑ、笑み一ッ洩さず立返るに、先生頗る抜癢の感に堪へず。女に迄も運拙きかと流石に打ちつけに袖曳く譯にも行かで月日經にけり。或時弟子なる兩班の子息、何か不屆の事ありて先生懲し目に太き鞭もて撲たまくせるに、彼子息天性陝平の才あり。振擧げたる鞭の下にてやよ待ち玉へ師の君、師の君此度一度撲つことを容赦し給はば、弟子彼の下婢を先生に取持ち申さん。隱し玉ふな師の君、思ひ内に在れば色に現はるものをと云はれ。先生俄に鞭も落つる許りに恥ぢたれ共、さらば汝は如何なる手段にて彼のもの堅き女をば靡かせんとするかと問ふに。弟子今日密かに我が父の膳の上なる銀匙をば某處に埋め申さん、されば彼女必ず慌てゝ探し廻りて得ざるべし。其の時先生をば占筮の名人と告げて、彼女をして先生に銀匙のありかを問しむべし。これより上は師の君の心の儘と云ひて、巧に鞭を免れ行きぬ。

やがて夕飯の膳の支度をする時分、彼女は俄かに主人老兩班の銀匙を見失ひ、何處を探せどかいくれ見えず。あはれ嚴しき我が主人は如何なる罰をか興ふべきと、身も世もあらず慌て出し。此方にウロ〳〵、彼方にウロ〳〵、半狂亂の姿なり。悠然と入來る彼の子息、莞爾として、汝何故にしかく慌て居るかと尋ねやり。ウン汝知らざるか。彼の離れに座す我が師の君は、國中に聞えし占筮の名人なるぞや。急ぎ誠を打明けて頼めよと敎へやれば、脊に腹は代られず。今日は愛嬌タップリ、如何て先生の神筮にて銀匙のありかを見定め下されと泣かん許りに頼めば、先生縷々と烟を吹き、綏々と長髯を撫し、易しとも易き願事なり。され共人の願ひを聽きてこそ我が願事も人は聽けとて、引寄せたり。

銀匙も芽出度下婢の手に戻り、先生も日頃の思ひを達し、弟子も先生に恩を賣り、四方八方圓滿に治りたるに、其より口輕き下婢の口より先生の神筮の名世間に喧傳し始め、聞え〳〵て終に中原支那の都に迄達したり。

時に中原の大皇帝には、何者にか玉璽を盜まれ玉ひて、國內の神易者といふ限を集めて筮せしめたれ共終に見現はされず。困屯する內、測らずも、屬邦朝鮮に神易の名人ありといふ事天聽に達し。其者召せと上意ありて、星使を飛ばして厚く先生を聘す。朝鮮國王も實に國の譽れと喜びて、奬勵の御敎共ありて儀式堂々と中原に旅立つ。先生は虛名の喧傳のかく迄なりぬと知りては空恐しけれ共。我が如き微運者、假令三十日四十日の間なりとも、かゝる得意の境過に居ることこそ夢の樣なる滿足なれと、少しも憂を色に現はさず、參謀官には彼の伶悧虫兩班の子息を伴ひて、程なく帝京に着きにけり。

やがて謁見となりて、果して汝に見現はされんやと敕言あれば。不肖なれ共、向ふ一ヶ月の時日を賜はらば、誓ひて玉璽を見出し申すべしと誓ひて、麗しき龍顏を拜して客舍に引下り、日夜の厚遇を受けながら恬としてはや二十九日をぞ過しける。流石に先生も弟子も氣が氣に非ず。今度こそは年貢の納め時と覺悟したりけり。頃しも冬天寒風峭稜、窓障子の合せ目より洩れ來る風は、風紙(支那朝鮮の特有なる風を防がん爲に窓の障子の合せ目に切り殘したる紙の端)を振うてビウ〳〵と異樣の音をぞ出しける。靜に布團の上に坐したる先生は、明日は期限といふ今日になりても考へるにも考へ樣なく、茫然とこの風紙を眺めつゝありしが、我知らず「風紙」「風紙」と二聲呟きたり。聲終らぬに窓を排して入來れる一漢子、轉ける如く室内に入來り、平身低頭して先生何卒許し玉へと伏し拜みていふ樣。某こそは「フウシ」と申し玉璽の盜人に候へ先つ頃より日夜此窓外に立盡して、先生の動靜を伺ひつるに。今日は旣に先生に見現はされて「フウシ」「フウシ」と宣ふを聞けり。實に神筮の妙力慴伏しまつりぬ。あはれ一生の願に命許りは助け玉はれと。先生は夢に首を斬られて覺めて首あるに驚喜するが如く喜びたれども、そこは韓人一流の泰然たる面持して、神妙なり汝「フウシ」、明日は大皇帝に言上せんとこそ思ひ定つれ。されど汝が切なる嘆願にめでて、隱し處をさへ申さば賊名言上は赦しくれむといふ。「フウシ」三拜九拜し、玉璽は正しく御園の池に投げ入れたりと白狀すれば、よし〳〵さらば汝は今日只今身を躱《かく》せよとて遠國へ逃しやり、早く明日になれとぞ待ちにける。

愈期限盡きたる翌日、意氣揚々と參内し、玉璽は正しく安全に御苑の池の底に在りと占ひたり、急ぎ水をかへさせて取出し給ふべしと奏上し。大國(三〇)の威勢立所に水をかへ乾せしに、果して玉璽見付かりたれば、實に御威斜ならず、卿は我大國の寶なりとて、官位を加へ厚賄をなし、暇を給ひて歸らしめ玉ふ。出立の日參謀官怜悧虫は歎きて先生の舌を出さしめ、手早く其の尖きを鋏み切りたり。されば爾今先生物いふこと能はず。歸る途中を擁して色々と占ひを頼まんと心組せる數々の人々も仕樣事なしに思ひ止まり、歸國の上も誰一人又占筮を頼む人もなく、所謂淵默は吉祥の集る所、先生一生富貴に終れりとぞ。

(一)家庭敎師……兩班の子弟は家庭敎師を別に聘して學問するを習ひとす。この先生は多く下弟の秀才にして、復た科擧に應ずるの勇氣もなく勢力ある兩班に寄食して其の子弟に敎授し、長年の間に自然に主人の眷顧をも博し。終には冷官一窠にてもあり付かんと巧む位が關の山なり。されば主人の兩班に向ひては勿論單に御相手たるに過ぎざる低き身分なれ共、我が弟子たる子弟に對して流石に長幼の序師弟の禮嚴しきこの國とて、中々權力あり。鞭を揮て打するも何の咎なく、却りて打す位の先生にてこそ善く敎授すると思はるゝ位なり。

(二)敎…………朝鮮は新羅以來常に支那の屬國なりき。されば國王の言も決して勅とか詔とか云はず、敎と云ふ耳。詔勅といふは日清戰爭以後の事なり。

(三)明の朝鮮を御するは明としては實に巧妙を極めたり。明は既に四百餘州を領土とすれば、別に又衣服の裾襞の如き小なるこの國をも領土として、其の內政の糸毫の末迄干涉するの必要なし。其の要する所は單に臣服のみ、屬國としての禮儀のみ。是は即ち大明皇帝の威嚴を增す所以の者となればなり。されば朝鮮が臣禮を盡すに對しては嚴重なる要求をなし、苟も不恭なる所あれば逆鱗天譴赫として降り毫も假借する所なし。之を史に觀るに、朝鮮よりの年一回の朝貢使朝鮮方にて所謂冬至使と稱す所の奏文は、この國學者文章家の最も苦心し焦慮する處にして、一字一句苟もせず。少しく禮を失し、少しく妥穩を缺く文字あれば、輙ち或は却下されて訂正せしめられ、或甚しきは是の罪を以て刑科を負ふことあり。李朝の太祖の上れる明高皇帝二十九年賀正の表牋は、淸城君鄭擢撰表し、光山君金若恒撰箋し、西原君鄭摠、吉昌君權近之を潤色せり。然るに高皇帝其の表箋の語大國を戯侮するに渉れりとて、金若恒、鄭摠、權近を召上せて詰責し。權近獨り宥されて還るを得たりしも、金若恒と鄭摠とは逆鱗解くに由なく倶に遠謫され、終に謫地に沒せり。又高麗朝の崔甫淳の撰べる金帝の登極を賀する表も、亦少しく不諱の文字ありきとて譴を得たり。是の二例は亦如何に支那が大國の威嚴を勵行して、雷霆の威能くこの國を慴伏せしめしかを知るに足り。又之に甘服したることの國の國民性も亦識者の着眼を惹くに足るべし。

興《こう》夫《ふ》傳《でん》

今は昔、心素直なる弟と、慾心のみ深き兄とありけり。弟を興夫といひ、兄をノル夫と云ふ。父親死してありとある其の遺産は盡く兄一人にて横領し、弟は草葺の家にさへ住むこと叶はず、黍の稈を壁にし、黍の葉もて葺きたる堀立小屋に起臥し。貧乏人の子澤山とて、犬か猫などの樣に年々に生れ出れば、唯さへ狹き小屋に溢れて、折々は主人の脚も家に餘りて壁を貫き、往來迄はみ出て、道往く人はやれ興夫、脚を引込ませ、應と答へて引入ることもありき。餘りの苦しさに一日錢持てる罪人の代りに笞を受けんと引受け、其夜は妻と、明日は必ず幾許の錢取れん、其を以て久々にて子供等に米の粥を啜らせんと話して樂みぬ。しかるに其の翌日俄に其罪人無罪放免となり、これも當ける餅の空しくなれり。或時は粉米些かを兄の許に貰ひに往けば、兄は慳貪に、我が下人に食はすべき粉米をいかで汝に與へられんといふ。さらば酒の糠なりと、と云へば、我が豚にやるべき酒の粕を汝に與へらるゝものかはと毒突くのみ。

或年の春なり。一羽の燕何思ひてかえりに撰りて、かゝる貧家に飛去り飛來りて離れむとせず。終に怪しき軒に巢を構へんとす。彼はかゝる子供澤山の我家に何の燕の巢やとて、頻りに逐ひ出さんとすれ共、又しても飛入りて、はや其の内に巢も大方出來上らんとす。仕方なしとて打捨ておけるに、主人に似てか、この燕も大變の子福者にて、巣にも溢れむ許りなり。或時其中の一羽の雛、巣より零れ落ちて脚を折り、立ちもえやらでちよ〳〵と啼き居たるを憐みて、藥を脚に塗り糸にて卷き、懇ろに介抱して又巣に戻しやりぬ。

秋もはや遠近山に立ち初めて、冷風吹き初めし頃、燕は恙なく育ち上りし數多の子供率ゐて江南の國へと歸り去りぬ。燕は江南の國に歸れる時は、必ず其の國王に見參して、北の國にてありし色々の事共を報告するを掟とすれば。かの貧家の燕も見參の禮を濟して、さてことしはいとも〳〵情深き主人の家に巣を作りて、殆んど失ひたる雛をば無事に育てゝ來たりたりと委しく奏上するに。國王も其はいと殊勝なる人間かな。來年は報謝の禮物を持ち行くべしと詔あり。翌春甡々たる燕打群れて、舊の古巣を求めて渡り來れるに。彼の貧家の燕は瓢簞の種子一顆啄み來りて、謝するが如く輿夫の眼前におきて去れり。主人はこは珍らしきかな、燕の贈物とは未だ聞かざることなりとて、庭の隅に植えたるに、よく成長して大瓢四個實りたり。珍らしき大きなる瓢かな、中實は子供に食はせ我も食ひ、瓢は乾かして市に鬻かんとて秋一日振《ちぎ》りて割きたるに。第一のよりは仙童と覺しき靈相淸らなる一人の童子出來て、恭しく五個の瓶を與へたり。一の瓶には仙家の重寶死人を甦らす靈藥入り。第二の瓶には盲目を癒やす藥入り。第三の瓶には啞聾を治す神藥入り。第四の瓶には不老草なる妙草入り。第五の瓶よりは不死の神藥出でたり。第二の瓢を割くに、大木巨材石材其他丹碧彫刻の建築材山の如く堆く出て。第三瓢よりは大工十數人勇ましき姿にて現はれ出て、誰令するともなくいといと勤勉に件の材料以て建築を始め出し、はや見るが內に突兀たる大厦礎の上に立たんとす。同じ瓢の中より更に又穀類湧き出ること泉の如く、絹綾金錢數を盡して現はれ出でたり。されば彼夫婦は夢にあらずやと喜びつゝ更に第四の瓢を割かんとす。此の時妻は暫しと止め、旣に此にて我等の入用は皆足れるに非ずや。一つは殘して又他日にこそ割き見ましといふに、彼は聽かで是非とて割きたるに。中より唐繪の樣なる美人楚々として現はれ出て、けふよりは君の婢妾と耻し氣に額付きけり。流石に妻は面白からず、止めさることか止めしものを、無理に割いてこの樣なる入らざるものを出したりとていと夫を怨したり。

亞剌比亞の夜話にあるアラデンの宮殿ならねども、我が弟が住居のあたり、一夜の中に突兀と雲に聳ゆる大厦現はれたれば、何人の住家にかと怪みて走り來れば、昨日に變る貧弟の榮華、實に見ぬ世の陶朱猗頓も之には過ぎじと思はるれば。吃驚仰天肝膽皆潰えて、恐る〳〵弟に向ひ事の由を尋ね、こは善き事を聽出したり。我もせばやと俄に軒に住よげなる燕の巣を作り、長き竿に木の葉を結付け、そこらを過る燕共を無理に我が家へ逐込まんとするに、燕は皆弟の家に逃込みて一羽として入りて巣を構えんとはせず。猶屈せず頻りに逐込めば、一眼めくらの一羽終に逐込まれてドウヤラ巣の中へと入りにけり。いと〳〵懶惰なる燕なりけむ。其の儘こゝを住居として妻なる燕をも呼來りて、はや三ッ四ッの雛さへ産み落したり。兄者人は思ふ通りと喜びて、雛燕の今日や落つる、明日や落ち來と待てども、元來雛の數共少ければ絶えて落ち來らず。待ち疲れて一日梯子に攀ぢて中なる雛を一羽摑み出し、床の上へと投げ落したり。憐れ雛は血の出る許脚を打ちて折りくぢき、悲鳴を擧げて親を呼ぶ。彼急ぎ之を取上げて薬を塗りて糸を纏ひやり水や米粒を啣ませてやう〳〵治しやり、又々巣へと返しやりぬ。

やがて冷秋九月、燕共江南の國へと立歸りて其の國王に見參せる時。彼の家に巣ひし燕は一部始終を奏上したれば、國王も逆鱗まし〳〵て、己れ無情の人間奴いでて復讐せてあるべきと、翌年春にこれも瓢の實一顆與へてやりぬ。ノル夫は瓢の種を拾ひ上げ、おれも長者になりたりと近處近隣に迄吹聽して、頻りに瓢の蔓の生長を樂みしに、はや十一個の大きやかなる瓢簞ブラり〳〵と生り出てぬ。弟より七個多し、一層仕合多からんと熟すを待ち遠に賃金出して百姓を傭ひ、梯子を架け捩《ちぎ》らせ、先づ一つザクリと割けば、こは如何に伽耶琴を彈く奴出來て、頼みもせぬに騷々しく琴彈き聽かせて果ては多額の賃銀を强請して去れり。第二の瓢を割くに僧出來て、怪しき經共打誦してこの惡人ノル夫に災禍を下し玉へと佛に祈禱し、果ては又祈禱料を强奪して去れり。第三の瓢よりは喪服を着けし者出來、我が主人逝かれたれ共葬るに錢なし、是非にとて多額の葬資を强奪して去れり。第四の瓢よりは巫女の一隊ゾロ〳〵と現はれ出て、驚く彼を取圍みて怪しき經を讀み始め、八百萬の神々の御名を呼びてこの惡性男に禍を降し玉へと祈禱す、驚き逃げむとする彼を引捕へ、人に祈禱さして只逃げるとは何事かとて、多額の祈禱料を强奪して去れり。第五の瓢よりは瑤池鏡なる覗き鏡現はれ來り、ノル夫が何かと覗き見たるに、不法の覗料を貪り去り。この次こそは金あらん米あらんと、更に第六の瓢を割きたるに、思ひも寄らぬ大男ニョッと許りに現れ出て、小鳥を攫むが如く彼を引捕へ、おのれ我が臀の癢きを踏めとて寢そべりて彼に臀を踏ますに、臀の堅きこと石の如し。如何に力を入れて踏めばとてこたへることか叱り付けられ、力無し意氣地無しもつと一生懸命に踏みやれと愚圖〳〵すれば毆らん景色、血の汗出して踏むほどに力盡きて目眩み倒落つれば。おのれもうやめるか、然らばあやまり金を出せとて多額の金をとりて去りぬ。かくて十迄割くに從ひ總て皆惡魔外道のもの許り現出し、死なん許りに苛め援かれ猶慾心は已まず。最後の十一番目の一個殘れるをこれこそは福の瓢と刀を入れて恐わ〳〵ながら少し割けば、少しく黄金色見えたりさてこそ黄金ありとザクリと割れば、山吹色の糞の泉糞の川流れ出てく止まんとせず。果ては屋敷を浸し我屋も浮かめば、家財道具も打棄てゝ一家五口命からく弟の家へと逃げ入りぬ。流石に弟は憐みて新に家を建てやり、生涯樂に暮させたりとぞ。

淫僧《いんそう》食生豆《なまめを》四升《くらふ》

今は昔、殘りの色香失せやらぬ一寡婦ありけり。されど守操の念いと强くして浮きたる心露ほどもなく、この儘我は谷間の朽木と行ひすましてゐたりける。彼女の甥なる少年一人ありしが、村の寺に通ひて其和尙に師事し、四書や五經の素讀を學び、親達は何れ後には科擧にも應ぜしめんの心組なり。師なる坊は峯に分れし白雲の、浮世の諸相を覺りすまして、葷酒さへも遠けてあるべき出家の身ながら、まだ煩惱の繫縛を絶ちやらで、好心《すきごゝろ》中々に强かりけり。されど主ある女未婚の處女に云ひ寄るべくもあらざれば、誰かよき相手もやと永き年月心懸けたるに、丁度よし、弟子の一人の彼の少年の伯母、先きつ年夫に後れて寂しく暮すと聞きければ。或日彼少年をば少し用あればとて外の弟子より後に殘して聲密め、汝今夜歸りて伯母君一人の時を窺ひ、師の君が伯母君と同棲したしと申されたりと告げくれや、さらば我自ら汝によき事してやらんと囁きたり。少年はまだ物心もなき子供にして、世の中に恐しきは父の外は師の君許りと恐れ居るなれば。畏《かしこ》まりて其の夜ありの儘に伯母に告げたり。伯母は人もあろうに僧ともある人に耻しきことを云はれ、憤心胸臆に盈ちたれ共、明ら樣に刎ね付けては甥が身に惡しかりなんと、さあらぬ態にて、汝明日師の君に我が今宵忍び來ませと云へりと告げねと言ひ付けぬ。

　師の坊は今宵忍べと聞きて、もう願ひ叶ひたりといそ〱しく、稽古も早く仕舞ひ、淸きころもに着更へて夜這星の流るゝ朧夜に首尾よく內房へと忍び入りけり。女は一燈寂寞と坐し居たりしが、打解けたる態して、數ならぬ我身を思ひ玉はるは身に代へていと嬉し。されど唯だ御言葉のみにては眞心のほども猶疑はし。妾が願事唯一つ叶ひさせ玉ひてこそ仰に從ひまつらんと云へば。坊は早や海參の如くぐにや／＼となりて目を細くし、一つはおろか百にても君の頼を聽かでやは、早や云ひませと急ぎ立つれば、其は外ならず。生豆四升今此にて喫べて見せ給へとて、兼て用意しつる生豆盆に溢るゝ許り持出せり。坊は何のこれしきと目を塞ぎて手に握りては口に投げ込むに、大方一升も食ひたらんとおぼしき頃より、腹俄かに雷鳴し出し、便意頻りに催してえ堪ふべくもあらざれば、急ぎ飛出し厠まではえ持たず、僅かに門を出ると其の儘そこにて立ちながら放出するに、前代未聞の馬ならぬ人間が生豆一升食ひしなれば、糞は宛ら虹の如く、潑躍として宙に上れば、隣の土墻を飛越えて丁度薪を割り居たる其屋の主人の頭より糞灌頂。あな堪へ難や、あな臭や、何者の惡戲ぞ我に糞をば掛けるとて、急ぎ門より出見れば、誰かは知らず、夜にもしる白き臀を捲り出して呟々云ひながら虹の如く糞を走らす。おのれやれ、何處のたわけ、何の怨みて我に糞を浴せるとて、太き薪の木を提げ來て處構はず滅多打ち、坊は痛くはあれど明ら樣に我なりと云ふべくもあらぬ場合なれば、存分に打たれて逃出し、足を空に寺へと逃返れるに。早や時刻過ぎぬれば寺男は大門固く閉ぢて入るべからず。已むを得ず犬の出入口なる扉の下の小さき穴より首差入れておい〳〵と寺男を呼ぶに、寺男は來て見れば、何物か犬くゞりよりおう〳〵と聲出す。おのれ何處かの野良犬が、我が牝犬誘《つれ》出しに來たりしぞとて棒振り上げて、眼玉の飛出すほど打ち据ゑたり。されば共坊は無理に差込みし首なれば、急に引込ます譯には行かず、しつかり打たれて寺男の少し疲れて打止めし頃、漸々名乗りて門を明けて貰ひ、命許りは助かりしとぞ。

こはこの國の口傳へをば有りの儘に綴りしなり。慵齋叢話には少し違ひて書けり。されど大同小異なれば改めずに留めたり。

(一)この國の僧侶と云ふものは甚だ可憐の位置に在りて平民以下に待遇さる。されば農夫が耕作する前をば騎馬にては乘り過ぎ得ざる掟てなり。京城の官吏共寺に來ることあれば大門外に出迎ひて蹲踞し深禮し、寺に入れば酒を出し清菜を出し款待極まりなし。之を高麗朝歷代僧侶を優待し、國師號さへ賜はりたるに較ぶれば、實に霄壤の差異あり。されば逆待さるれば自然に自らも心性墮落せりと見え、今の僧侶共の道心なく糟心を失ひしこと言語道斷なり。大抵は皆私婦を蓄へて淫樂を肆にし、料理屋の如く客を宿泊せしめ、酒肴を備へて價を貪り、甚しきは祈禱に托して宮女を引入れ、醜聲を外に洩し、實に平民以下の性行なり。殊に京城附近の僧侶を甚しとなす。流石に朝鮮第一の道場金剛山には尚僧侶らしき僧侶共も少なからで、葷酒を絶し淨行を修し寂寞として世外の行者たるものありとか。され共是の如きは曉星の數のみ。されば佛教は全然宗教としては死滅に歸し、或は侍天教、天道教、其他淫祠邪教が民信を集め、朝鮮の宗教たる位置を占めつゝあり。惟ふに李朝が佛教を迫害せるは、角を矯めて牛を殺せるの愚を免ること能はざるべし。

片身奴《かたみやつこ》

今は昔、或田舍の兩班に仕へたる片身の下男ありけり。顔も半分、胴も半分、足も一本の片輪者にて、心許りは人並優れて惡賢く、人を倒して我身許得せんと屢々善からぬ振舞多かりけり。

一年《あるとし》主人兩班、科擧に應じて都へ旅立ちのお供して、驢馬の口取り幾泊かしてやう〳〵京近く迄來りけり。一日の午時、主人彼に命じて我はあすこに見ゆる酒幕にて午飯認むべければ、汝は驢を引いて山に赴き充分若草を喫《は》ませよとて酒幕に入りたり。彼は主人許り酒幕に入りて我に何も食へと云はぬは心惡《にく》しと惡計を案して、驢を市に引き行きて價よく賣り飛ばし、其金にて鱈腹酒飯を飲食し、轡と手綱丈け外づして彼の山にと駈登り、手綱を確かり握持ちて、心持善げに午睡の夢を貪りたり。主人なる兩班は餘り彼奴が遲ければ午睡やしつると山迄探ね來見れば、彼奴は若草を蓐にグウ〳〵と天地皆忘れて午睡し、驢馬はなくして手綱許り確かり握り居たりぬ。主人吃驚して強く蹴て彼を覺まし、おのれ不屆奴驢馬は何處にやりつると詰責すれば、俄に驚きし面持して忽ち哀號〳〵と泣出し、驢馬奴小人が暫し午睡せし隙に轡外づして逃げ失せたりと覺ゆ。大變な事を仕出來したり、日暮れなば暮れよ。山中廻りて探し來べきに命許りは助け玉はれと、はや足早にかけ登らんとすれば。謀とは知らで主人兩班は、待て〳〵、廢《よ》せ〳〵この馬鹿者、遠くの昔しに逃げ行きし驢馬が、今時分何處に見付るべきぞ。無駄骨折るより仕出來したることは詮方なし。別に又此處で一匹買ひ求め早く都へ登着くが上分別、寶にや馬鹿に付ける藥はなしと。悄然と山を下り、新に驢を買て京へこそ登りけれ。京に着きて下宿を定め、日夜試驗の用意に苦みつゝある一日、彼奴に命じて粥一椀を買ひ來らしむ。彼奴不圖この粥食ひたくなり、又一計を案じ、青鼻一滴椀に落してしく〳〵と泣きながら入來れり。主人は何泣くかと尋ぬるに、昨晩から風を引き居りて、粥を持ち來る途中不覺にも一滴椀中に落したりと云へば、おのれ汚き奴、其粥食はるべきや、貴樣にやらうと、忽ち粥に有付きたり。

　かゝる惡しき事共續けば、主人は不吉の神に付かれてか首尾わろく落第しけり。おのれ憎き片輪奴、おのれの爲に我が運なくなれり。いかで彼奴に復讐してやらんと、一日彼奴を呼びて、其の脊に墨黑々と「此奴の爲に落第し、途中費ひも夥しかりき、この儘生かしおくべき奴に非ず、即時葛籠に詰めて河に沈めよ」と書き付けて、我は京に少し殘りの用あれば、汝は先きに鄕に歸へれ、歸らば直ちに汝の背を家の人に示せよ、其は緊要秘密の用事なりと堅く吩付て立したり。

彼奴は途中一人旅の氣樂さは、したい放體に狂ひまはりて、おもしろおかしく往け共、唯心に懸るは背なる主人の筆の跡なり。必ずこは我に利なき事共なるべし、如何で知りたやと思ひたり。一日急に蜜欲しくなり來たれば、麥の粉十文許り買ひ調へて、蜜商人を呼止めて、麥の粉の入物を出しこの粉の上に蜜十文くれと云ふに、商人いふが儘に少し注ぎやりぬ。※彼奴は高し高し法外の高價なり、猶注げといふに、商人も不得已又聊か注ぎやりぬ。彼は猶高しとて入物を引込まさず、商人も仕方なく又少し注ぎやりつるに、猶高しかゝる高き蜜は都にも無しとて已まず。終に商人怒りて無法の人かな、そんなら賣らずといふ。彼奴カラ／＼と打笑ひ我もかゝる高き蜜買はず。いざ持ち歸れと入物突き付くれども、蜜既に麥粉に浸みたれば取出すべくもあらず。其儘商人は只取られ口汚く罵るのみにて過去れり。かくて蜜の混りたる麥の粉を棘りて佛の像を造りてそを嚙みつゝ往くほどに、途にて旅僧一人に行逢ひたり。旅僧は彼奴が佛像をばさも甘相に嚙むを見ていとゞ不思議に思ひ。佛像旨きかと問ふに、彼奴笑ひながら甘しとも〳〵、我は毎日かく佛像を食ひて腹ふくらかすを、僧なる汝がまだ佛像食ふこと知らぬとはおかしといふ。僧はさらば我にも少し嚙《かま》らせよとて一嚙みかめば實に〳〵いとも甘し。猶食はせよといふに、彼奴然らば汝我が背に書き付けある文字を讀みくれんかとて、彼に見せたれはいとも危き言ぞ書かれたる。即ち彼奴又僧に向ひて、汝にこの佛像を與へんに、背中の文を消して、「この奴の爲に幸福數多得たれば、其の賞に即時娘を以て配せよ」と書き直しくれとて、書き直さし、此に心おちついて意氣揚々と主人の家に着にけり。

主人の妻は彼奴の出す背を見て、さても不思議なる夫の命かな。人もあらんに此奴の如き片輪者に花の樣なる我娘を妻はせとは何事か。此には仔細そあらん。主人歸宅の上にせんとて、言葉上手に延したり。二三日後に主人悄然と返來りて、いち早く彼奴の姿を認め、いと〳〵不興面に、何故に今猶彼奴を生かしおくぞと叱り付くれば、家の人々益々怪み、譯云々と答ふるに、激怒忽ち爆發して、おのれ又しても奸計もて人を欺けり。いで〳〵とて下人に命じて、手取り足取り、葛籠に込めさせ引擔いて、江に差出たる柳の木の枝に括り付けさせ。あすこそ主人自ら繩を切りて河に落さんと盟ひたり。此に通懸りし村内有名なる目腐れ婆某女、柳の枝に葛籠ブラリと吊られて中に人あるを見て、田舍人の氣易く其處に何して御座ると聲高に問ひかけたり。彼奴お前は誰かと反問して、打笑みながら、我此頃主人の伴して京に往きて來、途中にて眼を病み、色々藥を付けても治らねば、こゝにかうして吊して貰ひ、眼病第一の呪《まじな》ひなる河の流水を眺めつゝありと。誠しやかに告げたれば、老婆は忽ち其手に乘り、そは初めて聞く呪なり。果して汝の目は工合よき樣かと問へば、よしとも〳〵、昨日迄の摸《も》耶《や》はかき消す如くとれて、深き水底の小石の數迄數へらると答へたり。婆堪へられなくなり、いかで妾も少し其處に吊りて河の流れを眺めさせくれまじきかと願ふにぞ、然らば一寸の間なるぞとて葛籠を婆に卸させ、手早く婆を詰め換へて、明日早く來へければと捨言葉して雲を霞と逃亡せり。

哀れなるは目腐婆、前世の罪や深かりけむ、翌早朝兩班の成敗の身代りして、アッとも云はず早瀬に推流されて了ひたり。

主人なる兩班は、まづ厄介拂ひをしたりとて家人の皆々と喜び居たるに、其の二日目に片輪の彼奴は莞爾とさも得意氣に入來れるに、こは何ことかと一同開いた口塞がらず。彼奴は悠然と騷く皆々を押靜め、怪み玉ふな、奴は計らず主人のお蔭にて龍宮城へ赴きて、男欲《は》しやの乙姫の壻となり、富貴榮華を極め居れとも、これも我主の恩惠とおもへば少時も我が主人を忘られず、昨夜の寐物語に妻なる乙姫に打明けて、主人一家を悉く龍宮城へ引取ることの許可を得たれば、急ぎお迎へに推參したりと眞實らしく打語るに。これをしも信ぜずむば何をか信ずべき。主人はさても不思議なる幸運男よ。此度は必定嘘にてはあるまじ。科擧に落第したる田舍秀才なる我は、又この世にて芽を出さんも何時の事とも期すべからず。寧ろ龍宮に赴きて一生無憂の境に暮すこそ上策なれとて、然らば汝に從ひ我も龍宮へ赴かん。妻よ御身も、悴娘も來たれと、家中の下女下男と別れの盃を掛みて其々のかたみを取らし、家財共は大方取集めて葛籠幾つかに收め、其の日の黄昏頃に彼奴に從ひて、ゾロ〳〵と河邊へと往きにけり。彼奴は教ふる樣、主人よこの柳の木の下こそ、千歳未顯の龍宮への通ひ路なりけれ。疑はずして主人よりして早く入り給へ、入り玉ふには大きなる笠を冠り四方を見ずに入るを法とすとて。頭を埋むる笠を冠らせ、推しやる如く河へと導けば、主人は云ふが儘に大河の中流へと歩み行く。追々水深くなるに從ひ、水笠の縁を浸せば笠をば手に差上げて猶深みへと進む。笠は大なり河風は强し、煽られ〳〵飜々と宛ら人を招くが如し。それ主人が招き玉ふ、夫人早く往き玉へ、夫人は笠は似合はず、箕こそ似合め、箕を冠りて往き玉へとてこれも河へと推し進め、箕の煽るを指示し、母君招き玉ふ早く往き玉へとて悴を急立て、これも其の儘深みへはまりて死してけり。最後に殘りし娘君、何も知らねば己も父母の後に從はんと歩み出すをば、これ待ち玉へ、御身は龍宮へ赴かるゝ要なし、この世に於て此我が可愛がつて上げましようと抱き止めて、無理に家へと引返させ、數多の家財も運び返し、遂に娘の婿となりたりとぞ。

無《む》法《はう》者《もの》

今は昔、これは都に頓才ある極の貧乏人ありけり。一日都大路を漫歩きして、果物店に柏の剝き實推く出しおけるを見て、食ひたくも錢なければ、田舍辯にて店の主人にこれは何かと問ひかけたり。主人は「喫べ《チヤシヨ》なさい」と答へたり(韓語の柏の實はチヤシなり)。彼は應と答へて手に掬いてむさく〳〵と腹脹るゝ迄喫ひ了り。有難うと一禮して立去らんとすれば、主人は驚きて無法者よ、店の品物を唯喫ひて禮一言にて立去る法やある。錢出せといふ。彼あく迄田舍ものらしき面持してこは不思議なるかな、何故先程「喫べ《チヤシヨ》なさい」と云はれしぞや、如何に都なりとて喫よといひて食ひたるに錢を取る法やあるとて、呆るゝ主人を見返りもせず無理を通して立去れり。

柏の實は油多くして生豆と同じく下痢性なれば、あく迄食へる彼は、幾許も歩まぬに腹痛み出し便意頻りなり。され共今とは違ひ共同便所のある譯ならず、よわり切りつゝも一計を案じ、構ひ廣き一軒の雜貨屋に面色蒼黄と飛込みて、今亂暴者に逐掛けられたれば暫し此に躱まひくれよと、蓆一枚出して貰ひ之を立廻して其の陰に蹲まり、心行く迄糞したり。紙杯持歩くこの國の風ならねば、糞し了れど拭ふにものなし。又一計を案じて主人を呼掛け、追手は既に往過しかと問へば。主人は長烟管を啣へながら打笑ひ、汝が誰なるかさへ知らぬ我が、まして汝を追ひ來る者の誰なるか分るべき筈あらんといふ。彼然らば我に細き短き棒を與へよ、蓆に穴を開けて我自ら眺めんにとて、其棒を以て甘く臀を拭ひ。やがてもはや追手行過ぎたり、お蔭にて命助かりたりとて言葉巧みに謝禮を云うて、行衛も知らず逃亡せり。

かゝる無法者なれば、誰とて又彼の爲に周旋しくるゝ者もなし。無職徒食すれば一貧實に甚しく、冬になれども薪買ふべき術もなし。此に又一計を案じ、町に出てゝ田舍の松葉商人共が牛に附けて賣り歩く松葉の中に、殊に勝れてよく乾きて大把なるを撰みて價を定め、我家迄運來り。こゝそよとて指圖して卸して門内に運入れさすに。いと狹き低き門なれば、大束の松葉は中々直ぐに通るべくもあらず。力强き田舍人一生懸命に松葉を撓め縮めて漸々内に入れたり。されば松の小枝は雪降る如くハラ〳〵とちり落ちぬ。猶外の把も同じく無理に撓めて門内に入るゝに、商人はもはや賣りたる積りなれば、あゝ重たし〳〵とて打ち付くる如く地に投げ卸し、こゝにも少からぬ松葉落ち零れぬ。やうやくにして三把共皆入れ終れば、彼は煙草を吹かし乍ら、熟々松葉を打覗やり、先刻はまだ大把《たば》と思ひて價よく定めしが、今よく〳〵覗るにさのみ大把にはあらざりけり。あの價に買ひては大きな損、いて改めて價の相談せんとて、方外なる安き價に負けよと云ひ出す。田舍人の心眞直なる松葉商人は計畧とは知るよしなく、怒るまいことかぶん〳〵怒り出し、今更又價《ね》切るとは無法至極、先刻の價より一文安くても決して賣らず。買はずば買ふな持ち行く許りと、頭より湯氣立てゝ打罵る。彼は益々悠然と持ち行かれたりとて詮方なし。見すく多額の損することは都の人はせぬものと空嘯く。田舍人は仕方なく又々やつと擔ひ上げ激したるからに猶一しほがたんどたんと門に打付け、松葉を雨と降らし雪と散亂せしめつゝ、牛に積みて大聲あげて罵りながら市の方へと引き往きにけり。彼は仕合よしと舌を吐き、落ちたる松葉を拾ひ集むれば、半把に餘りて僅に貧家の三日の代《しろ》を支へけり。

貧しき彼は中々魚肉など容易に口に入るべくもあらず。この國の禿山にも流石に綠色濃き期節となれば、門のあたりを盛に鯛商人が鯛買ひませくと呼歩く、我も鯛食ひたや食ひたや、とて家中の錢を搔き集むれ共、十文には足らざりけり。されどこれあれば大丈夫と、忽ち一計を案出し。通りかゝれる魚屋を呼込み、長らくの押問答にて、やうやく一番小さき四寸斗りの小鯛一尾をばある限りの錢にて買ひとれり。之を臺所に藏ひ置きて更に魚商や來ると待ち居るに、程なく又一人呼通るを呼入れて、これ彼と鯛の價共きゝて、先刻よりやゝ少し大きなる鯛をば一四買はんと定めて、其を提げて臺所に行き、先刻の鯛とすり更へて又提げて出來り、買はんとおもひしが妻にきけば要なしと云ふに、まづ〳〵返すとそを押返したり。又程なく呼通る他の魚商を呼込みて、同じ風にやゝ大けき鯛とすりかへかくすること五六遍終には一尺餘りの大鯛とすり代へて家中皆々饑腹を癒しけり。

色々と悪計許りして時には不法の食にあり就け共長くは續かず。終に止むなく盗みして運悪く捕手に捉まり、捕盗大將の許に引かれ行きたり。引かれ行く其の道にて捕手共の烟草を吹かす油斷を見て、其頃京に夥しかりし乞食に貴様達錢を與るべければ皆々我後に慕ひ附きて父よ〳〵と呼はれよと云ふ、錢ときゝては一議に及ばず。二三十人の乞食共大聲揚げて悲し氣に、父よ父よ我父よと彼の後に慕ひ來りやがて捕盗大將の廳に引込まれ、大將の吟味を受く。大將は聲いかめしく、何者なれば大膽にも天下の大法を破りて他人の物を盗むぞと詰問するに、彼は哀れ氣なる聲にて、盗は御法とは知りてあれ共如何せん見らるゝ通りの子澤山にて、到底貧乏人の痩腕一ッにては養ひ切れず。父よひもじい飯くれよ、父よ寒い衣をたべととり縋られては、思はずも目に付くものも取りたりきと、誠しやかに述ぶ。門の外には無數の乞食共一層大聲張揚げて、父よ父よ我父よと呼はる此光景を見て捕盜大將も漫ろに惻隱の情を起し、實に氣の毒なる身上なるよ、汝の盜むも惡心にてはあるまじ、此一度は赦してやらむ、重ねては赦すまじ早々下れとて放免せりとぞ。

(一)細き棒もて臀を拭きたりといふは、日本人よりしては頗る怪しき事のやうなれども、この國にてはたゞ普通なることなり。予の屢々見たる所にては、朝鮮の下等社界の小兒等は脫糞して後拭ふこと寧ろ稀なる樣なり。立派なる髯ある成人達も、我々日本人の如く厠に上るとて紙等用意するものあらず、大抵はそこらに落ち散る藁屑を一握み握み持て行き、如何にかして巧みに拭ひ了るなり、さればまして洗手抔は夢にも思はぬことなり。朝鮮の學校抔にて便所を新式に作りて此に洗手所を附屬せしむるも、僅少なる日本人が之を使用するの法を知る耳、韓人は何故にかゝる入らざる者ありやと訝りて而して已む。元來韓人と日本人とは淸潔に對する標準を異にするは皆人の云ふことなれ共、殊に大小便に於て然るを見る。井戸の傍に垂れ流しの便所あるはこの國の普通、京城萬軒の一大共同便所たる城内の溝渠に毎朝嗽盥する者幾百人なるを知らず。乃至小兒の小便を妙藥となして宮中に妙藥製造元なる小兒を飼ひ置き、之を便壷と名け國王不豫の時には、牛乳を搾るが如く之を放出せしめてきこしめすが如き、蓋し到底日本人の者へ及ばさる所。予の經驗に依ればこの國の學校に於て便所を一週間、清潔と迄なくとも不潔ならず保持せんことは極至難の事業にして、予は幾度試みて終に失敗せり。密かに以爲ふに、韓人は清潔なる便所より清潔ならざる便所に入り易く用便し易く感ずるが如し。先年予が家に二三人の韓人を宿泊せしめし際、彼等に如何に上《うは》便所に行くべきことを云ふに拘らず、彼等は皆揃うて下《しも》便所の不潔なる方を擇びて之に往けりき。彼を思ひ之を思へば、韓人と雜居する日本人の困難、及終に困難に打克ちて今日の居留地の基礎を置きたる先鋒渡韓者の効を偉とせざるべからず。

明者欺盲者《めあきめくらをあざむく》

今は昔、これもこの國の都に暇人《ひまじん》の無法者一人ありけり。常に盲人共の倶樂部なる都家といふに入込みて、盲人の擬《まね》して彼等の會食の度毎に其席に雜りて飽く迄餓腹を肥しつゝありけり。一日盲人共合議して今日から一人宛代りくに皆を招きて馳走することにせんとて、籤抽きて順序を定め、當れる者より順番に毎日く饗應をそしたりける。其の内に順番は目明きなる彼へと廻り來て、明日は愈〻我家にて盲人共を招き饗すべき破目となりぬ。

無法者の常とて家は年中空々虚々、一家四人の糊口さへ思はしからねばこそ、不德と知りつゝ盲人共を欺きて其の餘粒を食み、其の餘瀝を啜るもの、かゝる大勢のお客には濁酒一杯さへ出すこと叶はず。如何にせまじと妻にも色々相談して、窮餘終に一妙計を案出し、ハタと手をうちもう心配なしとて打笑み。都家に赴きて明日は我皆々を招して粗酒一献差上ぐべければとて、いと丁寧に請しけり。やがて明日ともなれば、朝とく妻を走らせ、そこ〻の細暖籠より捨てたる牛骨を數多貰ひ來、瀨戸物屋に往きて瀨戸物素燒の壞れを貰ひ來らしめ。盲人共の來んといふ時刻より頻りに彼の牛骨をば炙る。やがて入來る盲人共目こそ見えね、犬の樣なる鋭き鼻もて頻りに甘き臭ひを嗅ぎながら、實に今日は大變な御馳走をするなめりと打歡びて物語り居る。はやお客皆居並びたるを見て、彼は棒の尖に新らしき糞を一なすりなすり付けて、一人の盲人の鼻尖にさし付くる。忽ち其奴は鼻息荒く、さても臭き屁もあるものかな某氏放屁せしよなと云ふ。又其の次の盲人の鼻尖にさし付く。其もおなじく色を變へ、あな堪へ難き屁や、さては某氏放屁せしよなと罵る。又次なる盲人の鼻尖にさし付け、かくして皆の鼻尖にさし付けたれば中の氣早の一人が某氏に向ひて、自分て放屁しながら我か目が見えぬと侮りて我がか〻る臭き屁したりといひ懸るは怪しからん。其の儘にては置かれじといきまけば。我名を呼ばれし某は何といふ、我この臭き屁をたれたりとや、何を證據に我といふ。畢竟自分てたれながら我に塗付けん魂膽ならんと、見えぬ目見張りて臂さへ張る。彼方にても亦同樣の活劇、其方にても亦同樣の活劇、時分はよしと主人の奴は妻に目くばせして、彼の瀨戸物素燒の壞れ共をそと盲人共の前に列べおきぬ。やがて言葉の爭ひのみにて飽き足らで、血氣の一人の盲人が、鐵拳奮て相手を毆る、毆られたる盲人はおのれ罪なき我に濡衣着せ又毆るとは古今未聞の無法者よとて毆り返す。闇夜の近眼の喧嘩鼻の眞晝の爭ひよりも猶無茶苦茶なる盲人共の毆り合なれば、聲をしるべに鐵拳を飛ばせ共當る奴は飛んだ外の者なり。やがて喧嘩は八方に漫延し、一座の盲人總立ちにて、相手構はず毆り合ふに、前に据えたる瀨戸物素燒物は足に蹴られ手に飛ばされ、カラタチリンザクリと亂調に響きて、宛ら今壞るゝに似たり　其內盲人共は果しなき喧嘩に力も盡きて、主人夫婦が慌てし如く出來て仲裁せしを機會に、皆々ぐにやりと腰を卸して、馬鹿を見たりと息を付く。主人夫婦は頻りに瀨戸物の壞れを拾ひ集めて、やがて哀號と泣き出し、折角皆々のお出を當てに色々馳走も用意したるに、思はぬ喧嘩に花が咲き、きかれし通り茶碗皿鉢一切壞れて了ひ、馳走を出すべくも盛るべき器物なし。如何にすべきと愁嘆す。盲人共は自分達が年にも恥ぢず小供の樣なる喧嘩を仕出し、現在器を壞したれば一言も出ず。挨拶さへもそこ〳〵に實に主人に面目なしと云ひ〳〵出て往きけり。其翌日盲人共都家に集り、昨日は實に某氏に濟まぬ事をしたりけり。我々此處に金を出し合ひて、切めて壞れし器の代なり共償ひやらては人情に缺けなんとて、少からざる錢をば彼に贈れりとぞ。

盲者逐妖魔《めくらおにをおふ》

一度足を京城の韓人町に入れたる人は、前に後に怪しき聲を振立てゝ、細き杖を力に、何か呼ひ歩く盲人共を見るなるべし。日本流に考ふれば按摩上下十錢とか云ふなめりと合點せらるれども、實は彼等は皆占卜者なり。目こそ見えね人の生年月日を聞いて其の人の運數の禍福吉凶より、兼ねて差當りの事件の成否等迄問ふに從ひ占ひ敎ふるなり。されば彼等には又彼等の技術ありて、之を修めて其妙に達すれば亦一名人として世人の尊敬も大方ならず。

襲きに故閔妃存命の頃、京城の李氏なる一盲人不圖したることが旨く適中して、閔妃の厚き信仰を博して、これより宮中に出入りし、高位の兩班共にも招かれ、一時財貨山を成し。其の男なる人は盲者の賤しき階級なれとも、特に韓王のお聲掛りを以て、武官學校に入學を許され、士官に任用せられたりき。されば今こそ盲人共も社會の進歩に連れて閑暇になり行き、生計難甚しけれ共、昔の彼等は中々飽食暖衣妾迄蓄へたるも少なからざりしとぞ。

今は昔、京城に其の道の名手の譽高かりし一盲人ありけり。旣に術奥薀を極めて技神妙に入り。靈覺洞然明者を凌ぎ、眼は盲ながらも歩行の自由常人と擇はず。殊に幽界なる。(一)鬼神妖魔の姿は亮然として觀照し、捕鬼逐魔の大威力を得たり。

ある一日彼京城の大路を往けるに、何處かの宴會に持行くとおぼしき飾り菓子の盆の上に、綠衣紅裳の妖魔が舞蹈するを認識し、あはれこの妖魔の憑きたる菓子を容るゝ家の人は妖魔の爲に害傷せられん。罪なくして貴重の命を妖魔に奪るゝ人こそ憫むべけれ救はざるべからずと、其の飾菓子の後に蹤きて往きけるに、一富者の邸内に入りたり。盲者はかの妖魔こゝの誰にか還《つ》くべきと、暫し門前に立留まりて内の様子を覗ふに、忽ち邸内大騒ぎを起し、内の令嬢今頓死せられたりといふ聲其處此處より洩れきこゆ。盲人はつと門内に入りて、我こそ令嬢を甦らせ救ひ參らせん、急き此由主人に告けよと云ひ入れぬ。主人も既に息絶へたる娘にしあれは、甦らぬとも元々なり。萬一盲者の云ふ如く甦りなば萬金に換へ難き家の寶を取り返へすなりとて、急き出來ていと忝しく施術を乞ひたり。彼靜に云ふ樣、我に法あれば案じ給ふに及はず。此度こそ彼の惡鬼を退治しくれめ。令孃をば一室に運入れ我も其の室に籠りて施法すべし。但し窓の破れは勿論、些やかなる隙までも皆紙もて貼り塞ぎて針の穴も漏らし給ふなとて、やがて用意悉皆調へたる一小室に籠りて、妙法の經を誦して一心に妖魔を調伏せんとす。妖魔は調伏されじとて、死したる如き娘の體はムックと立上りて盲人と打相撲ひ、一起一仆其の聲室の外迄洩る。されど追々に妖魔は法の力に敵はて負けんとする形勢となり來れり。是の時娘の侍婢の一人あまり久しく盲人が出來らず、唯だ呟々とうめくおそろしのこゑと、仆れつ起きつする相撲の音もの凄く聞ゆるのみなれば、主人の身の上いとゞ氣に懸りて拔足して室外に來り、そと小指に唾して些やかなる孔を障子に開け、一目を着けて内を覗き見たりしに、此に逸去の寸隙を得たる妖魔は、彈丸の如くこの孔より走り出て、走り出たる勢にて恰も内を覗ける婢の一目は打潰されて眇となりぬ。同時に憑きたる妖魔の逃去りたれば、娘は宛《さなが》ら深き眠の醒めたる如く、ウロ／＼と四面見まはし、漸く許りなり。盲人はこの樣子を感じ知りて大聲舉げて主人を呼び、甦りたる令孃を引渡し。主人が千禮萬謝の言葉をば耳にも止めず、長太息して云ふ樣は、あゝ我が命長くはえ保たじ。今度こそは彼の妖魔を調伏なしくれむと妙法力を勵み行じたるに、誰か彼が爲に逃去る間隙を作り與へて、終に虛空に逸去せしめたり。無念なりき、殘念なりき。妖魔は必ず我に仇を酬いん、我が生命も長くはあるまじと。悵然として一物も受けて出行けり。

　彼が妙術既に神に通せるの噂さ、漸々世間に擴まりて、時の王にも聞えけり。この王頗る英明にまし／＼容易に世許を信せんとせず。聖人は怪力亂神を語り玉はず。野人こそ狐狸に迷はさるべけれ。近頃不思議なる彼盲人の法力の噂、恐らく俗人を誑かす猾兒が惡戯ならん。其奴我が前に引き來れ。我親しく之を試みて其化《ばけ》を現はしくれむとて、臣下に命して彼盲人を呼來らしめたり。王は鼠一匹を盲人の前に据え置て汝の前に何かあると問はれたり。彼は考ふる樣もなく鼠なりと答ふ。さらば何匹ありやと重ねて問ふに、三匹ありと答ふ。此時王から〳〵と打笑ひ、さては汝の正體現はれたり、眼明き我等がかく此處に一匹の鼠をおくものを三匹といふのは盲目《めくら》推量なり。如何に誤りを知れりやと云へども、彼は少しも騷かず、猶飽く迄三匹なり一匹にはあらずと奏上す。王終に激怒まし〳〵世を欺き人を騙るは蠹賊なり、蠹賊は我が國に生かしおくべからず、之に死刑を宣告すとて。即時東小門外の刑場に引連れ戮れと嚴命あり。やがて獄吏が彼を引立て去りし後、王は更に考ふるに、彼盲人鼠と云ひしは正に當れり。鼠たることを當てたるものが其の數を誤るとは理外の事なり。或は腹に子鼠のありもやするとて、命じて其の腹を割かしめ玉ふに、既に形をなしたる子鼠二匹微に鳴いて現はれたり。

王を始め并居る群臣皆駭然と色を失し、王は殊更讃嘆し、實に彼は神人にして我が國の至寶なり、命失はしては大事なりと。急ぎ慌てゝ前令を取消さんとすれ共、既に遠く引かれ行きたれば、如何なる駿足も刑施行前に追付くべからず。され共、專制政治なる此頃は又相應に應急手段の設けありて、死刑に極りし罪人が刑場に引かれて露と消えむとする其の刹那迄、猶國王は之を大赦するの權あれば、王城の東端に物見樓を建て、此にて白き旗を振りて信號をなす。右に靡けば特赦の印、左に靡けば刀を下せの印なり。王は急ぎ信號手に右に振れよと令し、信號手は大旗を捧げて力を極めて右に振れ共。不思議やな俄に妖風吹起りて旗を左に靡《なびか》す、こは何事と王も信號手も慌てゝ又右へと振り直せども、妖風愈強くして益々左に靡く許り、策盡きて王は足ずりしつゝ惜み悲めとも甲斐なし。刑場にては今や信號出るかと待構ふるに、大旗翻翻と長く左に靡けば、生路絶えたりとて紫電一閃の下に、神人の頭顱は地に墜ちたり。此の時空中笑聲きこえ、妖風亦熄み、信號臺よりは大旗右に靡いて、特赦の王使汗血馬に鞭ちて百歩の内に來れり。

(一この國の愚民の信する重なる鬼神を列擧するに、其數も頗る多し。

○玉皇上帝……天を指したるものにして諸鬼神の王なり。されば人民も直接に之に祈禱をなすは餘りに勿體なしとて、重に其以下にある諸鬼神に起願するを法とす。

○山神……所謂山の神なり。各山に一神宛鎭坐する譯なり。されば山に相墓する時は、まづ其の山神に酒肴を餟して、以て山神の機嫌を取るを法とす。

○關帝……關羽なり。關羽は昔豐太閤壬辰役靈を京城々門に顯はして日本兵を退けたりとて、以後韓帝の崇尊一方ならず、巫覡も亦之を取り收めて鬼神の一となし、荒神にして効驗頗る顯著なりと云ふ。

○五方神……東西南北及中央の神將なり。又靑、白、赤、黑、黄帝とも云ふべく、從て又春、夏、秋、冬、にも配す。

○龍神……水界の王なり。鯉長年を經れば龍に化し、蛇亦龍となると傳ふ。

○城隍堂……既に前に說明せり。

○府君堂……日本の所謂氏神なり、從て定體なし。
○指道長承……朝鮮里數十里即ち日本の一里毎に路傍に建てる方向を示す杭なり。此に神憑けりと傳ふ。
○乞粒……屋敷の神なり、各屋は皆之を祭る。
○業位樣……一軒の家の運氣の神なり。米と蛇、鼬、豕の如き動物を瓶又は袋の中に入れて神躰とす。移轉の際には携へ行く。
○產神……產の神にして神躰老婆なり。
○成主……各家の守護神なり、紙に米、錢、餅等を包みて家の棟梁に貼り付けおくなり。
○七星堂……北斗七星を祀れるものにして、壽を祈る、神躰は佛形七人。
○翟瑩將軍……高麗末の大將軍なり。巫覡の尤も恐れ尤もよく祈る神にして、他の神々を祈れる末にも亦この將軍をも祈るを習となす、開城の德勿山に本迹あり。
○末命……浮行の鬼神なり。

○老人星……南極星なり。北斗星と同じく人の壽を司る。

○戸口別星……痘神なり。江南より來れりと稱す。痘の十四日目に此の神の見送りをなす。棒にて馬形を作り、之に飯などを盛りたる俵を積みて、馬夫を傭ふて巫女舞踏して之を牽去る。馬夫後《のち》に其の飯は食ひて其の馬を捨つ。

○厨主……厨の神なり。不潔の木を焚く時は怒ると稱す。

○厠神……厠の神なり。厠に神あるが故に、上圊の時には普通の家に入る時の如く咳拂ひをなすべく、又夜は點燈して入るべし。然らざれば厠神怒るといふ。されど共是等は或は厠は隱秘の處なれば、中に既に人ある時に、知らずして又入らんとするの弊を防ぐ爲の傳説なるや知るべからず。

○太上老君……道君皇帝にして老子ならんか。蓋し朝鮮の迷信は、道敎と佛敎との混合して生じたるものなり。其の道君を祭り佛を祀るも是が爲なり。

○胎主……痘にて死したる幼女の指を切りたるに憑ける神なりとか。婦人にのみ憑く。胎主を有する妖女は常に人語を梁上若くは空中に聽く。愚婦は吉凶禍福の判斷を之に請うに幼女の聲にて一々敎へ、鑿々として適中すとて迷信す。されば共今は社會を惑亂する者として禁止したれば、公然たる胎主家はなし。唯私かに迷信女の需に應じて之を弄するの妖婦あるのみ。

是等の鬼神に事へよく人と鬼神との仲媒をなすものを覡《ムーダン》といふ。朝鮮の傳說に依れば、彼等は最初より覡志願をなせる者に非ず。中年頃に達せる時忽然神に憑かれ此に不得已覡となる。其夫若し之を許さゞれば神愈憑婦を苦め、終に覡の群に入りて始めて赦さるゝなりとぞ。

妓《き》生《せい》烈《れつ》女《ぢよ》

今は昔、賤しき妓生の身を以て烈女の旌表を受け、烈女門を賜りたる貞女ありけり。

都の両班にはあらねと、門地賤しからぬ一土班の獨子、父早く死して母の手一つに育てられ、相當の家より妻をも迎へて何不自由なく暮し居たりけり。さるに彼の家は三代獨り子の不吉なる家筋にて、其曾祖父も其祖父も、其父も、婚姻して男子一人を設くれば直ちにおのれは死亡して、遺子は母に育てらるゝ來歴なりき。されば彼もおなし運命なるを先覺して、夫婦と云ふは名はかりにて絶えて枕は交はさゞりけり。母もよく我子の心根を知り居れば强いもえならず、一家三口家の不祥を嘆息しつゝ齎々として暮したり。母は一日我子を呼びなまじ家に居ればこそ中々に憂愁も深むなれ。些と氣晴しに四方遊覽に往き來らすやとて、多くの旅費を與へ、一僕を引連れて旅路へとこそ立たしけれ。當時平壤の監司は彼の親類なりければ、まづ平壤を當てにして晝行夜寢し程なく着きて監司の家の賓客となれりける。監司の親類とて庶人の尊敬大方ならず日々夜々の招待宴飮に心を籠め、殊に平壤は朝鮮第一の妓生の名所とて、花の如く月の如き名妓共を侍らせて彼の手折るに任せたり。

年猶若き彼なれば、美人に心の移りて二人や三人の嬖寵は必ず出來んと皆々期待しつるに、女嫌ひの不粋漢には非ぬ樣なれとも、何故か終に心を許せる妓なし。そよとだに吹かば零れん萩の露なる名妓共にも、終に衣の裳だに濡さじと飽くまで堅き彼が怪しき行ひは、平壤不思議の一つとなりぬ。一日平壤の官人共打集りて名ある妓生といふ妓生を總呼びして、さて汝等も知れる監司の許なる公子は、文才風流兼備しながら、終に一度の天眞を吐露せしを聞かず。この儘こゝを歸しては、妓生名所の此の地の名折れなり。汝等の内誰か如何なる手段方法にてもあれ、彼の人をして情を許さしめ得ざるべきか。成功せし者には我等連盟して生涯厚き保護を與ふべしと相談せり。妓生等皆々近頃の難問題と打沈吟して早速答ふるものなし。暫して名妓中の名妓なる年未だ二十に滿たぬ一美人恥し氣に進み出で、妾こそ其大役を引受けてこの地の爲に彼の君をこの儘にはおかじと誓ひたり。これより美人は日夜彼に接近して婢妾の役を自らし、屢々寢ぬるに室を同うして懸隔てなく親めども、薄帳一片猶懸り瑣し神秘を現はさず。美人も終に策盡きんとし、さても不思議に固き公子よと折々は親しき妓生にも嘆息を洩しけり。

花散り水流れ去りて歳月早く過ぎ。覺えず二年も經たれば、彼も日夜故鄕戀しくなり、終に監司にも暇乞して故鄕へと立歸らんとす。美人は殊に別を惜みて、君の住家は何處にておわす、妾も必ず君を慕ふて尋ね往かん。さても我に辛き人のかくも戀しきはとて、明眸一點の露を宿していと怨じ顏に云へば。彼も妓生の常手段と心に笑へながら、慕ひ來たらば男冥加に餘りなんなと云ひつゝ、詳しく故鄕への道筋迄敎へたり。かくて家鄕に歸りて母親と妻に旅の事共物語りて二日三日過ぎたるに、突然平壤なる彼の美人乘物美々しく入來れるに、驚きつゝも其の眞心に感じ喜びて、母親にも事情を打明けて、別に房をしつらひ、妾として仕はせけり。妻も十人に勝れし可憐の容色あり。まして妾は天下の名妓。月と花とを左右に並べ、春秋一時に裝ひを凝して媚を呈する幸福の身となりながら、僧にもあらで僧よりも一層持戒の嚴重なるべき彼の運命こそ哀なれ。

されど共彼も花の朝月の夕、獨り兀然と庭前を打眺めて熟々我身の上を考へては、花も必ず散ることあり、月も一度は缺くるもの、永くはあらぬ人間の、愼むも愼まぬも畢竟今日死ぬるか明日死ぬるかの差別のみ。この儘年老い朽ちぬれば、人として人生の眞味を掛まぬ殘悔幾許ぞ。まゝよ今宵は戒を捨てんかと一度は決心すれども、いや〳〵曾祖父、祖父、家嚴、三代の先人達も、今の我の如くにして終に母に先立つ不幸の子となりたりしならん。今の一念こそ我家の魔ぞと思ひかへしては猶戒を保つ。され共持戒の念は等身の堤にして、人間の樂みは大河の洪水の如し。終には之を決裂して一夜妻と眞情を交したりけり。其の夜の夢に、鬚髯皆雪白なる老人が、威風嚴しき人の前に額付きて頻りに願事するを見たり。其の問答を聽くに、雪髮の老人こそ我が父君にておはしまし、恐しき人は催命判官なりけり。父は血涙を流して我子の爲に延年を歎願す。催命判官(一)は頑として天帝の旣に定むる所、今更如何ともすべからず。今年中には必ず命終らんと云ひ放つ。猶父は頭を地に打ちつけ雪髮血に染らして嘆願すれば、判官も終に至情に動かされ、子を思ふ汝の情に我も動けり、さらば汝が子の延年の法を教へん。明朝早く汝が家の門前を刀劍商の通過することあらんに、汝が子は最銳利なる刀を買ひ、研ぎて枕邊におきて臥せよ。半夜窓を開きて入來るものあるべし。其の誰なるかを問はず、直ちに刀を把りて其の頭を斬り、其の首を提げて家を逃出て何處迄も走れ。かくせば死を逃れて壽八十なるを得むと。父之を聞きて叩頭して恩を謝しぬと見れば眠覺めたり。

翌朝彼は昨夜は不思議なる夢を見たりけりとて茫然としてありけるに、はや聲高く門前を呼過ぐる刀屋あり。餘りに夢と合しぬれば、急ぎ呼止めて勝《すゝ》れて銳き刀一振買ひ取りて研かせ、密と我が臥床の邊に藏しおけり。其の夜の半夜過ぎたる頃、何者とも知れず窓押開けて假寢せる彼を狙うて寄來れり。すはこそ夢は正夢なりけりと、物をも云はず枕刀おつとりて蕊く賊の首を打落し、其首をば袖に包みて用意の金子取出して闇に紛れ何處を的とも定めず、一散に逃亡したり。翌朝主人の起出ること餘りに遲ければ、母をはじめ妻妾皆怪しみ、下人に命じて寢室の窓押開けさすれば、室一面の鮮血淋漓、主人は誰にか寢首を掻かれ紅に染みてぞ縡切れたる。母妻妾をはじめ數多の召使共の驚駭は言語に絶し、殊に心弱き母妻は打倒れ聲を惜まず泣號せり。さればかくてあるべきに非れば、喪を發して葬儀を營み、妻は其日より寡婦となり果なき緣を悲みたり。

一日妾は母と本妻との居並びたる折を見て、いと聲潜めて、夫人は葬りたる人をば夫と確かに思し玉ふやと問ふに。妻は固より我夫なるべし、我夫ならで誰ならんと答ふ。妾は愈々聲密めて、夫人は永年連添はれてまだ夫君の體を見知り玉はずとこそ思はるれ。妾は暫しの契りなりけれ共、左の腋にいと大きやかなる黑子あるを確かに見屆けたり。然るに葬りたる男の躰を改めたる時に、黑子は終に見付けざりき。必ず我夫にはあらず。夫の君は彼の夜家を逃亡したまひて今は何處へか隱れ居玉ふに相違なしと辯明したり。母君は熟々聞き了りて、實に汝の云ふ如く、我が子の左の腋には生付いと大けき黑子ありき。妾《わらは》は悲に心亂れて其方の樣に詳くも男の體をえ見ざりければ、終に悟らで過ぎたれ共、其方の言葉を聞くからに若しやと思ふ賴みも出てたりと云ふ。妾はやをら膝を進めて、母君の仰の如く必ず夫の君には猶存命し居玉ふに疑ひなし。其に付き妾の一生の願ひには、何卒今日より妾に永の暇を給はれ、妾は國中遍く尋ね廻りて、如何なる深山の奥に隠れ居玉ふとも、慕ひ參らす一念にていつかは尋ね出し參らせて復た此處に連還り申さん。もしや不幸生ある中に尋ね出し得ざる事ありなんとも、冥界よりにても誘ひまつりて必ず母君に逢はせまつるべし。いかで許させ玉はれと、誠心見えて願ひつるに。母は浮き川竹の務めせし女に似合はぬ操正しき彼女の人格を信ずるものから、猶更深く感入りて、實に其方は我家の守り神なるか、其方ならば或は首尾よく仕了せもしつらんとて、いふが儘に許しやれば、彼女は即坐に緑の髮を剃り毀ちて、麻の法衣に脱ぎ更へ、法笠目深に被り、俄に變る尼法師、南無陀佛のこゑも可愛ゆく、行衛定めぬ旅の空へと上りぬ。

何處を先きに尋ぬべきにもあらねば、足の向ふまに〳〵歩み行き、目に入る男といふ男には皆心して眺めつゝ、法捨の情に口を糊し、幸に病にもかゝらず、はや一年半も夢の裡に過ぎにけり。絶えて其れかと思ふ人にも逢はねば、流石に女心のかよわくて、これ迄の緣にて、我が北に往けば、君は南にまはり、我が西にまはれば、君は東に往き玉ふて、終に廻り會ふ日もあらじかと。悲愁の念胸に迫りつゝ、丁度晝飯頃なれば、とある一軒の門に立ちて飯乞ひたり。其主人らしき人聞きつけて自ら飯を與へ、熟々彼女の顔ばせを眺め、しみ〴〵と云ふ樣には、さても美しき尼僧かな。如何なる因果にてかは知らねどもこの儘埋るゝには惜しとも惜しき標《き》緻《れう》なり。我先年妻を失ひて息子一人の氣樂な暮し、雨の降る程緣談あれども、今猶獨りて暮し居る身の上なり。其方にさへ心あらば天の結びの緣に任せて今日より妻と呼ばんは如何と。この時彼女は虫が知らすか妙に心動きて、何となく此處に居れば夫の君に廻りあへる樣に思はれ、さらば仰せに從ひまつらん。但し尼僧には堅き法戒あれば、尼の姿にては夫婦の固めはなし難し。この髮は恐らく三月立ては又延ぶべし。其の折こそ仰せに從ひまつらめと固く約して此に旅草鞋をぬぎ捨てゝ、箕箒を執りて其人にかしつきぬ。

先妻の筐なる一人息子は、近くの書堂に通ひて勉學しつゝあるが、始終師の君の噂さ共を我か父にするを聽くに、其の容顔風采尋ぬる我が夫に似通ひたる節々あり。一日家に祭事あるを折として、夫にも相談して師の君を迎ひて饗應せんとて童子にこと傳て、明日は師の君を迎れて來よとて支度共丁寧にし、己れは室の陰に隠れて覗ひ觀るに、果してまかふ方なき我が夫なり。天に歎び地に歎び假の夫の何彼と彼の君を持てなす暇に我が房にて年比の困苦の樣を細々と長が〳〵書きつけて、明日の夕方村外の城隍堂の邊にて待つべければ、必ず約に違ひ玉ふな。一日も早く還り玉ひて母君の御心を安ませ玉へとて、これをば紙捻りにして新しき煙管の中に差込み、翌日童子を呼ひて、師の君に昨日來ませし禮共云はせ、この煙管は母よりの贈物とて渡せと命じぬ。書堂の先生は童子より新しき煙管を受取り厚き心遣《こゝろづかひ》を謝し、やがて煙草を詰めて吸はんとするに、煙通らず。よく〳〵中を見れば紙捻差込みあり。怪しと思ひて抜出し廣けて見れば事情盡く分明し、妾の誠心身にしみて嬉しく、やがて其の夕用意共殘りなく調べて、日本ならば頬被に尻捲りといふ出立して、約束の場所へ往き見れば彼女は既に待ち居たり。手に手を取りて人目を避け、恙なく我家に歸りぬ。再生の身には天殃もなくなりて今度こそは兩手に花、人間の樂の限りを盡して子供數多設け、八十歳迄長壽せりとぞ。

この事終に四方にきこえ、郡守は之を掌禮院に上申し、勅を得て烈女門を彼女に賜はり、妓生の烈女とて旌表せしとぞ。

彼に到りて彼の夜忍入りし賊は半壞の一官人にて、妾が妓生たりし頃懸想していたく振られしが、遂に彼女を慕うて來、又も手酷く刎付けられ、怨みは主人に飛んで行き、是人なくばとて失はんと忍び入りたること分明せり。

(一)朝鮮の古へは、北斗南斗兩星が人間の壽命を司るものと信せり。是れか。或は支那古來の天文家が星と人の運命を連關せしめたるに基きたる迷信か。されば古來壽を南斗北斗に祈るの事あり。又北斗僧人壽の帖簿を管し、南斗星記入の事に任じ、時々相集會して相談することありとの俗說もあり。現に某書に京城の南山にも時に兩星相會することありて、神占者天機を看破して之を天折すべき運命者に漏し、彼をして南山に登りて僧服したる兩星に嘆願せしめ、終に壽更に十年を延はさしめたるといふ如き俚話も傳れり。

癬《せん》疥《かい》病《べう》童《どう》知雨《あめをしる》

今は昔、都に名高き長者ありけり。男の子はなくて娘唯一人あり。容色宛ら春花の朝風に笑ひ。秋月の雲間を出る如く。まさに絶世といふの外なし。されは彼は如何にかして天下の名士を得て婿とし、天晴れ家の名をも擧げさせたしと思ひて、雨より繁き媒婆の口入も皆謝絶して。只管自ら婿を探しけり。されて共此の人ならばと眼鏡に叶ひし男はなく、追々娘も年頃になり行くものから、漫ろに心も急ぎ出しけり。

腰辮當にて婿探し。如何なる田舍人にてもあれ、此人とおもふ男を見付出したしと毎日歩きまはるに、一日某寒村にて數多の百姓共畠を耕し居たるが内に雜りし鼻垂しの髫童が、靑天白日滿空一片の雲もなき秋晴の日に、何思ひてか、舌打鳴し、チョッ又明日は雨降りかと呟《つぶやく》をきゝ。さても不思議なることをいふ童かなと思ひて歸りしに、果して翌日は一天曇りて大雨霈然として降注ぐ。彼は讃嘆やまず、扨ては彼の童は神人なりけり。我を始め無數の成人達誰一人として思ひも懸けざりしことを、己一人先見したる聰明さよ。我女の婿にすべき男は三國中にこの童の外なしとて、急き童の家を尋ね行き、數々の禮物共出して身許を明して婿にと望めば、父母は何事かと打驚きぬれども、正眞の眞面目なれば、年中貧乏の水呑百姓の子を捨てる藪さへあらばと思ふほどなれば、直ちに承知し、彼は又も親心の變らぬ内と其の座よりして乘物に乘せて京の家へと伴ひ來にけり。

怪む妻を氣にも掛けず、獨合點し獨感心して、即日婿よと披露を濟まし、愛娘と夫婦の大禮を行はせたり。四五日經て彼は婿を呼寄せて聲密めて、汝我が相を觀よ。我相は如何にぞやと顏を突付くるに。婿は吃驚仰天し、父よ相とは何の相ぞ、我は相といふことを初めて聞きしといふ。父は押返して謙遜するな、隱立するな。親子の間に遠慮は入らぬものぞ、人相を見てよといふなりといふ。婿はいよ〳〵困じ果て、我は田舍に生長したれば、芋大根の事なれば父君よりは明かれ、其の他は何も知らず耻しながら目に一丁字さへなきものをと泣かん許りに云ひ出すにぞ、父は餘りのことに呆れ果て、果して左樣か、汝も唯の凡人か。さらば如何して先きつ日青天白日の秋晴に明日の雨をば預言しつると問ふに。婿は耻し相にはにかみ乍ら、父よ我には永年の癬疥の固疾あり。雨降る前には必ず痒《かゆ》し。彼の日も丁度むづ痒く堪へかたくなりたれば、掻きながら明日の雨を罵りたるなりと答へたりとぞ。

双《さう》童《どう》十《と》度《たび》

今は昔、ある村に富めるにはあらねども家柄賤しからぬ兩班の若息子ありけり。一日漫歩《そゞろある》きして旅の僧に行逢ひしに、其僧しげ〳〵と彼の相を觀てありしが、さても不思議の子福者かな、さりとも双童十度生みては嘸ぞ生計に骨の折れることならんと獨言して行過ぎぬ。彼れこれを聽きておもしろき言をいふ僧かな。世に双子十度も生む人あるべきかと深く氣にも留めずに年月を經ぬ。

やがて十六の春を迎へたれば、縁ありて近隣の兩班の娘を迎ひて夫婦の仲も睦しく暮し居けるに、ほどなく妻は身重となりて、生みおとしたるは双子の男兒なり。初めての男子のしかも双子なれば彼夫婦いと悦びて、掌中の珠と哺《はごく》みける。其の内に又妻は身重となりて生落したるを見ればこれも双子の男兒なり。さては訝し、或は先きつ年の旅僧の觀相が當りやせんと聊か心安からざりしが、二度の双子もサ迄とは思はず、之を愛育したりしに又幾程もなく第三回の姙娠に生落したるも同しく双童。第四回第五回もおなじく双童にてもはや男兒十人を擧げたるに、何れも〳〵丈夫な逞しき男兒共にて、無難息災に太り行く。されども子供の太り行くにつれて彼の身代は細り行き、固より富めるにあらぬ家の、今はほと〳〵暮しかぬる有樣とぞなれりける。彼は一日熟《つく〴〵》打案じて、我々夫婦かくてあれば、此の末猶五度の双童を生出すべし。さては愈ゝ世過ぎ苦し。もはや十人の男兒あれば先祖に對しても務は果せり。之より先きは子供よりも生活の苦勞を除くが第一なり。さるにても我がかく家に在りては徒らに子供の數を殖さん許なりとて、妻にも打明けて終に何處とも定めぬ旅行に上れり。

目的ある旅にあらねば、身に持てる程の藝もて口を糊して、或時は食客となり、或時は村夫子となり。東より西、南より北へと旅行して、もはや三年も過ぎにけり、或日緣あつて一村の長者許に身を寄せたるに、不思議にも其の主人と心いとよく合ひて遂に相見るの遲きを恨み、云はゞ長者の御相手に何不自由なく幾月かを送りけり。或春雨しめ〳〵と降り籠むる日、殊に二人は打解けて色々と身の上語り合ひたる序、彼は熟々と嘆息して世の中に予の如き果なき運命に囚はれたるは稀なるべし。家には貞淑なる妻あり、健《すこや》かなる男兒十人もありて、しかも家庭の樂を享くるを得ず、かく世間に漂浪して他人の家に雨露を凌ぐとはとて鼻打ちかめば。長者は始めてきゝたる彼の「身の上話しに興勳きて、更に深く其の事情を問ひければ彼は何も彼も打明けて物語れるに、長者は驚嘆の眼を見開き、君の身上をきけば轉た此世の不公平なるを嘆せざる能はず。見らるゝ通り、我は齡既に五十に餘りて衣食とては不足なけれど、子とては娘の子供ある許り、男兒とても一人もなし。かくては祖先に對する不孝となるとて、妻とも相談して妾をおき又妾をおき、今は四人の妾をおけ共、庶腹の子も矢張り女兒許り、今ははや男兒を得むの望み絕えて他人の男兒に羨殺さるゝのみなりとて、互に嘆息したりけり。漸く月日も重なりはや一年餘の長滯在となりたれば、彼も追々故鄕の事共氣に懸りて長者に暇乞して立去らんとすれば、長者は頻りに引留めて立たせず。彼も不思議に思ひ長者は何思ひてかくも我を强く留むるかと怪みたれども、家に歸へるも貧しき生計のあすの米料さへ心配すべき苦しさはよく知れば、易きに就くを好む人情とて、引留めらるゝ儘に過しけり。或日長者は一間に彼を呼寄せて、障子など堅く締切り、決心したる面持にて膝突合して聲低く彼に賴む樣、我も愈々男兒得むの望絕えたり、君は未だ双壺五度の祥福を持たれたり。いかで我が爲に其の祥福を盡されてんやとて驚く彼に猶聲低く、明夜より續いて五夜、我と一所に女共の內房に入りて我なる如く裝ひて妻妾共に種を植えさせ玉へといふ。熟々きゝ了りて世にもおかしき賴みなれども、相方の事情を照合して考ふればおかしからぬ道理あり。我が持てる猶五度の双童は我にとりては一家凍餓の大不祥、長者に取りては家系を繫ぐ大吉祥、從より不足に賑はすは相方の利益なりと考へ定まりて承引すれば。長者の喜悦譬ふるにものなく、明夜より續て五夜、女共には少しも怪まれず、思ひ通りに行ひけり。

他人の代りにしたることゝは云へとも、後の結果を知りたく足を留むるに、養由が弓ならね共一發として無駄矢なく、妻妾五人揃ひも揃ひて其月より見るものを見ず、愈々姙娠と定まりたり。長者は計畧果して成就せりとて大に喜べば、彼は又何が生るゝか女生るゝか男生るゝか双胎なるか單胎なるか知らまほしくなりて、更に足を留めたり。漸々月滿ちて五人の女が順々に生みおとしたるを見れば、何れも〱双童なり。餘りの事に長者も彼も感嘆して暫しは言葉も出ざりけり。

十人の男兒何れも〱岩丈作りにて肥立殊によろしければ。もはや生長疑ひなし、且つ我もはや双童十度の運命も果したればとて長者に暇乞して我家へと立去りぬ。別るゝ時に長者數限りなき數多の物品餞別して幾多の僕に送らせて無事に其村迄着かせたり。

如何に長年家出したりとて我家を忘るゝ筈なければ、前の家に行着けるに家とては影もなく野草離々として麥漸々たり。彼は驚き一方ならず、狐狸に魅せられしにあらずやと自疑へながら、通り懸りの里人を捉へて某の家はこゝときゝしに何處に移りしかと尋ぬれば、其人實にも〳〵三年前迄はこゝに佗《わび》しき生活してあられしが、三年前より旅にある主人がいたく發辯せりとて、數多の黄金を送り來り、其より年に四五度宛送り來る黄金の夥しければ、先きつ年こゝの家を賣拂ひて、かしこの楊柳門に埀るゝ所に新に廣き邸を買取りて、今ては近在切りての富める兩班なりと告ぐるに、さては彼の長者の謀《はかり》ひなりけるとて今更其恩を感しつゝ、新らしき我家へと尋ね往けば、實に内富めば外に現はるゝ裕《ゆた》けさは廣大なる邸の何處から何處迄整然として調へて住み心地好げに見られたり。大門を入れば大廣間の廣き椽に、何れも〳〵よく似たる丈夫相なる男兒十人机を並べて先生に就きて讀書を習へり。これが皆我子と思へば夢にあらじかと嬉しさに我を忘るゝ許りなり。され共童兒は父そと知るべき譯なければ、見知らぬ何處の人が來れるとて氣にも止めず勉學す。彼は打笑みて半眞面目に我こそは汝等の父よと云ふにぞ、彼等は訝しげに見上げたりしが、やがて一番年嵩なるがつと立ちて內房へと入り、母にこの由告げたるらしく、母は窓を開きて見るに、別れて年經し我夫なるにぞ、驚喜手の舞ひ足の踏む所を知らず、涙ぐみつゝ出て來て、この方こそ常に汝等に物語りたる父上よとて、夫婦親子の再會に永き日も短かりき。

やう／＼我家に落着きて、可愛の我子の無邪氣なる擧動と、父よ／＼と四方より取着くを見ては世界の中に子に增す寶はあらじ、既に衣食足りてはかゝる寶は多きほどよし、惜しきは彼の長者が許に置き來たりし猶十人の童兒なり。十人總てを取戻すは出來ぬ相談なるべけれど、半分なる五人を取戻さんに長者もいやとは云ふまじとて、一日細々と文認めて密かに使ひの者をやりたるに。程經て使の者手持無沙汰に歸來て、かの家は既に何處へか移轉して近所の人誰も行衛を知るものなしと復命したりけりとぞ。

韓《から》樣《やう》松《まつ》山《やま》鏡《かがみ》

今は昔、この國にまだ鏡の作られず、漢土よりも輸入多からざりし時の事なり。片田舍の一平民、京に出てし序に面鏡一つ買ひ取りて返りにけり。打向ひて我が面を映すに、一顰一笑その儘に映りておもしろさ譬ふべくもあらず。されば時折取出しては獨り覗きては打笑ふ。かくて又密に藏し、まだ何人にも示さゞりけり。妻なる婦は我が夫が何の面白くてか、折々異樣なる圓き平きもの覗きては嬉々と打笑むを訝しく思ひ、或日夫の藏ひおく所を見極めて、其の在らぬ時を窺ひ、そと取り出して眺めたるに、こは如何に、其内に我と年輩似寄りたる一婦人の面ありくと見えたれば、心火起りて堪ゆべからず。浮性なる我が夫や、都に往きて妾《めかけ》一人求め來れり。もはや我には秋風立ちたりと見ゆ。情無の男心やとて暗涙を呑み、其儘鏡片手に姑の許に行きて怨しつゝ物語れば、姑はいとも怪しみ、其妾《めかけ》我に見せよやとて、面鏡覗き見たるに。女は女なれ共我と似寄りの皺老婆、とても悴の相手にすべくもあらぬ代物《しろもの》なり。呵々と大笑し、嫁殿何をか見たる、かゝる年寄りをは、如何に悴が物好きなればとて、態々京都より妾にとて求め來るべきぞ。何れ已むなき事情ありて、何處かの老婆を預かりて來りしものならん。我子に限りて、そんな浮氣の起るべき筈なし、女の廻し氣ぞやと云ひきかせたり。處に舅入來り、嫁の涙ぐみ姑の打笑むを不審かり、譯を尋ねていざとて我も覗き見たるに、をんなの映らばこそ、我に似たる老翁そ現はれたる。さては汝ら何を勘違ひしてやある、隣の祖父の居るものをとて姑嫁の理由なきを擧げ笑ふ。

されども事實は言葉よりも有力なり。嫁が覗けば若き女見え、姑が覗けば老婆現はるゝに、猶彼等は一團の疑心氷釋せざりけり。

或日主人の長男十に足らぬ惡戯盛りが、鏡を見付出しをかしき物よとて覗き見たり。其の時恰も珠を片手に握り持ち居たるに、鏡の中にもおなじく惡戯盛りの腕白が珠を振擧げて見ゆるに、あはれ彼の兒我が珠をば奪ひ取りたりとて聲を擧げて泣き出したり。傍にありたる隣りの若者、何故に泣くかと尋ねて、どれ何處に、何奴が汝の珠を奪へると覗き見れば、血氣盛りの若者映れり。おのれ此奴えい年をしながら小さい者苛めるとは極道者奴とて、拳を擧げて鏡を痛打したれば、鏡は落ちて烈しく温突床に當り、終に碎けて了ひたりとぞ。

(一)鏡は元と日本にも無かりしものにて、支那より渡りしものなり。されば、上代は皆人水鏡にて、盆か鉢の如き平たき器に水を容れ、屈《かゞ》みて之を覗きて我が姿を映したるなり。今猶かゝみと屈《かゞ》むと同語なること之を明證す。朝鮮も矢張同樣にて、上世は鏡なるものまだ有らず、之ありしは漢土より傳へしに始まる。されば、昔は人民皆屈《かゞ》みて水鏡に映せることと我が日本と同じかりしならむ。其は今の韓語の鏡は「コウル」と云ひ、屈むの「コウル」と全く同語にして、日本語と全然相符合することを見て之を斷言すべし。かゝる日韓兩語の趣味多き契合は、兩國の文明及風俗を推究するに於て甚だ貴重なる材料なるを信ず。

仙《せん》女《によ》の羽《はご》衣《ろも》

今は昔、江原道金剛山の麓に一人の樵者《きこり》ありけり。日々の生活は聊かの薪柴の賣代《うりしろ》なれば、いぶせき伏屋《ふせや》に起臥して、未だ妻さへ娶る能はず。同年輩の人々の結婚の式を見る毎に、我はいつかと嘆息したり。され共心固より素直にして、己がなりはひには優れていそしみ、風の吹かぬ日こそあれ、彼が斧の響の聞えぬ日はあらじと村人の噂さに上りけり。

或日例の如く伐木丁々と幽山に趣きを添へつゝありしに獵師に追はれしと見ゆる一匹の獐、慌て畏れて走り來つ、息も忙しく暫し匿くまへ玉へと乞へり。彼もいとど憐みて、伐りて積みたる薪の下に這ひ忍ばせ、知らぬ風情に鼻歌おかしく木を伐り居るに。やがて獵矢手に持ちたる屈強の一獵夫、木の根岩が根打ちふみて、實に山も見えずはやり立て、言葉急しく只今此處に一匹の獐を追ひやりたるに、汝は見ざりしやと尋ぬれば、彼さなり、遂先程此處を過ぎてかの谷を越えて走り去れり。方向は正に南と見屆けたりと答ふれば。然るか、忝なしと更に宙を飛むで馳往けり。稍ありて獐積木の下より出來て再生の恩を謝して曰はく、君に報ゆるに絶代美婦を以てすべし。明日午後何時金剛山上の某池に到り玉へ、天女三人降り來りて浴《ゆあみ》すべし。其羽衣一襲を取りて之を隱せ。さらば天女昇天の能を失ひ終に君と同棲するを肯すべし。同棲數年男子を生まん。二男子産るとも猶羽衣を返し玉ふな。三男子生れて始めて之を返し與へ玉へ。さらば再び逃去るの憂なけんと言終りて林叢中に沒し去れり。喜びある翌日をまつ一夜は、一時千秋の待遠しさ。例日《いつも》より一層早く起き出て、流石に猶も職業は休まんとはせず。斧を荷ひて金剛山へと分登る。金剛山はこの國の靈山なり。峯巒峨々として青空にそゝり立ち。樹木鬱蒼として綠苔滑かなり。水は山巓の靈泉より湧き流れて滾々として長へに妙音を絶たず。仙禽飛び鳴きて宛らに法を説くに似たり。されば、いつの頃よりか佛者は此に伽藍を建てしが、靈地靈僧を出して寺運愈々昌に、百五十房の院々峯を隔て谷を對して連蜿として相續き。二六時中磬音梵唄雲霄に亮響し。こゝの岩窟彼處の洞に靜坐錬眞の僧侶蹤を絕たず。實に朝鮮第一の靈場にして又東國一の絕景なり、金剛山を見ずして山水を說く勿れとは此國の俚諺なり。天女もこゝをよしと見てか、山頂の靈池を相して浴場となし、日を定めて降り來て玉身を浸し香膚を洗ふ。樵夫は時刻前より藪裡に身を藏して窺ふに、果して翩還たる羽衣を飜して三人の天女池畔に舞ひ降り、相顧みて嘱然微笑し、羽衣を脫して樹梢に懸け、惜氣もなく香雪の膚を現はして、ざんぶと計り靈池に入り、嬉々として笑語して綾羅の手巾を以て玉身を磨す。神秀なる山頂の玲玉泉に、絕麗の三美女飽く迄香身を曝して浴する景色の美しきに、樵夫は暫し我を忘れて恍惚として打眺め、我も宛ら天國の一人となりし思ひをなせり。やがて思出して靜かに這出てゝ、羽衣一襲を卸して之を抱いて叢裡に隱る。やがて浴みも果てたりとおぼしく、三人共に池を出で弖身を風に晒らし、如何にも心地よげに喃々笑語す。時刻過ぎたりとて樹梢に來りて羽衣を取り身に着けむとすれば一襲足らず。如何にかしつる確かに此處に同しく脫ぎて掛けつるものをと、三人慌てゝ草の中梢の上を尋ぬれ共終に見えず。あはれ我等が浴みせる中に風出て吹き去りしか、將た又白鶴啄み去りしか。今はゝや時刻も迫り來て歸るべくなりぬ。若し晩《おそ》れなば玉皇上帝に咎めを受けむ。羽衣を着けたる二人の天女は、君の悲みもさることとなれ共我等の咎めを受けむも辛《つら》し。今迄探してなきものを今夜一夜探したりとて得らるゝへきかも測り難し。我等は一先づ先きに昇天して、この由上帝にきこえ上げ、又善き智恵を借り申さんとて、恥し氣なる一人をおきて羽衣を飜して昇り走りぬ。

殘りし一人の天女は、恥しさ悲しさに身を悶え、紅涙潸々として手巾も滴る斗りなり。やがて時分はよしと樵夫は徐々に叢を出て天女に近寄れば、天女は身も世もあらず打駭き、地にひれ伏して願くばこの儘見ずに過ぎ給へと手を擦り合せ願ふ。彼はされ共溫乎として打笑み、天女と雖定まれる運命には從はずてはあるべからずまし。君と我とは現《きつ》し身に人天の差こそあれ。天の許せし妹脊の仲なるべし。今日測らずも君の羽衣我手に歸して君が通力を失ひしは、下界に在りて我に身を任せよとの天命ならん。いざ來ませ、幸ひ夕方の人目暗く、君の姿も怪まれじ、君まだ人間の情を知り玉はさるべけれど、も、世に人間許優しきはあらじとや。我は貧しくはあれども、毋なく兄弟なく、君來まさば一床を分ちて布き、一皿を分けて食ふ心安き境遇なり。やがて情愛も出て來なばその儘二人は友白髮。それとも猶も否《いな》み玉はば我はこの羽衣を家に持ち返へり、永久君には渡すまじ。天人の掟《おきて》は知らねども、身に着《き》る衣を失ひては、上帝其の儘に許さむや。早く心を定め玉へと、手を取らん許りに勸むれば、天女も仕方なきさの小舟の、曳く人のあるに任せてとぼ〱と彼の家にぞ從ひ行きける。

　天人なれとも女の道は知りたりけり。漸々馴れ行く儘に、厨の仕事より裁縫の業迄いそしめば、これや三國一の嫁女ぞと羨まぬ人はなかりけり。夫婦の仲も睦しく、其月よりはや身籠りて、生みおとしたるはかゞやく許りの玉童なり。天女を妻にしてより家の生業も都合よく、今はまづ小樂なる境涯となりたれば、夫婦も掌裡の珠と愛しみ育てたるに、幾年ならずして又ひとりの童子をぞ擧げたりける。天人も我が兒の愛は同じと見えて、兄よ弟よと日夜に撫育し、兒も亦母よく〱と馴れ睦めば、日を經るに從ひ樵夫も安堵して、今はゝや再天國に返り去らん心も絶えしと見えたり。なまじ秘め藏せばこそ奥歯に物の狹まりしてゝちせらるれ。かの羽衣を出しやりて妻の心に任せ、或は破り棄てもし燒きもして、親しき夫婦母子の間を更に打ち解けさせばやと。かの獐の誠を破りて、一日羽衣を取り出し見せたるに、妻は手早く身にまとひ、兒を左の腋に、弟を右の腋に挾み、翩還として昇天し了りぬ。取殘されし樵夫は、蹉跎《あしずり》して悔み悲み、さては妻は猶夫より天國を慕ひしか、かゝればこそ獐が童兒三人産む迄出しやるなと誡めしなれ。三人の童兒は腋に挾めず、何れをおき行くべくもあらざれば、母子の愛に牽れて昇天の心も絶《た》たんなりけん。人間の淺ましさ早まりたりけりな。明日より誰と共にか活き、誰と共にか語らんと。金剛山も見るにものうく、馴れし手斧も觸れたくもなく、幾月か流涙悲傷に暮らしたれとも、かくてあるべきにあらねば、又斧を何ひて山に登るに、寂寞たる山今日は更に寂寞、潺湲たる水も弔歌を奏するに似たり。茫然として草に坐して生別の哀苦を思ひ居たるに。一匹の獐走り來つ、慰め顔に摩り寄りて、忘れ玉ひしか我は先年君に救はれし獐なり。此度君我が誡めを破りて天女を逃し玉ひしときく。されとも思慮の淺きは人間の常なり。今度丈は又助けまゐらせん、重ねては又手段あらじとて敎ふる樣。天女達は君に浴み塲を知られたるよりは再びかの靈泉に降り來らず、それからは天國よりいと〳〵大なる釣瓶を下してかの靈泉を汲み上げ、天國にて浴塲をしつらひて彼處にて浴みをなす。されば君明日幾時頃かしこに往き玉ひて釣瓶の下り來るを待ち、手早くその水を明けて其の中に坐し、引かれて天國に昇り玉へ、妻たりし天女も流石に永年の契り忘れたるにあらず。況して二童は日夜父戀し〳〵と探すめるを君往かば何でつれなかるべきと。樵夫は之を聞きて日蝕了りて陽光杲々たるを見しが如く、歡天喜地し、獐に深謝し、翌日朝早く結束して山巓に登り往き、時分を待てるに、果して數斗を容るべき大釣瓶スル〳〵と青天より卸り來て池心にザンブと沈み。滿々と水を斟み又上らんとす。用意したる彼は池中に飛入り、手早く水を捨てゝ釣瓶の中に坐したれば、天人と雖知るべき理なく、徐々と引揚け今ははや青空を貫いて天門に入り、此に首尾よく夫婦親子の再會を遂げ、終に樵夫も天人の群に入りしとぞ。

(一)日本に天女の羽衣を奪はれし傳說は、三保の松原と天の橋立に傳はれり。朝鮮も金剛山以外に又他處にも傳はれるか如し。され共、兩者を比較するに。日本のは何れも海邊にして海を以て光景の主となし。朝鮮のは山中にして山を以て背景となせり。この特徵は大に注意すべき點にして、日本が如何に上古以來海に親しめる國なるか、朝鮮が大陸續きにして海よりも寧ろ山を以て靈地となし好風景となしたるかを證據立つべき一資料なり。且又日本の傳說何れも皆淡泊にして閑雅、濃味に乏しく、天女を妻とし天女を追ひて昇天したるの如きを傳へず。是亦朝鮮人と日本人との國民性の相違をも窺ふを得べきか。

富貴《ふうき》有命《めいあり》、榮達《えいたつ》有運《うんあり》

今は昔、此の國の近代の聖君と云はれたる成宗王、一夜微服して京城々内を巡視し玉ひけり。巡り〳〵て夜も既に深更に及ひぬる頃、南山々下に來玉へるに、萬籟寂として夜氣陰森たる中に、數間《かん》の茅屋より朗々として讀書の聲聞こえたり。王は訝しみ玉ひて、この夜深きに誰家の讀書子か猶咿唔の聲をやめざるかとて、從者と共に近き玉ひて扉《とびら》ほと〳〵と叩き玉へば、讀書子駭然として卷を置きて忙しく門を開き、誰なれば何用ありてかく深夜に訪れ玉ふかと問ふに。王温顏に怪しみ玉ふな、我今宵ゆくりなく此處を過ぎたるにかゝる深夜に猶朗々たる讀書の聲をきゝ、いたくゆかしくおもひ敢て高面を拜して貴名を知りたしとて驚かしたりと云ひ。ひかれて房に通り、相對坐して其人を見るに、五十に近き半白の老儒なり。何を讀み玉ふかと問へば周易なり。我も長くこの書を見て淺學まだ解し難き節々あり、今宵拜顏したるを好き折に問ひまつらばやとて、王は其の中の難義を問ひ試むるに、應對流るゝが如く、幽玄を抉剔して、精妙を發揮し、實にも大儒と云ふの外なし。王頻りに感嘆し、老儒の學問誠に高遠、よく我が年來の疑義を氷釋せしめ玉へり。猶文稿もあらば拜見したしとて老儒の出す十數篇を讀むに、字々皆金玉の聲あり、光炎白虹の如し。王頻りに膝を打ちて感嘆の聲をたゝず。かゝる名家は當代我國に幾人と指を屈するに足らざらん。さるにても老儒は何故に(一)科擧に應し給はざると問へば、老儒は赧然として生何故か薄運にして二十歳より應試したれ共、常に屈して未だ上榜の榮を得ず。齡積みて今年正に五十、餘命幾くもあらざれば終に及第せずして沒するかも知らず。されども研學は學者の務めなれば猶かくも研勵するなりと云ふ。王は我この國に君臨して科擧を行て人材を採らんとし、二十年未だこの人を拔き得ず。薄德なりき。不明なりきとて心密に悲しみつゝ。さあらぬ體にて、され共明後日又科擧ありといふこと既にきかれしやといふに、老儒は不審の眉を顰め、明後日科擧ありとはいまだきかず。果してあらば某も應ぜんと云ふ。王は十數篇の文稿中殊に心行きたる一篇を熟覽して其の題を記臆し、丁寧に挨拶して出行けり。

出行きて、從者に命じて、一升の米と一斤の肉とを墻を越えて投け入らしめる。

還宮後、俄に明日臨時科擧を施行すと出令し、文題は先夜老儒の文稿の最秀篇の題を取り、王は只管かの老儒の答案をまつ。やがて答案山の如く積りたる中より試官はかの文を擇り出して王に奉る。王讀み玉ふに疑ひもなく先夜の文なれば御批して第一壯元と定め。即日掲榜し、文の主を呼入れたるに、こはいかに、似ても付かぬ少年なり。王大に駭かれ、汝の答案は汝の作かと問ひたるに、少年は否我が老師の文稿中より抜いて書き取れるなりと答ふれば、さらば老師は何故に親ら出場せざるやと又問はれしに、老師は昨夜意外に良米良肉を多食し腹痛を起し、今日は遺憾ながら出場出來ず、已むなく小臣をして代りて其の私草を懷にして入場せしめたるなりと答へたり。王も之を聞きて、默然たりしが、兎も角少年を退かしめ、一面人を走らして老儒の起居を探らしめしに、哀れ老儒は飢腸に滋味を過食し下痢を起し、其日果なくなりたりとぞ。

これも成宗の事なり。一夜々深きに微行して某街を過ぎたるに一女子柴門押開きて出來れば、南面の一樹上に鵲《かさゝぎ》の聲きこゆ。彼の女子あたりを見まはして人氣なきを見定め、同じく鵲の聲をまねて木枝一本を口に含みて樹に上るに、樹上にも鵲ありて頻りに啼きつゝかの枝を受取りたり。成王頗る怪しみ玉ひて、この夜深きに何の物好きぞ仔細ぞあらんと打ちしはふきつと柴門に近き玉ふに。かの女子人ありと知りて狼狽てふためき下り來り、飛ぶが如くに門内に逃げ込み、續いて一人の男子も忙はしく樹上より滑りおりて手早く柴門を閉ぢなんとす。成王靜に門に近き言葉穩かにかの主人に何事をかなし玉へると尋ぬれば。主人は夜目にも知るく恥ぢて答ふらく。某少年より科擧に應すること數を知らず。今年既に五十に達して猶及第せず。俗諺に鵲家の南に巣へば吉事ありといふことあれば、十數年前に正南に當りて一樹を植え、鵲や來居るを待つ程に樹は成長して蔭茂れども今猶鵲來り巣はず。今日も老妻と熟々身の蹇運を物語りつゝ、今宵夜更けて人定まりたる後、二人して鵲の爲ねして南樹に巣を作りて戲れむと談合し、今まさに始めたるに恥しくも客に見られたるなり。これも拙運の老夫妻の果なき慰事《なぐさみ》と思ひ玉ひて他人にな告げ玉ひそとていと恥し氣に物語れり。王は熟々聽き終はりて我は通りの客。何てう人に告げやすべき。又人の運は一刻の間にも轉ずるものなり。けふ迄蹇運なりしとも明日は忽ち發辭せぬとも限らじ。世の中は正直なる人こそ終に天恵も下るべけれ。先生も猶怠らず勉學し給へとて還宮し玉ひ。翌日臨時科擧を仰せ出され、入鵠の題を出す。されば數多の應試秀才も經史百家の書中に未だ見ざりし奇題なれば、皆々呆然として想を着くべき所なし。獨りかの老秀才のみは密かに思ひ中ることあり。咄嗟の間に答ひを草して一天に試官に呈す。王之を御覽してこれこそ題意に適中せり、古今の才子なりとて即時御批して壯元及第となしたりとぞ。

(一)科擧……科擧は即ち文官試驗にして、この國の甲午以前迄繼續して苟も青雲の志を懷ける青年は、必ず一度これを通過すべき關門なり。今其の狀況を畧說せん。

科擧には初試、進士、及び及第の三種あり。初試は即ち第一試問にして豫備試驗といふを得べし。進士は文官たる資格は得らるれども猶低く、及第試驗に合格せる者こそ始めて龍門に登るを得るなれ。科擧を行ふは定期なしと雖、子、午、卯、酉の四年は之を式年と稱して、必ず朝鮮八道に於て初試の科擧を行ふを法とす。監試即ち是れなり。この時八道中三南即慶尙全羅忠淸道には特に京城より試驗官を派して考試せしむ。何となれば三南は文化の地と稱せられ、特に慶尙は大に開け、半國の人才此に在りと云はるればなり。初試に於て豫め及第者の人員を各道に就き定めおきて、其の數に超ゆる能はず。式年の翌年を會試と稱し、初試の合格者を集めて京城に於て考試し、其の合格者を進士と呼稱す。會試の合格者數は常に二百人とす。二百人の進士は其の內の幸運者は直ちに官職を得るあれ共、多くは京城の大學校たる成均館に入學するの資格を與へられて、笈を負ふて入京し、更に成均館敎授に就きて勉學す。勉學中に更に及第試驗に應試して之に合格して官吏たるを常とす。成均館は定學年なし、幾年ともなく此に在學し食は皆官給なれば、所謂書生若くは處士として、肆に横議し、國王も亦之を布衣宰相として優遇し屢々臨駕して酒饌を賜ふことあり。

子、午、卯、酉、式年の考試は、四年毎に一度ある計算なるが、其外國王の都合にて臨時行ふ科擧も頗る多し。即ち庭試あり、謁聖あり、應製あり、增廣あり、皆國王が親しく考試せしむるものにして、就中謁聖は國王孔聖廟に謁したる時行ふ所の科擧なり。以上庭試、謁聖、應製、增廣、四科擧は初試、進士、及第、三試共皆ありて一回に及第迄應試するを得るなり。され共何れも合格者數を豫定して之を超ゆること能はさらしめ、豫め一般に今回の考試は初試何人、進士何人、及第何人を採ると揭示す。初試進士の數は必ずしも少數に非るも、及第に至りては實に極少にして、或は三人或は二人、或は單一人なることあり。されば科擧及第の榮を得んことは至難中の難事にして、大抵の讀書人は進士迄を以て滿足し、冷官を得て終身す。殊に邊鄙に至りては、初試に合格せる者すら稀に、初試と云へば嚴然たる田舍學者たりき。

次に科擧の實況を記述せんに、東海禮儀國、東海文明國と自負する朝鮮の事なれば、都鄙を擧げて少し家計の裕なる家は子弟に讀書を課し必ず科擧に應せしむ。されば挽近京城に科擧ある時は、八道の續書子潮水の如く押寄來り、其の數幾萬人といふことを知らず。之を廣場に容れて。其の前面には柵を施し、一段高處に考試官は座し、下に役丁ありて答案を拾ひ集むる役をなす、答案成れば我先にと之れを柵を超えて試官前の卓を望むで投ず。使役之を拾ひて試官の前の卓上に紙を延べ重ぬれば、試官は之に其の接手の順序に依て一天二天三天と十迄、壹地二地三地と十迄、一玄二玄三玄と十玄迄、一黄二黄三黄と十黄迄、以下千字文の順序に符號を書く。一天の答案は假令其の文少しく劣れりとも寛待して及第せしむ。されば數萬の受驗者潮の如く我勝に位置の善き處を占領せんとして、相競爭すれば、使丁は棒を手にして之を防ぐ。雜踏は愈々烈しく、毎科擧死者數名を出すを常とすとぞ。され共此にこの國の古昔の人心敦厚なりしを偲ぶべきあり。斯くの如く數萬の受驗者の答案なれば、少數の試官は三面六臂なりとも各々答案を一々精査すること能はさるは自然の勢にして、受驗者に運不運の生すべきは勿論なり。然るに、初め朝鮮に科擧なる制度を始めし時の記錄によれば、當時受驗者は僅かに三十人なりしとぞ。蓋し人心猶敦厚にして普通の讀書子は猶應試の資格なしと自謙し、非常に自信ある學者にして始めて應試したるなり。其後人心漸く澆漓に赴き、終に近代に至りては都鄙擧げて科擧熱に浮かされ、猫も杓子も一度は之に應する弊風を生じ、甚しきは科擧受負人なるものを生じて他人の科擧を受負ひ、同伴入場して題に應して文章を製し、受驗者本人の名にして之を投ず、されば年十五にして既に科擧に應するものあり。幸運にして及第するも他人の力なれば珍らしとせず。此に數萬人入場の奇觀を見るに至れるなり。人心の澆漓は勿論試官にも傳染し、彼等に眞に秀才を擇取せんの誠意なく、無意識に山の如き堆案中より十葉二十葉大凡豫定及第者數を標準として拔出し、之を查閱し、少しく意に叶へば之を合格となす。漸く末世に降りては京城の有勢なる兩班は科擧の正直に應すべきに非るを悟れる結果、相通議して組合ひを組織し。各自順次に我が子弟を及第者に選定し、之を試官にも通知し、殆んど唯形式的に應試せしめ即時合格せしむ。是れ人心の腐敗と法の罪なりと云はざるべからず。

予の知れる老學者は曰く、我が及第せる科擧は數萬人應試者中に唯我一人の及第者を出せるのみなりきと、されど共、彼も亦少論の大兩班にして殆ど少論黨の牛耳を執れる家柄の子なれば、豫め組合の決議を以て合格者に豫定されしに非るを知らんや。且つ又彼は由來詩文の速製を以て鳴る者、一度應試して及第せる後、屢々他人の囑に應して替玉となりて入場し、或は一時に四五人の爲に答案を草せし事ありきとぞ。代製は勿論報酬あり。報酬に定額なけれ共、要するに門閥卑しき者程報酬多かる理なり。常漢にして初試進士の稱號欲しさに替玉を以て受驗せんとすれば勢ひ數百圓の報酬を出さゞるへからずとぞ、國王は其の意の動く儘に隨時科擧を行ふを得る權利あり。臨時科擧の頻繁なること、甚しきは數月に一回なることもあり。殊に先帝は何故か特に科擧を好まれ毎月殆んど科擧なきことなかりしとぞ。科擧は京城の大利にして地方の大損なり。科擧ありと聞けば、地方の讀書子は實に千里を遠しとせず驢に鞭ち一僕を隨ひ入京し、東小門の附近を中心として京城各部に投宿す。其の數每回數萬人あり。彼等は必ず多少の腰絡を齎し來るべければ、爲に京城の濕ふと豈に數萬圓のみならむや。京城の商人のこれを得意として生計するもの數百戶、殊に東小門附近即成均館近傍の人家は盡く應擧者の客舍にして、東京の本郷神田と彷彿たりきとぞ。然るに、廢科擧の後この附近の人家皆生業を失ひ、擧家他に移轉し、今は東小門一帶は松林の空翠と點在せる貧家の寒烟とを見るのみとなれり。先皇帝或は京城を豊潤ならしむるの經論ありて斯く科擧を屢々せるや、若くは多人數群集の壯觀を喜びてしかせるや、之を研究するに實は陛下の眞意は敵本主義にして科擧の度每に初試、進士、及第を賣りたるなり。されば正直なる田舍の讀書子等は百里笈を負うて功名を夢みて入京し、頭腦を絞りて應試すれ共、本當の合格者は既に早く手を內官其他の科擧仲買者の手を通して既に契約濟となり。是等無數の正直者の差出す答案は試官の手にだに觸れられず、集め來りて官中內官承旨等の私用の布古《はご》紙となり了る。中には又この答案を市人に賣る宮奴さへあり。紙質厚く强ければ一葉何厘に買ふものありて、溫突紙の下張壁襖の心に張る。實に三級波高魚化龍、癡人猶斟野塘水なり。是等科擧の相場は時に依り高低あれ共、要するに門閥ある兩班買はんとすれば廉に、平民には太貴なり。さらば是を買ひたる者に何の收益があると云へば、皆無なり。昔とは違ひ及第なりとて之を任官せしむるのことなく、進士初試固より然り。たゞ得る所は及第、進士、初試の稱號のみ。之を門戶を得ると稱す。されば久しき前より旣に科擧の無用を論じて之を廢止せよと主張する人ありしが、日本支那の干涉漸々烈しきに及びて、終に廢止せられたり。科擧廢止されたれ共賣官益々盛なれば官場の腐敗は依然たり。

以上は文科の科擧なるが、武科の科擧も其の弊全く之に同じ。武科擧には初めには劍、棒、射、御、兵書等の科目ありしが、近代に至りては唯射一科のみを試むるとなり。國王親臨して試むるに、射場は距離三百歩とし、太抵の武者の射中て得べきにあらず。兩班の子弟は如何にして之に合格するかと云ふに、預め射先生を備ひて愈々我が射るべき番となれば代りて射に當らしむ。之を代射といふ。國王は遠きに坐すれば誰か果して射るか、顏容を辨すべきにあらず。代射せしめて中り、此に及第し恬として武職に就く。射先生の名匠は京城に多きものにあらざれば、一人にして數多兩班の代射を勸めて平然たれ共、流石に武科に賣買といふを聞かず。盖し射は目に直接見ゆるものなれば、中らさるを中れりとは欺くべからざる爲ならん。

兎に角、かく幾人かの及第者を出す時は、試驗後三日或は二日或は即日之を掲榜して發表す。第一位を壯元といふ支那の狀元に當る。及第者は之に紅牌を授け又國王より親しく延見して之に花を賜ふ。花は細竹に紅花を黏貼せるものにして、冠後に挿して垂れて冠前に到り、歩に從て柔かに上下動す。賜花を挿して恩を謝すれば、更に樂工を賜ひ、樂工等及第者を前後に擁して雅樂を吹奏して而して街衢に出て、三日間其知人親族中を廻る、之を游街といふ。游街終りて宮内府に出頭して辭令を受け、直に淸官に任ぜらる。官に堂上堂下あり。日本の上達部殿上人に似たり。堂上は正三品より以上を云ひ。堂下は從三品より九品迄を云ふ。堂上諸官中及第生の即時敍任せらるゝは參議。承旨、太司成、吏議等あり。堂下官には注書、侍敎、翰林、校理、直圖等あり。特に壯元及第者は屢々暗行御吏に敍せらる。暗行御吏とは國王直派の視政官にして、馬牌を賜はり微服して地方政治を視察し、監司及郡守の治績を暗察するなり。即時郡守を免官する權利あり、蓋し重官なり。

人虎《じんこ》の爭《あらそ》ひ

今は昔、人心猶素朴にして、人獸の區別も今の如く揭焉ならず、互に言語を通し合ひし時の事なり。一人の人間野原を行けるに、陥穽に落ちたる一疋の虎(一)を見ぬ。虎はもし〳〵と呼止めて我測らずも陥穽に落ちて身躰自在を失ひ命旦夕に迫まれり。あはれ一生の願ひなれば拯《すく》ひ上げ王はれと云ひたれば、人も流石に憐みて、生を惜み死を避けんと欲するは生物の情なりとて、辛苦して彼を救ひ出しぬ。然るに虎は救ひ上げらるゝや否や獸王の眼光爛々として輝かし、朱を盛る盆の如き巨口を開き、あはや恩人をば一嚙に食ひ殺さんとす。人は神魂身を離れ、如何なれば命の親なるこの我を却りて食はんとするかと反問すれば、虎は呵々哄笑し、恩は恩、食は食なり。我陥穽に落ちてより早や二日、餓腹瞬時も堪ゆべからず。今汝好餌として我が前に在り、いかで饕餮を禁ぜらるべき。かくても言葉ありやと云ふ。其時人間は我等二人の爭ひは我等二人にては決するを得じ。彼處に見ゆる松の木に何れが正しきか裁判を仰かんとて、即ち松公を呼ひて二者の曲直を問ふに。松公曰く、狡猾なり汝人間。汝の爲す所を人の爲すをは何とて反對するぞ。見よ、人間の我等松に對する所を。我等は尺に足らぬ小さき時より汝等に取りては恩こそあれ害とては一つもなさず。風に散る葉や雨に折れたる小枝は汝等の溫煖の焚き料なり。まして漸く生長して松露松茸を生するに至れば、食膳の珍味として賞玩するにあらずや。然るに我等が幾十年の風露に堪へて終に亭々たる大木となれば、忽ち斧を揮ふて伐り倒して我等の生命を奪ふなり。かくても汝は恩に報するに仇を以てせずといふか。虎君のいふ所は誠に至當の理なり。實に恩は恩なり、食は食なり。餓えたらば何の遠慮の入るべきといふ。虎は百萬の味方より嬉しく、言葉はあるまじいざ食はむとす。時に遇々通り懸りし黄牛あり。人間思ふやう、牛は流石に家畜と云はるれば、人間に同情厚かるべしとて、やよやと呼止め、云々の言ひ爭ひなり。君は如何に裁判するかと問ひたるに。牛も呵々と大笑し。問ふ迄のことにてなし。人間の我等を遇することを思ひ見よ。抑々母の乳を離れさるより使ひまはし、堪へらるゝ丈の重荷を負はせ、剰さへ鞭さへ當て、春は耕し、夏は耘らせ、秋は取入を荷はせ、冬も薪に鞍擦れ痛く、年中隙なくこき使ひ、齡も積り力も盡きんとすれば、情もあら太刀にて咽喉笛掻き斬りて殺して肉を貪り食ふにあらずや。人間の爲す所は皆斯くの如し。虎公の仰せは至極の妙理なり。汝に出てたるものは汝に返るものなるぞといと痛切に裁判したり。人間ももはや絶體絶命あはや虎腹を肥さんかとせし時、たま〳〵一匹の白狐過ぎんとす、狐に何の同情あらんと思ひながら、呼止めて公平なる裁判を乞ひたるに、白狐は眉打顰《ひそ》め。其は近頃訝しき話なり。一體如何なる事の成行なりしか、始めを知らねば裁判も出來ず。我が眼前にて再び元の如く虎公は穽に、人間は其の上に立ちて見玉へと云へば。虎は勿論我が勝利と信ずれば、言葉の儘に再び穽に下りて身を屈《かゞ》め、人は穽上に立ちて穽中を見下したり。その時狐快然として曰はく、かゝれば別に苦狀は起るまじ、なまじ虎を拯《すくひ》上けたればこそ六かしき裁判も生じたれ、須らく太平なる其の始めに返るべし。いざ人間君早や往き過ぎ玉はずやと促し立てゝ去りにけり。

(一)朝鮮は流石に虎の本場丈ありて、虎の話の多きこと百を以て數ふべし。是等は皆如何に虎の恐ろしきかを表はせるものなり。特に俗説によれば、朝鮮の森林の伐盡されたるは一原因は虎害に在りとか、即ち森林茂れば自然に虎來りて此に出沒し、人畜を殺傷す。されば官命を以て可成森林を伐り拂ふことを奬勵し、虎をして其の巢窟を失はしめたりといふなり。或は又曰く、否らず、人民森林の蔚茂たるを私有すれば、國王は之を聞きて其は屈强の墓所なり、功臣某兩班某の墓所に取上けんとて無理に献上せしめらる。この馬鹿〳〵しさに人民は逸早く伐り盡したるものにして、所謂苛政虎より猛なるの原因にて伐拂はれたるなりといふ說もあり。兎に角今より數年前迄は、京城の東門外は年に二三回猛虎の吼聲をきゝ、今なほ地方の虎害なるものゝ新聞に揭けらることと一冬に四五回に下らず。されば熟々この國の虎に關する話を硏究するに、始は唯單に禽獸としての虎の猛烈なるを語るに止まりたれ共、漸次人民の對虎觀念變化し行きて、終に虎を人格化し、更に進むで靈格化し神格化して、神變不思議の靈能を有して勿論人語は自在にし、唯だ恐ろしきのみならず、又崇拜すへき神物なりとなすに至れるが如し。其實證は更に以下に記す物語數則に就て見るべし。

この對虎觀念の發展は頗る日本の對蛇觀念と類似したる點あり。朧氣乍ら太古の昔、この國には虎害實に甚しく、日本には蛇害頗る劇しかりしを告くるものなりと推測し得べきが如し。

神《しん》虎《こ》

徐花潭先生敬德は、仁宗朝の大儒にして、經史百家は勿論、老佛陰陽占卜の末に至る迄究通せずといふことなし。花潭に隱居して帷を下して書生を教ふ、花潭の號ある所以なり。一日例の如く書生に講義してありけるに、忽ち形容枯槁せる一老僧入り來りて、深々として、先生を拜して行けり。先生之を見送りて獨語の如く、憫むべし恰むべしといふに、弟子共皆不審がりて何をか憐と宣ふかと問へば、先生曰ふ樣、先刻の老僧はこれ某山の神虎なり。明日婿を迎へんとする某村の某女を喰はんとて、今日態々來りて我に告ぐるなり。さるにても定まれる運とは云へ憐むべしと長太息をなす。時に坐中の一青年、精悍の氣眉宇に漲れるか進み出てゝ云ひけるは、先生既に未然に災殃を知り玉へば、又之を避くるの法も知り玉ふべし、いかで救はせ玉はぬと。先生莞爾として曰ふ、さればなり、之を救ふの法誠に在り。され共尋常の人之に任ずべからずと。弟子更にいふ様、如何なることにても一度仰せ見玉へと云へば、實は一巻の佛經を誦すれば足れり。如何なる恐しき事を見るとも心に少しも恐怖を懐かず一字も誤らず讀み了りたらばこの害必ず避くべし。但し若し讀誤りても讀經者には決して害なしとて、傍の書架より一巻の經文を取出したり。弟子憤然として誓ひいふ様、不肖なれども某こそ敢てこの任に膺《あた》り申さん、たとひ霹靂砕け、大山崩るゝことありとも、必ず無事に一巻を讀み了らんとて先生の許しを得、快馬に鞭ちて某村某氏の許に走りけり。

某村の富民某氏許にては、今宵ぞ秘藏娘の壻入りとて、壻の家より送り來る數々の贈物臺を連ねて送り込み出入の人數夥し。某生は之にも構はず馬を乘り進めて大門に至り、吃緊大急の用事あればとて强いて主人に面會しつ、今宵は君が家に大厄あり、預防せずは愛娘必ず非命に死せん。之を防ぐ法は我獨り知れり。いかで欺かるゝと思ひて我がいふ如くなし玉はずやと云ひ出したるに、主人は青天の霹靂よりも打驚き、始は瘋癲者のたわ言なりとて取合はんとせざりしが。某生が誠心表に現はして頑として言ひ張るに根負けして、遂に澁々ながら承引せり。某生は主人に教へて、娘を一室に監禁して戸に錠を下し、傍に屈强の婢四五人附添はせ、如何なることあるも今夜一夜は娘を室外に出さしむなと命じ、己は明燭煌々たる大廣間に端坐してかの經を讀む。半夜に至り忽然萬雷一時に落來りし如き音して、一大老虎墻を躍超えて庭上に飛下り、あはや娘の室を狙うて躍入せんとして、かの讀經の聲をきいて力抜けて庭前に蹲踞す。されは家中皆々色を失ひ氣を落し聲を出すものなし。獨り某生は泰然として朗々と誦經す。須臾にして復た老虎は猛吼一番して躍入らんとするに、室内なる娘はムックと立上り支へる婢共を押倒して室を破りて走り出てゝ虎の許に往かんとす。婢共は死力を出して之を止む。暫くにして復た虎は勇氣を奮つて躍進せんとし、誦經を聞いて能はず、娘も其の度毎に狂氣の如く躍り騷きて虎に近かんとす。其の内に虎は大號一番躍りて娘の室の窓の木に噛付きぬ。され共終に破り入ること能はず。斯かること三度。其の內佛經一卷讀み了らんとし、夜も既に東方白みたれば、虎は忽如として消えて行くへを知らず。娘は氣を失ひて倒れて息奄々たり。急き水を吹き懸けて甦らすれば、宛ら夢の覺めたる如し。主人を始め一家の者共は某生の前に來り額付きて神とも佛とも云ひ樣なき大恩人なりとて數百金を出して謝意を表せるに、某生は手をだに觸れず、人命をさへ救へば任終れりとて復た馬に鞭ちて還去れり。

歸來れば先生は莞爾として能くこそ大任を果しつる大出來なりき。され共、汝は先夜三處讀誤りしよなと云へば、某生は否決してさることなしといふを、いな〳〵先刻又彼の老僧來りて我に活人の恩を謝して往けるに、昨夜は三處誤讀ありしかば、室の窓木を三度嚙みて識《しる》したりと語れりと云はれしかば、然らばとて經文取出して見たるに果して三ヶ處讀み誤れりしとぞ。

長《ちやう》花《くわ》紅《かう》蓮《れん》傳《でん》

今は昔、平安道鐵山郡に、士班裵無用なるものありけり。妻は同じく兩班の家柄なる姜氏とて、才貌兼備の良夫人にて、亢麗いと睦しくして二人の娘さへ擧けたり姉を長花と名け妹を紅蓮と名く共に母に似て容貌才操も既に穗に出て行末の美しさ賢しさ思ひやられたり。されば夫婦も掌中の珠と愛しみて、いかで行く／＼は門閥正しく才藻秀てたる人に嫁せしめて祖父祖母と云はれたしと、心を籠めて敎養したりけり。

人世の無常なる槿花の朝に開いて夕に凋むにも似たり。妻なる姜氏は假初の病やう／＼重り行きて、長花の六ッ紅蓮の四ッの春を迎へたる年悲傷する夫娘を後にして歸らぬ旅に上りぬ。されば姜氏もまだ此世に殘る思ひ多くして、臨終の際にも熟々と夫無用に遺言して、我が亡き後は二人の娘を二倍に愛して母亡き娘の憂きを見せ給ふな。親心なるべけれ共、二人とも才貌共に人には劣らず生れしが如し。願くば香草をして秋霜に枯れしむるの慘を見せしめ玉ふ勿れ。人間の生は死の初なれば死に行く我は露惜しからねど、何となく二人の身の上氣遣はしく、冥途の障りになるが如し。くれ／＼も我が夫に托し參らせたるぞと紅涙蒼顏に瀧りて其の儘命根絕えたり。

されは裵無用も十年同棲の妻を失ひしより、殘る篋《かたみ》を其人とも見て、日夜舊にいやまし愛育するに、二人とも孝心天性に出で、亡き母を慕ふと共に在ます父に孝事して、心根の優しきには無用も人知れず淚を絞り居たり。されど共主婦なき家は屋根破れしか如し、如何に柱礎のみ堅固なりとも風雨の漏るを防くべからず。蜜なき花の如し、如何に色のみ麗しかりとも蜂蝶は寄り來らず。無用も二年三年は娘の愛らしさに忍ひたれ共。不便は殆んど堪ゆべからず。又未だ男兒は一人も在らざれば祖宗の祀を斷つの虞もあり。此に長花十の春良媒ありておなじく兩班の家より許氏を迎へて後妻となしたり。

許氏は容貌既に甚しく姜氏に劣り、才操も亦下り、心頗る奸邪なりき。されど、流石に初の中は爪を藏せる鷙鷹の、長花紅蓮の二女を我子の如く慈しみて娘よ〳〵と養育せしかば、二女も固より幼兒の人の心の表裏を知らねば、母よ〳〵と馴れ睦みて再びこの家に春ぞ歸り來りける。然るに、程なく許氏は身重りて一男を擧け、續いて又一男、又一男と三男兒を擧けたるに及び。

やう〳〵心根荒々しくなり行き、時折は眼に角立てゝさ迄にあらぬ事に呵り責め、物指《ものさし》さへも舞ふこともあり。されば二女も心の中にやう〳〵一團の雲翳生じ、お人よしの無用も溜息つくこともありけり。され共、無用は誠に無用の人間にて、許氏に全く壓倒され、櫪下の老駑の如く家權盡く妻に歸し、徒らに胸に萬石の愁を湛えて一言も妻に不足を云はず。あはれ漸々春風秋風に變りて、香草將に吹き凋まされんとす。さるにても二女は踏まれし麥が却りて秀つるが如く、容顏の益々麗しうなること宛ら春花秋月の如く、其の名さへもいつか遠近に隱れなく、はや姉は二八の春を迎へたれば、傳手を求めて嫁に迎へまほしと申込むもの前後相望む有樣なり。許氏は愈々嫉ましく、殊に我が生める長男長釗といふは、生來心鈍く、親の目にも人並外れの阿呆なれば、一層繼兒の怜《さか》しきが惡《にく》きなりけり。されば是上なき良縁と思はるゝものをも皆かにかくとて斷らしめつ。この國にての女の盛りもはや過ぎて二十の春を迎ふるに至らしめたり。

一日無用外より歸り來れるに、許氏は憤れる顏色凄まじく、あはれ我夫よ、日頃長花の行ひ怪しと思ひつるに、結婚の延ふるに堪へ兼ねてや、仇し男を拵えて、これ見玉へ、竊かに墮胎ぞしつる。今彼女の寢床より胎兒を見付け出したりとて、それらしきものを示すに、見れば實にも然るが如し。お人よしの無用は忽ち怒り罵りて己れ鬼兒奴、兩班の家名を傷けたりな、さるにても如何なる惡魔が魅入りしかと、無念の形相烈しきを見て。許氏は涙を流しつゝ、旣に獸行を敢てしたるものは子にして子にあらず愍《なさ》し憐みては愈家の名を墜すことゝならん。この事世間に知れぬ內密かに亡くするの外あるまじとて、强言すれば。無用は心弱くも終に之を許しぬ。其夜許氏は長釗を呼びて事細々と云ひ含めつ。夜旣に深きに俄かに長花に長釗と共に先母の家に往き來れと嚴命して馬をばはや牽き入れさせたり。長花は時ならぬ外出を命せられ訝かしさ限りなけれど、父母の命は拒む能はず。暴く胸を押鎭め、必ず凶事あらんと信じつゝ、妹紅蓮に其となく永別の言葉を陳べ、女としては婦德を守り父母に孝養を盡せ、殊に父君は此頃は年も漸く老いさせて賴り少く見ゆれば抔《など》物語り、手を握りて涙を墮し、やがて馬に跨りて長釗に導かれて何處とも知らず牽かれ行く。固より門外一歩を知らぬ身の、長釗一人を頼みにせるに、道は旣に一二里を來て道傍に漫々たる池あり。長釗は馬を留めて長花を下ろし、冷かなる言葉以て、今宵汝を此處に連れ出したるは外家へ往かむ爲にあらず。我が母汝の生存へるを嫌ひ玉ひ、今日大けき鼠の皮を剝いて布に包み、之を汝の寢具中におきて汝が墮胎せしと佯り、父を欺きて汝を今夜此處に殺すに決せるなり。是迄の命と諦《あき》らめて自らこの深き池中に投して死せよやと云ひたれば。長花は今更ながら膽潰れて、熱淚滂沱として瀧り下ち。さては我が母は何故にかくも我をば惡み玉ふや。我は實母に別れ參らせて此に十四年、まだ一度も不孝の行ありしを覺えず。又兩班の家に生れし身の婦德を以て女子第一となすは胎敎を受けて之を生知せり。殺すは親の命なりと云へば自ら火にも投せむ水にも入らん。されどあらぬ惡名を負せられて父を欺きまつらんこと死すよりも猶苦し。され共父母の命と云へば我は死ぬべし。され共長釗よ。汝も兄弟の情はあらん。願ふは明日一日丈延ばしてくれ。我明日外家に往きて從兄弟に面會して其となく妹紅蓮の身上を托し、又母の墓に詣て靈魂になりともこの事を訴へて不孝の兒たる罪を謝せん。やよや長釗、汝はこの儘歸へりて長花は旣に死せりと母君に告げくれずや。我は決して死を逃れんとの意にあらず。我死を逃るれば母君の惡名を世に表はし、又父君の命に背く不孝の兒となる。必ず明日一日を限りにて我はこの水に投して死すべきにと草に伏して哀願す。實に無情の草木だにも感動すべきに、性來鈍なる長釗は頑として動かず。何でう明日一日を延すべき。我が母は今夜死せと云はれたり、早や投ぜよと促すのみなれば。長花は今は力なく、旻天に號泣し、妹を泣き、父を泣き、裳《もすそ》を褰《かゝ》げて面を蔽ひ、一歩一歩池の中深く歩み行く。哭聲凄冷夜氣陰森、鬼神も爲に泣かんとす。やがて水愈々深くなりてはや姿は沒し了れり。忽ち靑空怪風起りて何處からともなく猛虎風を負ひて走り來り、冷然として眺め居たる長釗を大喝して、己れ人非人、天道を知らぬか、人理を知らぬかとて忽ち之を倒して其の片耳と片脚を嚙み切りて、又復た忽然として姿を沒せり。長釗は其の儘人事不省に橫はり、長花を騎せ來りたる馬は猛虎に駭いて逸走して我が家に向て去れり。

其の夜許氏は流石に心騒ぎて寢られず。鈍き我が子がよくしつるかと案ずる程に、夜既に深きにまだ歸來らず、苦待するに、馬蹄戞々として來り門に立ちて嘶くをきゝ、急ぎ燭を持ちて出見れば、我家の馬にて全身汗流れて淋の如し。而かも長釗は在らず。さては我が兒の上に變事ぞ起れるとて、僕等を呼起し、馬蹄の迹を辿り行けば、森漫たる池邊に出て、此に長釗は片耳片脚を失うて倒れ、又池心よりは悲哀なる聲聞え宛ら萬斛の悲寃を訴ふるが如し。許氏は畧ぼ事情を推察し、虎出でゝ我が兒を嚙みしとおほし、急ぎ携へて歸り治療せんとて、僕に負せ連れ歸り、藥を塗り藥を服せしむるに、翌日はやう〳〵人氣付きありしこと共もの語りたり、

　無用は一夜不意に長花の亡くなりしよりさては妻が殺しゝものと思ひ、熟々考ふるに、かの娘に汚德の事あるべき筈なし。或は妻の毒計かと疑ひ出し、さるにても不幸なりし娘かな。幼くして母に分れ青春に及びて婚期を失ひ、終に非命に終りたる。我も後妻を娶るまじと思ひたれども、家系の爲に迎へたれ、思へば娘に養子したりしこそ中々に得策なりけれと、日夜鬱々と樂し

まず。夫婦の間自ら疏隔して家中の空氣も陰欝なり。されば妹紅蓮はかの夜以來姉君見え給はず、又彼の日以來何となく父母の顏色も物思はしく母との間も隔てある樣に覺えければ小さき胸に祕めかねて、一日母に尋ねたるに、母は甚だ邪慳に姉は虎に銜み去られ、弟も亦傷つきたりと許りにて細かに敎へんとせず。紅蓮は猶も不審の晴れやらず我が室內に靜座して熟々來し方を思ひやるに、愈々姉君のなつかしく、さるにても姉君は何故に予をおきて彼の夜一人出行き玉ひしかと怨し思ひつゝ不知不識まどろみたるに、夢非夢の間に姉長花淼漫たる水中より仙女の如き裝ひして黃龍に跨り上り出てゝ、我を一瞥して其の儘過行かんとす。紅蓮は駭きて姉君姉君と呼ぶに振り返りて、今日は我玉皇上帝の命を受けて藥を三神山に採りに行かんとし、甚だ忙匆なれば妹と物語りも儘ならず、我を無情とな思ひぞ。御身も久しからずして我が許に來るべき人なりとて往き過ぐれば、妹は愈々心亂れやよ暫待ち玉へと姉君を追はんとするに、黃龍大喝一聲するに驚き覺れば南柯の一夢なりけり。紅蓮は愈々訝しく思ひて、一日父母の居並び玉ひたる折夢の事共語り出で如何なる事ならんかと尋ねたるに、父は長太息して涙數行下るのみ。母は眉を逆立てゝ子供に何の夢あらん、夢ありとて何の意味ある夢を見るべき、詮なき事云ひ立てゝ親の心を騷かすものにあらずと叱る。紅蓮は母は何故にかくも邪慳に坐すやらん。父も語らず、母は怒れば尋ねんことも難しとて打ち案じたる末、かの愚なる弟長釗を欺くこそ善方便なれとて、一日母の外出せし際に猶病床に臥せる長釗を甘言を以て誘ひ騙かり、終に盡く事情をきゝ出し餘りの事に胄潰れ、我が室に歸りて堅く戸を鎖し身を投げて啼泣す、あゝ哀れなり我姉君、不幸なるかな姉上、人並優れて美しく怜しく生れ玉ひつゝも、二八青春を空しく過して女の務めを盡さず。人は天命に死しても不足に思ふなるを非命に死し、死して猶あらぬ惡名を雪ぐこと能はず。あはれ婦德を失ひし女は既に死せるに同じきは我が國の敎へなり。汚名を負はせて又非命に死せしむるは人を殺して又其の肉を剐るが如し。恐ろしき繼母の心かな。我も行末は必ず姉君の迹を追はしめらるべき身の生きて何かあらん。一日生くれは一日憂、二日生くるは二日の憂ひなり。直ちに死して魂魄姉君の傍に往き末長く兄弟相離れざらん。いつぞやの夢の今ぞ思ひ當れるとて輾轉して哀泣するにても姉君何處の水に身を投げ玉へる。門前一歩の外を知らぬ處女の、何をしるべに尋ね行かんこと難し、何か方便あるまじきかと打案じ居たるに、庭前の花樹に異鳥の聲頻りなり、窓を開けば見馴れぬ青鳥、花樹を往來して頻りに鳴く。其の音悲涼にして憂愁を訴ふるが如く久しくして去らず、紅蓮は熟々打守りたるが、不圖さても見狎れぬ青鳥かな、或はこの鳥姉君の幽魂なりしか、姉君の暗に我を誘ひ玉ふにあらぬかと心付き。若しこの鳥明日も猶來りて呼びたらば必ず姉君の召し玉ふに違ひなし、我この鳥に導かれて何處へなりとも赴かん、され共我も亦家出したりと知りまさば、我父の心や如何におわさむ。双玉一顆既に碎けて樫の實のひとつの慰めなるに。切めて遺書を認めて不孝の罪を謝しまつらんとて、雲箋を延べて。哀い哉。我が生みの母早逝し玉ひ、我が兄弟相扶け來りたるに、一夜姉上は惡名を負ひて非命に沒し玉ふ。我が兄弟は父の許を離れず事へまつりしこと廿年。かゝらんことは夢にも思ひかけきや、父に先ちて兄弟一時に死するは大罪なり。され共今後再び父の聲音を聞かず父の形を見ざるべし。父は今日限り不幸の子我紅蓮を忘れ玉ひて永遠に思ひ出し玉ふな。我は今はの際にも父君の萬壽無彊を祈りまゐらす。不孝の子紅蓮泣書と認め。密に封じて父上樣と上書し壁に貼り付け、更に身仕舞したるに日既に暮れて明月東天に皎々たり。時に青鳥猶花樹を去らず頻りに鳴いて我を呼ぶが如し。さては愈々姉君の靈魂なめりと思ひて、青鳥〳〵汝は我を姉君の身を投げ玉ひし池に導くかと問ひたるに、青鳥は應諾するが如く首を下く。いてや我汝に從ひ往かん。あゝ十八年起臥したるこの室も、今日が永別なるかとて我家を振り返り〳〵とほ〳〵と女の足の覺束なく青鳥の後を追うて出て往く。道は村を離れて山に傍ふ、山寂々水重々。櫻桃の花咲いて黃鳥悲鳴す。數時歩み來れば青鳥止まりて進まず。路傍を見れば池あり水陰森たり。こゝぞ姉君の終焉の處か、我も爭で後れんと裳をかゝげて入らんとす。時に水中妖氣立昇り青空の中聲あり曰く、あゝ紅蓮汝何故此に來れる。人間一度死すれば再生き難し。青春の身を以て餘りに命を輕するな。早く早く家に歸れと。紅蓮は姉の聲と思ひてやよ姉君よ、何故我を捨てゝ獨りこの世を去り玉ひつる。我等兄弟は同日に生れずとも同時にせんと祈りつるものを。我もこの世に居るべき身にあらず。早く姉君の許に往きまつらんと云へば、空中に啼泣の聲きこえ、池心の妖氛頻りに動搖す。紅蓮は泣いて旻天に姉の惡名を雪ぎ玉へと祈り、裳をかゝげて面を掩ひ決然として深きに進めば、はや姿は沒して水陰沈として靜なり。

二女沒してより靈魂九天に達して鬼神となり。かの池中毎夜寃を訴ふるの哭を聽き、終に往來する人絶え。又深更寃鬼郡守の夢を駭かすに、郡守皆駭死し三四更迭したれ共終に赴任する者なく、郡守缺くるに至りぬ。されば國王も頗る憂慮まし〳〵たるに、時に全東浩なる人物あり、剛直にして高明なり。自薦して鐵山郡守たることを乞ふ。國王即ち許可ありて赴任の時に更に細かに注意する所あり。

東浩登任するや郡吏を呼び、前任の諸郡守鬼に襲はれて駭死せるの事ありしと聞く果して然りしやと問ふに、實にもさる事打續きて今は郡政も荒廢するに至りたりと答ふ。東浩聽き了りてさるか今夜は郡吏皆火を消さず靜に坐して徹宵せよ。我も寢ねずに明さんと、客廳に燭を點じて靜に坐して周易を讀む。夜三更に至れるに綠衣紅裳の一美人蹌踉として現はれ來り、東浩の前に伏拜して動かず。東浩靜かに汝何故なれば深夜郡廳に入來れると云ふに。かの美人顏を上げ、涙珊々として蒼頰におちつゝ、妾は郡邑兩班裴無用の二女紅蓮なり、母は我が四歲の時早逝し玉ひて我姉長花は時に六歲なりき。父も家政の不便に堪へかねて、後妻許氏を迎へたるに、始めは善く我等姉妹を愛育せしが、未久に其の腹に長釗以下三男兒を擧ぐるに及び、漸々心邪まとなりて我等を虐待し、終に姉二八青春の婚期を失はしめ、我も同じく長して二八の歲となりぬ。一日繼母は鼠の皮を剝いて之を以て墮胎の兒と僞はり、父を欺きて終に姉をして惡名を負ひて某池に投して死せしめぬ。我も之を探知りて到底命の長からぬを覺りて同じく其池に投して死せり。元來我父は心弱く又家も貧しかりつるに、繼母は富家の女にして、僕婢十人米千石を持ちて嫁し來たり、されば父は常に繼母に制せられ、又繼母は妾等を嫁せしむればこの家產を分ち與へらるべからず、實子に與ふる財產減せんとて終に害せんの心起りしなり。天帝妾等の寃を憐み鬼神となりて之を訴ふるを許し玉へば之を郡守に訴へて姉の寃を解かんと思へとも、歴代の郡守皆臆病にて終に妾等の意を達せず。今幸に賢尹の來ませるに逢ひたり。願くば早く天に替りて姉君の惡名を雪き玉へと言々哀絶なり。言ひ訖りて搔消す如くにして在らず。翌朝全東浩書記を呼び、郡邑に裵無用なる兩班ありや、其の家族何人、其の男女在りや否や、詳かに述へよと云へば。書記は知れる限りを演述して、かの二女の靈魂猶彼の池に留まり、毎夜寃を訴ふる聲池心に聽え、夜は彼處を往來する人もなしと語れり。卽ち東浩は司令に命じて裵無用妻許氏男長釗及其の弟二人を招喚せしめ、此に法廳を開き。まつ裵無用に向ひて、汝が二女は非命に死したりときく、如何にして、誰の爲めに命を落せるか詳かに述よと云ふに、無用は顏色焦瘁して、涙徒らに迸り、我の不德かの二女をして非命に死せしめたるものにして、其原は詳かに知らずと答ふ。其の時許氏は我から進み出でゝ辯舌滑かに、郡守は新來にましませば世評をのみきゝ玉ひて迷ひ玉ひにけむ。長花は二八に餘りてまだ婚姻せさるに堪へかねて、不義を行ひ墮胎の極惡を犯し、我等夫婦のみ之を探知りて家名を思ひ兒を愛し、世間に知らせざらんとせし中に、自ら耻ぢてか家を出奔し終に何處にてか死せりとか。妹も姉を摸して不貞の兇行をなし、一夜家出して歸り來らず、生死まだ分明ならずと云ふ。其の時郡守は然らば其墮胎せしものは確かに胎兒なりしか何の證據があると詰れば、許氏は從容として、實に姿もなさぬ中なれば後日何の疑の起らんも知れじと思ひ、墮胎の胎兒は密かに藏しおき今日も持ち來りて此處に在りとて、懷より取出すをよく見れば、實にも二三月の胎兒に似たり。郡守も默然として打案じて未だ裁斷する能はず。我猶よく詮議すべければ今日は此の儘歸り重ねて喚出すを待てと退廳せしめ、室に退いて打案じ居たるに、其夜また前夜の美人現れ來て怨し顔に、名郡守と賴みしも徒《あだ》なるか。繼母の罪は天地鬼神も皆知るものを、何故かの胎兒と云ふものゝ中を割き見玉はざるや。又我が父は人物誠に好善にて何事も知り玉はざるなれば、必ずその罪を問ひ玉ふな、かの長釧は繼母の惡を援けしものなれば法の如く處し玉へとて再拜して又消え失せたり。郡守は此に益々靈異を感じ翌日又法廷を開いて無用夫婦長釗兄弟を召喚し儼然として云ふ樣、昨日の胎兒今一度改め見るべし差出せとて、と見かう見て傍の司令に命ずる樣、この物の中には果して何かある割き改めよとて割かし見れば鼠の糞腸管に滿ちたりけり。此に郡守は眼を怒らしてハッタと俾倪《にら》まへ。おのれ奸獰邪知の毒婦、かく明らかなる證據を見ては辯する詭《いつは》りもなかるべし。全く汝が繼娘の惡さに、あらぬ汚名を負はせて非命に死せしめたるものなり。察する所胎兒と云ふは鼠の皮を剝ぎたるものならん。猶白狀せぬか、痛き目見せむかと聲高く詰責すれば。父なる無用は恐入り、予も世評に知らざるに非るも、今眼前證據を見ては今更ながら我身の思慮の足らざりしを恥ぢて已まず、夫として婦が惡を制する能はず、この極惡に至らしめしは責め誠に逃るゝ所あらず。願くば某も妻と同じく處刑させ玉ひて早く二女の許に行きて過を謝せしめ玉へとて、潔く服罪す。妻なる許氏は恐入りながらも猶辯陳すらく、妾が長花を死せしめしは彼女の心の如何にも倨慢にして妾を母とも思はぬ爲なり。長花が二十歲の一日、密かに紅蓮との密談を聞きたるに、妾が惡聲を擧言ふこと言語に絶せり。かゝる不順の娘等は其儘家に生長せしめては後に如何なる事をか爲さんも知れずと、妾か身の危險を感じ、終に哀れなれ共蕾の花を散らしたるなり。され共妾は固より處刑は覺悟なり。長男長釗は其性愚鈍にして惡意なし、唯ゝ妾の命の儘に動きしのみ、其も天罰にてか生れも付かぬ不具者となりたれば、願くば赦して罪を問ひ玉ふなと。極惡の婦も子には弱く切に哀願したり、長釗及二弟は父母の處刑されんとするを見、皆涙を流して身を以て代らんと願ひを立つ。聽き了りたる郡守は曰はく。この場に臨みて尚强辯するは毒婦の本性愈ゝ現はると云ふべし。され共、汝の罪惡は古來未曾有の極非道なり。我れ一人の裁判には餘れり。巡察使に上申して其の決裁を仰ぎて後に宣告せん、もの共彼等を獄に送れよと命じてこの日の法廷は果てたり。

鐵山郡守の上申を受取りたる平安道巡察使も餘りの極非道なる罪案に打驚き、鐵山郡守の意見をも具して國王の親裁を乞へり。國王大臣も古來まだ聞かざる大罪なりとあつて、庶人の戒めの爲許氏は引廻はしの上礫。長釗は絞罪に處せよ。裵無用は御叱りの上後來を戒めて放免せよ。罰すべきものなれ共兩娘在天の靈魂の所願なれば特に赦すなり。他の二男はお構ひなし。長花紅蓮の爲には雪冤の儀式を行ひて碑を立て永遠に傳へよと決裁あり。上裁やがて郡守に達すれば、畏みて法の如く取り行ひつ。一面又彼の池水を探りて二女の屍を揚げたるに、面色宛ら生けるが如く、衣裳端然として誠に良家の淑女なり。郡守を始め見る人感嘆せざるはなく、丁寧に之を棺に納めて名山に葬り、三尺の碑を立て、之に海東有名朝鮮國平安道鐵山郡裵無用女子長花與紅蓮不忘碑と刻せり。建碑の夜二女又來りて郡守に深謝し、久しからずして君官位陞進せん、是れ聊か妾等の謝恩なりと知り玉へと云へり。果して全東浩は其後統制使に進めりとぞ。

再《さい》生《せい》縁《えん》

今は昔、慶尙道安東郡の兩班李相坤の獨り息子に宣根なる風流貴公子ありけり。容貌秀てゝ玉樹の皎月に對するが如く、才藻も亦相如揚雄の流を斟めり。齡既に青春二八に達して漸く物心付きたる頃となれば、漫《そゞ》ろに好心も動きて、あはれ蘇小姐の如き相手もがなと思はざるにしもあらず。され共家風中々に堅ければ未だ折柳攀花の味も知らず。日夜圖書推理に端座して攻學にいそしみ。やがては科擧に應じて家の風をも揚げんと志せり。

一日書に倦み机に倚りてまどろみたるに、夢非夢の間に絕麗の天女雲裳翩遷として現はれ來り、嫣然として一笑し、妾は上界の天女なれども玉皇上帝の結び玉へる奇緣にて、郎君の箕箒を奉ずべき身の上なり。され共猶未だ天機至らざれば幾年かを待つべし、郎君も心得玉ひて日夜身を堅固に保ち、決して仇し女に心動かし玉ふなと、紅潮頰を染め、さらば妾はもはや歸りなんとて、深々と禮をなし恍惚たる彼を顧みつゝはや雲間遠く昇り去りぬ。彼は驚き覺むれば、是れ現に似て現にあらず、夢にして夢にあらず、眼を閉づれば眼前に麗容現はれ、靜かに聽けば耳裡に嬌音きこゆ。立ちて窓を開けば日猶午にして香草上に飛々たる蝶蜂長閑かなり。これより秀才思慕の情胸に欝し、晝は精神雲間に飛び、夜は夢圓かならず。形容漸く枯稿し神氣も亦た衰へたり。思に餘りては涙潸然として墮ち聲を擧げて靑天に天女を呼びぬ。

一日復たもかの天女現はれ來り、郎君妾が爲に日夜思ひを苦め玉ふこと天上にも通ひて、妾も同じく思ひに堪ず。され共天分未了玉皇上帝妾が下界に降るを許し玉はず。實に桃栗を植ゆとも實を結ばしむるには三年を辛乏すべし。我等の縁も猶幾年かを待たではあるべからず。思ひ玉はるなとにはあらね共、思ひて身を損じ玉ふな。され共忘れ玉ふは嬉しからじ。こは妾が姿を天上の書工に頼みて描かしめしものなり。妾と思ひて楣間に掛けて眺め玉へ。又これは金製童子なり。君が筆架に机上におきて妾が志を賞て玉へとて、二品を渡せば、秀才は涙迸らして彼女の手を握り、天人とは何故かく心强きものなるか。この世の一年は天國の一日なりと云へばなるか。桃栗は實らずとも我には何かあらん、君と逢ふこと一年晩まりなば我はこの世に長らうべくも思はじ。君にも情あらばこの儘この世に留まり玉へと離さんとせず、天女も情に迫まれども流石に振り解きて、天分未了は如何ともすべからず。君が家に召使はるゝ梅月といふ侍女は容姿中々美しく、心立も賢しげなり。妾と逢ひ玉ふ迄の慰めに彼女を近け玉へとて、又も雲上に昇りたり。秀才は涕泣して目を開けば、夢中のかの二品はまさしく机上におかれたり。軸を披き見れば眞に名手の作と見え、天女直ちに其處に立てるが如し。之を楣間に掛けて眺むれば、妾はおなじけれとも思ひは遂ぐべくもあらず。書ける餅を與へて饑を癒せよといふ天女の心强さのいとゞ覺ゆるなり。され共天女の敎へしが如く之を眺め暮し、金童を机上に置き、梅月を近け、鬱々として月日を送りけり。やがて家人かの肖像と金童を見付け、來歷を聞きて驚き、之を口より口に傳へたれば、近隣の人々も李氏は古今未聞の寶物を天より授かりたりとて我も〳〵と見物に來り、中には品物を齎して見せてもらふもありて、李氏は思はぬ得つきたり。

　され共秀才は思病愈々烈しく今はゝや、父母の目に付きてかく衰へては長かるまじと心を惱ます許りなり。又一夜の夢に天女現はれ、繪姿見玉ふ許りにてはまだ心治まり玉はずとや。なまじひ妾が天緣の結了を待てばこそ君にもかゝる憂ひを見せしむるなれ。妾も今は心決しぬ。遠からず君に逢ひまつらん。され共此處は俗地なれば下ること難し。妾は玉蓮洞に君を待たむとて、又昇天し去りぬ。秀才は暗夜燈火を得しが如く思ひて、父母の許に往きて我も近頃氣分いと勝れず、日夜心地苦し。人の言葉に烟霞に親めば鬱心解くとか、今日より幾月かの暇を賜はりて旅行に上らしめ玉へと願ふに。父母もかまわき我が兒が旅行するに堪へべきや、猶少し病愈りて出發せよと止めたれ共、聽かざればさらばとて從者一人添はしめて立たしやりぬ。玉蓮洞とのみきゝつれ、何道何郡といふことを知らされば、唯だ到る處の名山勝景を尋ねて、其處か此處かと歴巡れ共終に、玉蓮洞を得ず。され共處換れば氣も換はり、鬱胷漸く開きて健康回復し、旅用豐かなる儘に猶東西南北を歩きまはれり。

一日風光極めて勝れたる山中に尋ね入り、あはれこの世にもかゝる景色のあるものかとて賞玩し、猶一逕を辿りて奥深く進み往けるに、山に倚り溪流に枕して一軒の風流樓閣峙ち、牌して玉蓮洞と云へり。秀才手を拍ちて踴躍し、此處なりけり、實に我が天女の棲むらん處なりとて、足を早めて閣中に進み入れば、風鈴静かに鳴りて青簾輕く動き、中に人ありとおぼしく琴聲妙に響けり。案内を乞へば簾を捲いて絶代の美人顏を現はせり。其の容顏を眺むれば夢寐忘れやらぬかの人に彷彿たり。この人なりきとて更に進み入らんとすれば、美人は怫然としてこゝは仙境なり、何處の俗士が妄りに侵し入り玉ふ、早々歸り玉へと云ふにぞ。秀才は案に相違して、緣ありて來れる我なり、何とて情なく待遇し玉ふとて去らんとはせず、され共美人は更に言葉强く必ず立去り玉へ、入り玉ふなと拒めば、秀才も詮方なく、悄然として一僕を隨へ元來し道へ戻りかゝれば、かの美人何思ひけむ急に笑ひ崩れて喃郎君歸り玉ふな、君來るやと待ち居たりしものを入り玉へと喚び返し、嫣然として打笑み、如何に君と因緣深かりとて、初より許しまゐらすべき、一度は拒むが女の常なりとて、いそ〳〵と足をすゝがせ、手を取り中に入れ、我が室へと案內しぬ。實に調度の美しさ物として目を驚かさぬはなし。まして彼女の容顏の麗しさ、夢ならぬ今の現に近づき觀れば、例へば秋水より出てたる玉蓮に似たり。なべて世間の婦女子は之に向ひては婦女子とは云ふべからず。

二人打解けて心行く迄物語りし、酒出て肴出て、折からの明月に彼女は琴かき鳴らすに松籟深聲通ひ響きて、秀才の魂は天外に飛揚せり。されど彼女は打笑みながら、君が已み難き願ひに暫く此處に降り來りたれ共、まだ天緣結了の時期にあらねば、夫婦の契りは許されじ、之を犯せば天譴免れじ、たゞかくて君と二人、夫婦にあらず、兄弟にあらず、朋友にもあらず、樂しく幾月を送りまつらむ。君もこれを聞分け玉へと云ふに。秀才は又心平かならず、やがて酒二人の頰を染めたる頃、男心の剛きは女を打負して、天時まだ到らぬを人力を以て到らしめたり。

秀麗なる玉蓮洞には玉蓮の如き婦と住める秀才は、月日の立つの早きに打困じつれ共、もはや家を出てゝ月數も積りたれば、親君の如何に我が爲に憂ひ玉ふらんとて、或日女にも相談して乘物仕立て我家に向ひぬ。父母は獨り子の秀才が數月杳然として消息なければ日夜憂愁したりしに、忽然絕世の美女を伴ひて歸り來りたれば、甦り歸りし如く打喜び、始終の話共よく聽きて願の如く夫婦となし、別に一棟を邸內に起して、新夫婦を住まはせたり。女は天人なれども諸藝に達し、この世の主婦のする業は總てなさゞる所なければ、父母も喜讚ふるにものなく、嫁女〳〵と愛しけり。まして秀才は揚貴妃を得たる玄宗ならねど、彼女と共にあらざればこの世の何物も樂しからず、日夜彼女と相添ひて、共に笑ひ、共に喜ぶにぞ、口善惡なき村人は鴛鴦ぞと惡口もしけり。

やう〳〵年月も經行きて、はや彼女は一男一女を擧げ、琴瑟益相和し、秀才は蝶、彼女は花、瞬時も離れず、家名を揚げんの念も打忘れ居たるに、不日都にて科擧ありとの報きこえたれば、父は彼を招き汝も年頃になりたれば今番科擧に應じて登龍門の道を開けといふに、彼は少しも心進まず、身に不足あればこそ旅もし勉强もして科擧も應せめ。我が如き願ひ旣に盡く足れるものは何の爲に更に苦路に就かんといふに、父もほと〳〵困じたり。其夜彼は妻に今日の話をすれば、妻は端然と形を正し、其は我が夫の言とも覺えず。大凡男子と生れては龍門に登りて高官を得、我が名を輝かし家風を揚ぐるを以て面目とす。家に心惹かれてこの儘鄙に埋れ了らんとし玉ふは、男子の中の男子と常に誇る妾が所天にも似ませぬ事なり。必ず決心して明日早く都に立ち玉ひて首尾よく科擧に及第し玉へ。若して度落第し玉ふことあらば、妾は再び君を見むとせずと强諫するにぞ、彼は力なく然らばとて旅立の用意して一僕を伴ひ驢に騎して京に向ひぬ。

されど共幾年間須臾も離れざりし我が妻と幾月か別るゝといふなれば、涙闌干として手綱を濕し、一歩進みては止まり、二歩進みては顧み、終に堪へえで四里にして驢を下りて宿りぬ。客舍の冷かさは更に寂寥を增さしめて堪へ得ず。私かに驢を引出して一鞭を加へて我屋に戻り、土墻を越えて妻の房に忍び入りたり。妻は驚きて拒め共力なし、今宵限りぞ明日よりは足を早めて都に上り玉へと戒めつ。彼は翌朝昧爽人知れず復た客舍に歸り、此に始めて眠に就き、日三竿にして起き出て緩々として朝食し、昨日の如く慢行すれば、二里にして日暮れたり。此の夜も亦驢に鞭ちて妻を驚かし、翌日も亦かくて連夜三度妻を訪ひ、流石に路の遠ざかるにぞ、四日目よりは思を斷ち始めて足を早めて都に着きぬ。

科擧ある時の都大路の有様こそ賑はしけれ。各道より上り來れる數萬の秀才共肩摩轂擊し、あはれこの中誰か果して龍門に登りて昇天するか。されば李宣根は元來賢しき秀才なれば、我こそ必ず壯元を占めめと發奮して攻學したれば、應製の文章雲錦の五彩を放ち、數萬の秀才顏色なく、此に目出度く壯元第一に及弟し、京鄙に風采を想望せらる。及弟となれば色々の儀式共あり、又任官の命を待つべければ、心は常に故鄕の天愛妻の傍に通へ共、一日〱と數月間京都に滯在しけり。

李宣根の家にて宣根出發せし其の夜、老父は流石に家長の心配りて我子の留守宅を巡視したるに、何かはしらず、ひそ〱と我が嫁は男と物語り居るにいと訝しみ、貞操蓮の如き嫁女の誰を引入れて語らふかと足止めたれ共、無下に戸を開けて見るべきにあらねば、其儘歸りぬ。その翌夜も翌々夜も巡視するに男の聲の洩れきこゆるに愈々疑心は晴れやらず。此にかの秀才の侍女梅月女は、初めて天女の取持ちにて秀才に近けられしを此上なき幸と喜び、願くば終生妾となりても此君に仕へむと思ひしに、程なく秀才は天女を伴ひ來て本夫人となし、己は忽ち秋の扇と打棄てられ、それよりは梅月居るかとのお言葉もあらず、眼前に鴛鴦にも優る夫婦の濃かさを見せしめらるゝにぞ、心火燃えて炎々たり。され共固より身分の違へば、ぢつと堪へて笑つて過せども、秀才の應試に京に旅立ちながら、連夜三度數里の遠きを馳せ還りて、一刻の逢ふを喜ぶを見ては、餘りのことに嫉ましく、終に一番計を案じ、翌日村裡の一破落戸に錢多く與へて賴み、晩に若夫人の室前の階下に蹲《うづく》ませ。老父を欺き、この頃連夜若夫人の室に男の忍ひ入るを見たるに、今夜も確かに其のものらしきもの若夫人の階下に在りと告ぐるに、老父はいざとて棍棒を提げて窺ひ寄れは、實にもそれらしきものあり。己《おのれ》と走り寄り打たんとすれば、若者は飛鳥の如く土墻を躍り越えて亡《に》げ去れり。老父は即ち怒心頭に激發し、おのれ氏も素狀も知れさる賊賤婦、終に淸き我家に汚染を與へぬと、足音荒く內房に躍り上り、嫁の襟髮攫みて死ねよと許り打据えつゝ、涙を迸して毎夜知らぬ男を引入れて不義を行ふ賊婦奴と打罵る、彼女はさては彼の事知れしと覺ゆ。され共明ら樣に由を說けば我が夫の非行を許《あば》くに似たり。

嘿して打るゝに殆ど息も絶えむとす。この時彼女は挿せる玉釵を抜いて誓ひて曰く、我若し實に不義を犯したらば玉釵下りて我胸を刺せ、若し清白ならば降りて階石に刺されと仰いて天に向て投ぜるに、落ち來て階石を貫き釵頭を沒す。此に至りて老父は奇蹟に恐駭し、さては我の誤ちなりしか。老人の短氣を赦せよとて我が室に退き、母は一層嫁女に同情し、汝の貞操は天地皆知れり、老父の誤りは氣に止むるなと丁寧に慰めたり。され共嫁は女として一旦不貞の名を受け、まだ明ら樣に證據の立たぬ内はこの儘恬と生存らへ難し。戀しき夫の顏一度見たけれ共此も亦定まる運と諦め、小劍を抜いて咽喉を突かんとするに、側に遊び居たる九歲になれる長女は、驚きて母君危し、何とてさ樣のもの咽喉に突立てむとし玉ふ。止め玉へと手に縋れば、母は力萎えて打笑み、實に可愛ゆき其方等のあるものを忘れたりき、明日は母が伴ひて近くの山に花見に往かむ。この新らしき衣着て見よやとて、仕立てし許りの赤き衣取出て姉と弟とに着せ、もはや夜も晩くなりぬ。早く寢ねて明朝早く起きよと賺《すか》し、眠りたるを窺ひ、心靜かに咽喉を貫き香魂空しく天に歸し了りぬ。

　翌朝兄弟は朝より目覺し、母の有樣に驚きて泣號し。やがて父母婢僕迄きゝ付け走り來り、殊に老夫は我が輕卒なる疑より貞節正しき嫁を殺し了りたり、この事京なる倅知りなば彼も到底生きてはあるまじ、倅を失ひて我が餘生何の樂みかあらむ。實に誤れり短慮なりきとて面を仰いで長太息す。母は其處に泣伏して三國一の嫁を非命に死せしめたりとて、專ら老父を打怨す。されどかくてあるべきにあらねば、葬儀の準備もせてはとて、かの刄を取り去らむとするに、堅く握りて離れむとせず。さらば其儘に死體を移さむと力を合せて持ち擧げむとするに、例へば磐石の地より根生ひし如く動かすべからず。さては貞女の一念此に上まりて倅の來る迄は動かじとてなるか。恐るべし畏むべしとて、流れし血潮を奇麗に拭ひ、室の裝飾抔清淨にし、一家神に事ふるが如く敬へ畏しみたり。

　都に滯在せる秀才は、彼此と事多き儘に思はずも客舍に月日を過し居る內。一夜夢に最愛の妻咽喉より血淋漓として迸らし、顏色蒼然として枕邊に現はれ、詳かにありし事共物語り、我か念ひは未だ殘骸に殘り留まりて君を待つとて消え失せぬ。秀才は夢の如くなれ共覺めて猶動悸烈しく、冷汗背に浹かれば、心中々落付かず。用事も無理に片付けて夜を日に繼ぎて故鄕へと向ひぬ。

父は我が兒壯元に及第せし通知に接し家門の名譽是上なし、これより李氏昌へむと。親族へも其々知らせやり、限りなく悦へども、嫁の一件を思ひ出せば、忽ち冷水を跳かるゝが如し。忰の奮發も半は嫁の勸めに因り、歸る彼も妻や如何に悦ばむと勇み來るべきを、我か誤りにて死に致しきと知りなば定めて失望もし怨みもせむ。困りたり如何にかせんと日夜老妻と額を媾めて凝議し、終に漸々これならばと思はるゝ一計を案出したり。火を救ふには火を用ふべし。水を救ふに水を以てすべし。婦人故の憂なれば又婦人を用ひなば解けむぞとて、慶尙道中美人第一の聞えある大兩班の秘藏娘に緣談を申込めるに、壯元及第の秀才よりの緣談なれば、二ッ返事に承諾し。これも老父の考案にて、忰が一旦我家に歸り着きて、妻の慘狀子等の哀れを視ては中々再婚の念起るべからず、倅を半途に擁して可然云ひ賺《すか》し、無理に婚姻を承引せしめ、其の塲に直ちに儀式を擧げしむ。さすれば新婦も慶尙第一の美人なり、やはか之に心の移らざるべき、かくて道中幾夜の旅寢を重ねて家に歸り着かば、悲しからめども亦慰樂する所もあらむとて、此由詳かに先方にも知らしやり、乘物美しく仕立てゝ、老父も自ら之に附添へ、富めるに任せ幾人かの從者僕をも從ひ、倅の出立の日取を問ひ合せて、之を中途に待ち受けたり。

秀才は彼の惡夢以來、食味を覺えず、目に好色なく、耳に好音なく、走馬に更に鞭を加へて、道を倍して急ぎ來れば、中途の一驛にて老父の出迎ひを受け、不審に堪えねど、流石に禮儀正しく添きを聞え上げなどするに。老父は云ひ澁りながら嫁女の非命に斃れし事の顚末物語り、誠に我の粗忽なりしかども、疑心生ずるは神ならぬ身の免れぬ所、我も決して惡意ありての爲にはあらず。汝もいろ〳〵の苦勞して添ひ遂げたる妻の頓死は悲しからむも、是迄の緣と諦らめくれずや。其の代り我も汝への罪滅しに某郡某氏の女、慶尙道第一の美人を汝の後妻にと擇び、緣談既に調へて汝の承諾を待ち居れり。

我も一度彼女を見しに、太液の芙蓉か、春雨の梨花か、天人は人間ならねば先妻とは較ぶべからざるも、人間中にはか許り美しきは又あるまじと思ひたり。まして才調優れて貞淑の聞え亦高し。逝者は水の如し、復た追ふべからず。思ふべからざるを忘るゝは賢者の業なり。汝も先妻を悲みて傷せず。更にかの淑女を迎へて老父の老懷を安ませくれずやと言葉巧みに說くに、秀才は胸潰れ容を正して父に向ひ、妻の惡名は雪がれたるに似たれ共未だ明し立たざれば我も恥を忍ひて聞え上くべしとて、京へ旅立ちの夜より三晩忍ひて妻を訪ひたることを打明け、委く妻の死は我か情に流れて淫に至れる罪なり。我が爲に疑を受けて我に立つる貞節の爲に彼女は自決せり。彼女の墳墓も未た定めざる今日、何の耳ありてか再婚の話を聽く。今の我か眼には三千世界の女は見えず。あはれ父君母君と殘る筐《かたみ》の二人の兒さへなくば、我はこの儘妻の後を追はまく思ふものを。父上も憂きに心暗み玉へるか、常にもあらず人情を斟まぬことを宣ふもの哉。重ねては決してこの事云ひ出し玉ふなとて、押へんとして押へ切れぬ怒りの景色さへも現はれたれば、父も案に相違し、とつおいつ思案も急に浮ひ出てず。棟を隔てゝかの新夫人は、今や使の來る早く來よかし。見ぬ人なれど噂さは既によくきゝて慕ひまゐらする風流貴公子なれば、まつ間千秋の思ひをなし、粧ひを凝らして鏡に向ひ、附けたる紅を又附け直し、〆めたる帶を又しめ直し、坐しつ起ちつ悶え居る。秀才は思ひ寄らぬ父の勸めをきゝ心地いと惡しく、坐にも堪へて我か室に退き、衾被《かつ》きて打臥したり。父はかくてあるべきにあらねば、新夫人の房に往きて、云ひ出すもしどろもどろに、とにかくも云ひきかせ、思ひの外に彼が悲みの深ければ今俄かに事調ひ難し、徐かに取り行ふべければ其方はこの儘里へ歸りて待ちくれずやと告ぐるに、新婦は且つ悲み且つ恥しく、答へも出てす打臥してよゝと泣くのみ。

翌朝よりは一しほ馬の足搔を早めて、程なく我家に到着き、靴脱くまも忙しく、妻の屍骸の前に至り抱いて哀號し、血涙迸りて瀧の如し。やがて立ちて咽喉に刺されし刄を拔かんとするに、漆して附けたるが如く少動せず。訝かしと思ひて戸を擧げんと試むるに、大地より根生ひしが如し。あはれ猶窕魂こゝに留まりて全く死せじとおぼゆ。さるにても怪しきは婢梅月なり、彼奴を喚びて訊問しみむとて招かするに、流石に毒婦も胸躍るか顔色蒼白擧止落着かず、色々と問ひ糺せども容易に實を吐かざれば、手痛き鞭を加へて拷問し、漸々白狀せしめ。この女こそ我妻の殘れる思ひなりけり。おのれ惡むべき賊毒婦と激怒に任して刃を以て咽喉を裂き殺し、其の腸綿を取出して尸骸に供へ、今ぞ讐を報じ寃を雪きたる。思ひ殘すこともあるまじと告げぬ。

天女は彼の夜自殺したるに、其の幽魂天國に昇りて玉皇上帝に謁し、今迄の事共詳しく奏上なしたるに、上帝熟〻聞召し、實に我まだ許さぬに下界の人の情に綻《ほころ》されて終に夫婦の契りを結べることこそ、是れ大罪なり。かゝる報いの來るは當然なり。され共弱きは女性の常なり。罪を惡むて其人を憎むべからず。今度は特に容赦し再び魂を下界に降遣はして李宣根と百年の契りを終らしめんと勅諚あり。

李宣根は梅月の腸綿を尸の前に供へて額付き居るに、尸骸の閉ちたる目再び開きて、明眸玉盃に月を宿せしが如く。蒼白なりし頰再び紅潮して紅薔薇に似たり、咽喉に刺したる刃自然に拔け落ちて創痍一點も見えず。やがて飜然と打笑みて、なつかしき我夫歸り給ひしか、科擧も首尾よく壯元に及第し玉ひ、家門の名譽是上なしと恭しく禮をなせば。並み居る皆々仰天し、鬼神に非ずや、夢ならずやと打騷ぐ。天女は靜かに玉皇上帝の勅諚の程を物語り此に忽ち春風一坐に吹き渡りて、父母夫兒の喜び譬ふるに物なし。即ち秀才壯元の祝ひと妻の再生の祝とをかねて大祝宴を開き連日親族知人を招く。

　此に哀を留めしは彼の約婚せし兩班の娘なり。秀才の父は自ら往き天女再生の趣を事詳しく告げて、約束は水に流し、早く再良緣を定められよと勸めたれば、親は固より一議なく承引し、雨の降る程云ひ寄れる緣談の特によしとおもふを擇びて娘に勸むるに。娘は儼として拒み、我兩班の女として女德を以て生命となす身の、たとひ未だ契りは結ばずとも、既に我心を許し參らせたる李秀才の外に男を持つ氣は更ら〳〵なし。彼の君と添ひ遂げられずば、この儘髮を削り毀《こぼ》ちて一生尼に終るべしとて、常には優しき彼女の親の言葉にも從はねば、已むなく其の志の通りに獨居させ、されども若き處女の長くは保つまじと思ひ居たるに、歳華流去して三年、守操愈々堅固にして毀れ里閭に高し、この事自ら李宣根の夫人の耳にも入り、夫人はいとゞ心を動かし、女心は皆同じ、いかで生涯を朽ちさすべきと、夫に勸めて迎へて右夫人となし、兩夫人相和して內助の功益周密なれば、李秀才の官位も愈々貴く終に大官に上りたり。二貞夫人の貞節も褒賞ありて、左夫人を貞烈夫人、右夫人を淑烈夫人と賜號ありきとぞ。

春《しゆん》香《かう》傳《でん》

今は昔、全羅道南原郡守李氏の悴に李夢龍なる秀才ありけり。父に從ひて南原郡邑に在り。父の隣室を與へられて家庭敎師に就きて日夜研學するに、才氣爛發一を聞いて十を知り、屢々敎師を驚かすにぞ、父も我家風を發揮するは夢龍なりとていとゞ望みを囑してけり。

夢龍漸く長じて十六歲、風姿も亦俊秀にして皓たる美少年となりぬ。其年の五月五日端午の名節に一僕を従ひて郡邑郊外の小丘に遊び、折柄不寒不熱人體に快き初夏の日影を新緑の下に浴びつゝ、遙に丘下を見渡せば、邑內の少女共今日をはれと新衣を着て、三々五々林間に鞦韆《ぶらんど》を吊して嬉々として遊び戯るゝ光景手に取るが如し。其の內に一際目立ちて宛ら眞菰の中に菖草《あやめ》一本咲けるが如く見ゆるは、郡の退妓月梅の秘藏娘春香なり。年は二八かまだ二九には足らぬ程にて、鞦韆にて思ひ切り高く往來せる樣、美しき鳥の樹間に翱翔するが如し。夢龍之に目止まり青春の血俄かに湧き、僕を顧みてさあらぬ面持して問ひけらく。見よ、彼處の樹間に勢よく往來するものは何か、金ならずやと。僕は頓智に富める男と見え意を解せぬ樣にて、郎君何を仰せらるゝ、此處は麗水ならされば金片往來することありとも覺えずと答ふ。夢龍は更に、然らは玉かと問へば。彼は、此處は崑岡にあらされば玉ありとも覺えずと答ふ。さらば何か何物か汝急ぎ此に伴ひ來れと命すれば、僕は莞爾として曰ふ、彼女は郡邑第一の美女の名高き、退妓月梅の一女春香なり。今此處に連れ來らんとて走り丘を下りて主人の威を借り聲高に、春香郡守の公子のお召しなるぞ急ぎ上り來れと呼ぶ。春香は鞦韆の遊興方に蔗境に入りたるに、俄かに公子の召し玉ふと聞き、驚きもし又心も進まず、僕に向ひて聲も優しく、閻魔大王妾を召すか、劉玄德南陽の高夢を覺ますか、如何なればしかく急ぎ呼立つるか。かつ又妾は年未だ幼くして母の許に養はるゝ身なれば誰が召し玉ふとも一人若き男の側に往くべからず。家に還りて母君の許しを得てこそ仰せに從はめと云ふにぞ、僕はから／＼と打笑ひ、代々妓生の汝の家に一人男の側に往かれずとは、家鴨の兒か水を恐ろしといふに同じ。いざ來れ、我が公子の待ち玉はむと手を執らん許りにして拉し去れり。夢龍は上り來る春香を熟々視れば、實に金と見玉と見しもことわり、例へば朧月雲間に殘りたる、秋草溪流に咲きたるが如し。夢龍始めて心を動かしたる女に打向ひたれば、俄かに言葉の出づべくもあらず。口籠りつゝ汝は幾歲かと問へば、四々十六なりと云ふ。我も二八十六なれば相年の丁度よしと獨語の如く呟き。猶しみ／＼と顏打眺むるにぞ、春香も惡からぬ男振りの、まして威勢神の如き郡守の若殿なれば眞直に打向はんも眩《まばゆ》しきが如く、眼は常に寄草に墮ちて見上る能はず。稍ありて小さきこゑにて此處は人目餘り繁く、又我母の思はむことも恐ろしければ早く返し玉はれと願ふ。夢龍は打笑ひ、人目とは何の人目があらん、此處の人民共は皆我父君の臣僕なり。聊にても我に無禮の事を爲さば、明日忽ち其の家を喪はせん者共なり。憚かることかと猶離さんとはせず。予れ今宵汝の許に往かんに、汝は母によく傳へて、必ず家に在りて我を待てとて漸く許して返したり。

夢龍も此に興盡きて、我家に歸りて日の暮るゝを待つに、さても今日半日の長さよ。我室に坐して書架より書を抽出して繙讀すれ共、眼は常に一行を上下するのみ。時折現はるゝは春香の可愛き姿なり。されば一書を披いて二三行音讀しては又他書を音讀し、更に二三行にして別書を音讀し、まだ數時間ならぬに書架上の群籍は皆披き盡したり。もはや讀むべき書もなければ、聲を揚けて見たや〳〵と呼ぶ。隣室なる郡守は我兒が頻りに見たや〳〵と聲高に呼ぶを聞き、訝かりて間の戸を開きて汝は何を見たしといふかと尋ぬれば、夢龍はさあらぬ顏して、詩の七月篇を見たしと云へるなりと答ふるにぞ、父はおそくも歎かれ。さなるか〳〵、汝既に學業進歩して七月篇を見たしとおもふ迄になれるか。うい奴〳〵、今度の京への使に托して必ず詩經を購ひやらんと約し。我室に歸りて郡書記を呼び、鼻高々と我兒の學業の進歩こそ驚くに堪へたれ。今ははや七月篇見たしといふ樣になれり。さにあらずやと云ふにぞ。佞幸を以て唯一の技となせる郡書記は上手に箸を合して、公子の學業の進歩をば令監の今始めて知り玉へるとは燈下不明なり。郡吏の誰一人として驚嘆せぬはなきものをなど應ふ。夢龍は早く日暮れよかしと待てども、中々容易に暗うならざれば、終に得堪へで僕を喚び、今は何時頃なるか出て見よと命ずるに、僕は微笑しつゝ、室外に出で空を仰ぎ來りて未だ日暮れには程遠しと答ふ。夢龍は舌打して、今日の日足の遲きことよ。何物か日に紐を結付けて進まぬ樣曳くに非ずやなとかこつ。され共もはや暮鐘遠近寺より鳴出して、蒼然たる晩色庭樹を籠むれば、身づくろひして風采瀟洒として、書間の僕を案内に。紗燈を提げしめて靜々と春香の家へと忍び往きける。春香は此日歸りて丘上の事共詳しく母に物語れば、月梅は得《とく》付くべき事と思ひつゝ何彼と支度共なし、春香にも浴みさせ善き衣着せて公子を待たしむ。春香も旣に二八靑春の齡に達したる身の母の許しゝ人なれば待たずしもあらず。室を奇麗に片付けて琴取出して靜々と待人曲を彈じ居る。やがて夢龍は到着きてほと〳〵と門を敲けば、月梅は出來りて故らに知らざる僞《まね》して君は誰人におわすと問ひ、夢龍なりといふを聞き、吃驚せる樣して、君は果して令尹の公子におはすかさても恐ろし、この事父君に知れなば我家の禍量り難し、君は宜しく一室にて讀書作文しておはすべし。願くば速に歸り玉へといふ。夢龍は案に相違しつゝも應ふる樣、月梅決して憂ふる勿れ、我父君も今こそは儼しく見え玉へど、若き昔は其道の名高き好者にて、妓生娼婦は固より、地獄の端迄試み玉へりとぞ。我が今夜此家に來ること父に知れたりとて、鴨の子に鴨の生れしものを何の怒り玉ふことあらん。早く通せ春香の待つらんとて無理に通りつれば、調度拵心を籠めてしつらひ、春香は琴に對して我に背を向け居たり。月梅は打笑みながら公子の執拗さよ、さらば今夜一夜は心の儘に遊び玉へ、重ねては決して〳〵來玉ふなと云ひつゝ、やがて用意したふ酒肴取出し山海の珍味坐に滿つ。此處に夢龍は老妓月梅の取持ちにて春香と盃を交はし、魂魄飄々として雲漢に飛揚せり。夜も深更に及べば、宴を撤して洞房に入れるに、春香は公子妾と百年を契り玉ひて如何なることありとも他の女に心を動かずと誓ひ玉はずば、妾は公子に許しまゐらすこと能はず。妾も固より一度公子に許しまゐらせなば、海はあせ山はさけなむとも外の男に肌は觸れじと云ふにぞ、夢龍も堅く誓ひたり。此より毎夜此處に通ひて交情偏へに漆膠に似たり。されば夢龍も自ら勉學心懈りて書架に塵堆し、歲月早く過ぎて南原郡守はゆくりなく轉任の命を受けて京官となり、旅裝忙しく京に向ひ去らんとす。夢龍春香は胸潰れたれ共如何ともせん術なし。夢龍は出立の日事に托して中途より引返し、邑外五里町迄迯り來りし春香と馬を下りて手を握りて涙を流しつゝ我明年春三月桃の花天々たる頃、必ず再び此に汝と會すべければ、信じて我を待てとて、指にはめたる金指輪を外し其迄の印しにと春香に與ふるに。春香は泣きて言葉も出でず、懷より溫き面鏡を取り出して男に與へつ、かくてあるべきにもあらねば、やがて東西へ別れ去りにけり。

既に京に着きては翼なき身の南原に飛行くべくもあらねば、夢龍も果なき思ひに苦まず。名師に就きて文學を勵み、日夜學業上達し其年の末には科學に應して康衢聽童謠なる題に答案し。文才大江の水を倒にするが如く、試官を駭かし、芽出度壯元に及第し、例に依りて暗行御史に任ぜられ馬牌を賜はりて四方の治政を察せんと出立てり。

春香は五里町に夢龍と別れてよりは弊衣を着、雲髮を梳らず、婢僕の事を親らし、寡婦の如く行ひを澄まし、郎君の招くをのみ待ち居たり。此に南原郡守李氏の後任として間もなく着任したる郡守は、性いとゞ好色貪慳にして漁色貪財を以て事となすしれ者なりければ、登任の翌日書記を招きて此郡邑に香ありやと問ふに、書記は其の意を解せさるものゝ如く、香とは焚く香にか此地に香は產せずと答ふ。郡守性急げに沒分明漢《わからずや》香とは春香の事なりといふにぞ、書記は春香なるか春香は郡邑第一の美人にして、退妓月梅の獨女なり。され共前郡守の公子李夢龍と百年契約をなして　夢龍京に去りしよりは門を閉ちて貞操を守り絶えて男子に顔を見することなしと云ふ。郡守は呵々大笑し、前郡守の小悴は前郡守の小悴、今の郡守は今の郡守なり。且つ代々妓生の家に生れて守節が何の守節か。郡邑第一の美人と聞きては其の儘におき難し。急き司令を遣はして我か前に拉し來れ。早く／＼と云ふにぞ、書記は急き司令共喚びて命を傳ふ。司令共は嚮に夢龍の在りし頃は時々春香方への件を仰せ付かり。酒肴にもあり付き、錢にもあり付きたりしに、この頃絶えて其事なくなりし折なれば、仰せ畏み急き月梅許に赴き郡守の命令を達するに、月梅は氣を利かしてまづ酒肴を出して、飽く迄司令共を饗應し、又更に幾許かの錢迄與へ、春香は此頃病に臥せりと復命しくれと依頼したり。郡守は今や春香來ると待てども絶えて使のものさへ返り來らされば、又も使を遣はして今度は有無を云はせず春香を引立て來らしめたり。廳前に坐したる春香を見れば、飾らされ共天成の容色朧夜の月の如くなれば、好心動きて止むへからず。かにかくと挑め共春香は斷乎として貞婦不見二夫忠臣不仕二君妾は旣に李夢龍に百年契約をなしたれば、國王召し玉ふともこの操を淤へんとは思はず。南原郡は狭しと雖外に妓生娼婦は猶多し。御心に叶はん美人も少からざるべければ、枉げて妾は許し玉へと伏して願へども、郡守は冷かに見やりて、妓生の女に守節とは婦人の擧丸《ふぐり》よりも聞かぬ話なり。聽かずば痛き目見せん者共打てと呼はれれば、司令は鞭振擧けて情無くも打ち据ゑやがて牢へと送りけり。是より先きに春香一夜鏡落ちて破れたる夢を見、氣に懸りて之を占者に尋ねたるに、占者鏡落ちて破れなば何ぞ音なからん。不日必ず慶音ありと敎へたり。

　夢龍は暗行御史を授かり、乞食兒の風をなして一人とぼ〳〵と南原郡に來りたるに郡邑に近き途上の石に腰打ち掛けたる僕風《しもべふう》の一男あり。よく〳〵見ればこれぞ我が先年春香の家に案内させし彼の僕なり。僕は妾の餘り變れるに夢龍とは心付かで、何やらん獨り語するを聽くに。あゝ哀なり春香、李夢龍と百年を契約せしとて今の郡守の言葉に從はず牢に送られて毎日〳〵の鞭を受く。さるにても不信なる夢龍かな。此地を去りてより既に十數月、まだ一度の風の便りもせずとかや。春香終に苦みに堪へかねて此に一書を裁して我に托して都なる夢龍に送らしむ。され共京城は此處より雲山猶幾百重、何日か果して夢龍に屆くるを得む。よし又屆けたりとも彼元來風流公子、鄙にてこそ春香と契りけれ、都に上りては上﨟姫御前さては妓女倡女國中の粋を集め美を拔きたるを眺めて、外に增す花の出來居たらば何とせん。實に哀むべきは春香なり。不信なるは夢龍なり。ドレ歩まむかと腰を上げて行かんとするを、夢龍は喃々と呼止めて、汝が預れる一書を我に見せずやといふに、僕は目見張りて吃驚し大喝して汝何處の乞食兒が大膽にも預かりし密書を示せといふかと取合はんともせざるに、夢龍は打笑みつゝ顏を示して汝は前主人を忘れたるかといふに、始めて認めて更に驚き又嘆息し、あゝ哀れなり春香、この乞食兒を待つとて郡守を拒み每日苦みを受くるか。呆れたり李夢龍、何とて俄にかくも落振れしか。され共宛名の本人なれば渡さすばなるまじと、懷中より取出し渡すを拔き見れば、此頃の苦みを記し其身の覺悟のほどを書き、偏へに夢龍の來救ふを待つといふなり。夢龍は始めて春香の其後の樣子を知り驚駭し、傍の民家に就きて筆紙を求めて之に返事を認めて僕に托して春香に屆けしむ。書意は單に不日に逢はんといふのみなり。彼は更に僕に別れて道々田野に耕作する農夫共の語るをよく聽くに、誰も〳〵皆新郡守の怨聲のみなり。郡守登任してより何等の善政なく、唯毎日〳〵春香を鞭ちて我意に靡かせんとするのみ。春香は妓生の女なれ共守節の女なり。彼女を責め苛むと郡政と何の關係がある。前郡守在職當時こそ慕はしけれなど下民の言葉の公平なる夢龍は熟々聽きて、さては新郡守は治郡の才にあらずと知られたり。是の如き官吏を罷革するこそ暗行御史の務めなりと心に決せる所あり、さあらぬ顔して農夫等の群れ居る處に赴きて飯を乞ひ又煙草を喫み、猶其の語る所を聽くに今月某日は新郡守の誕辰なりとて最早其の祝ひの大宴の用意共怠りなく、郡の妓生は新曲を作りて練習中、既に招待狀は近隣の各郡守及官屬等に發せられたり、嘸《さぞ》や盛大なることならん。され共後の御用金仰付けらるゝが怖しなと、何れも新郡守の惡聲なり。夢龍は此に南原を去りて其隣郡天安に至り。直ちに郡守の廳に至りて刺を通じて馬牌を示し私かに郡守に托するに今月某日獄卒十數人を南原郡に遣はさんことを以てし、又飄然去りて南原に向ひ突如月梅の家を訪づれたり。

月梅の家に來れるに久しく掃き清めさりしと見え墻處々崩れ門內塵埃堆く、雀羅縱橫に張りて闃然として陰森たり。さても囚はれ人の住家とはかくも寂しきものかと夢龍は嗟嘆し。案內はよく知りたれば、奧深く進み往けるに。月梅の聲と覺しく獨語に、あゝ憎きは夢龍なり。一人娘の春香を甘言もて欺き去りてより一回の雁信さへなく、日夜春香をして憂へしめ、剩へ守節の爲に囚はるゝに至らしむ。我も既に四十年を越えたる身の、春香を失ひては何を賴りにこの末生存らへん。哀れむべし春香、憐むべし我月梅とてよゝと啜り泣く。夢龍は知らざる爲《まね》して戶ほと〳〵と打叩き、飯あらば給はれといふ。月梅は乞食の物乞ふを聽きつけ腹立しく立ちもせず甲走りたる聲にて我が家の如き不幸の家に何の乞食にやるべき飯やあらん、疾く往ねといふ。夢龍は猶も去らずかにかくと飯なくば酒、酒なくば錢給へといふにぞ、月梅はさては乞食にてはあらざりけり、此の頃春香の囚はれてより日となく夜となく近處の破落戶共來りて或は春香を救ひやるべければ錢數多出し玉へとか、或は我春香を救はんに春香を我妻に給ふべきやなど脅かすに、これも亦彼等の悪戯かと立ち上りて戸を開き其人を見るに、こは如何に春香が日夜忘れず、其人故に牢に迄送られし李夢龍がしかも乞食の風して見すぼらしく悄然として彳《たゝず》み居たるに、更に驚き涙潸然として双頬を濕し、あゝ汝春香、よく待ちたりな、よく守節したりな、乞食の風して來る此の人を待つとて守節したりな。さればこそ我が汝によく〳〵云ひしものを。我家は代々妓生にして我も我母も祖母も誰一人守節したる人を聞かず。水は流るゝに任せて終に留まりて淵をなす處あり。今夢龍を忘れて新郡守に從ひ、又新郡守を忘れて他兩班に從ふとも、終に禍を致せば足れり。我言を聽かざりし汝は乞食兒を待つ身となりしにあらずや。され共、夢龍、汝も折角此處に來りたれば、此より牢に往きて春香に逢ひ、彼女に汝を思切らしてくれとて、奥に通じて香のものにて冷飯を食はせ。彼を伴ひて郡獄に到り春香を見る。月梅は牢屋の戸の前よりもはや涙聲を張擧げて、春香はよく待ちたりな、待ちたりな、今日こそ汝が待ちたる人を伴ひ來りたれば、よく見よやと呼ふにそ、春香は首枷重氣に戸に縋りて立ち見るに、昔夜忘れぬ其の人は、姿見すぼらしく悄然として立てるに、怨まむにも言葉も出てず。又傍に母も在れば強いて涙を抑へて、よく來玉へり、明日は新郡守の誕生日なりとて妓生共皆招かるゝ由、或は妾も引出されんも知らず、この首枷重くして一人にては歩行も辛し、明日其の頃來玉ひて首枷《かせ》を支へ玉へやとのみ云ひて、悲みに堪へず沈伏し、嘘唏の聲のみ洩れきこゆ。夢龍は何とも云はず月梅に向ひて、さらば我等は家に歸らむと云ふに、月梅は訝しき面持して汝の家とは誰の家かと問ふは、夢龍は我は汝の婿なれば汝の家は即ち我が家ならずやと答へて平然たり。月梅は呆れて眼を見張り、落振れて面皮は益々厚くなりしか、汝は此より何處の庇下《ひさしした》なり辻堂なりに宿るこそ相應しけれと辱むれども、夢龍は魂なきが如く微笑し乍ら、影の如く月梅に随ひ行けば女の流石に打ちもならず、其儘に我家に入れて兎も角も惡口しながら房に通じて粗餐を喫せしめたり。

　愈々翌日は新郡守の誕辰とて近隣の郡守共祝ひの品々を齎して或は輿に或は馬に、從者夥く隨へて練り來り。其他官屬共も其々の祝ひの品を献すれば、郡守の權威も現はれていとも仰山なる儀式なり。夢龍はかの天安郡守と約束したる時刻に郡衙に近けば、果して異樣なる者共十數人集りゐたり。之に我が郡衙に上りたりと見なば直ちに門を排して入來りて我を護衛せよと命しおき。今や妓生の舞樂盛なる式場に正門より進入せんとするや、門衛は大喝し、おのれ何處の乞食奴、此處は汝等の入るべき所にあらずとあはや棍棒にて打たんとするに、逃出てゝ後門より密かに進み入り、大廳前の廣庭の妓生共の並ひ居る中に昂然と歩み入れば、新郡守は目早く見付け、彼何奴ぞ乞食ならずや、門衛共は晝寢やしつる。懈怠な奴原、何とて此奴を此處に通したる。誰かある急き逐ひ出せと喝するに、一座の中物好きなる雲峯郡守は之を止め。我熟ゝ彼の乞食兒の樣貌を見るに尋常の乞丐に似ざる所あり。いて彼に詩を作るを命じて作り能はずば即ち逐出さむ。詩を作りたらば妓生をして酒を斟ましめむは如何と云ふにぞ、皆々其はおもしろし名案なりとて、其の旨夢龍に通すれば、夢龍は即座に承引し韻を乞ひてさら〳〵と墨色美しく書き出したるを見れば、

金樽美酒千人血、　玉盤佳肴萬姓膏、
燭涙落時民涙落、　歌聲高處怨聲高、

南原郡守は氣味惡き詩なりと思ひたれ共、約束なれば妓生に命して酌せしむ。數多の妓生共何れも顔見合せて酌せむとするものなし。已むを得ず座中第一の老醜妓立ちて面を背けて酒を注ぐ。時に門外より高聲に御史入りたり御史入りたりと呼ふ。堂上の群郡守共之を聞きて顔色を失し、禍の其身に及ばんかと恐れて皆々慌てゝ堂上より下りて從者を喚びて、或は輿に、或は馬に乘じて、一散に走り還る。中にも慌てものゝ雲峰郡守は狼狽の餘り、後向きに驢に跨り一生懸命に鞭撻するにぞ、驢は首を打たれて驚き飛び上りてはね廻りて走らさる滑稽もあり。此に天安郡の獄卒十數人威儀堂々と練り込み、夢龍は馬牌を示せば南原郡守は顔色蒼く身內顫ひ急き座を讓り、吏、戶、禮、兵、刑、工の六郡官屬は改服し、御史は嚴かに郡庫を封せしめ、次て獄囚を喚ひ來らしむ。新郡守來りてより訴訟頻りにして囚人獄に溢れたれば、御史は刑部の官屬に命して其の罪案を讀ましめて一々之を裁判するに大方は無罪なり。最後に引出されしは女囚春香なり。御史は遥に春香を見下して、汝は何の罪ありて囚人となり首枷を箝せられしかと問へば、春香は悪ふれず、ありの儘に答ふ。御史は更に一段聲を勵まし、汝賤妓の女の身を以て何故なればしかく貞節を守らむとすると問ふに、春香は賤妓なりとも孔孟聖人の教へを奉するに人と異らんやと答ふ。是に於て御史は懐をかい探りてかの面鏡を取出して、司令に命して春香に見せしむ。春香此に始めて御史の夢龍なるを知りて、喜悦萬斛胸に溢れて地に伏して泣くのみ。

此に月梅は今日も時分になれりとて鉢に粥を容れて春香に送らんと牢に來り、はや其處迄傳はりたる夢龍こそ御史なれとの噂をきく、粥鉢を地に投じて踴躍して云へらく、我家は代々不重生男重生女を家憲となし來れり。今日の今こそ家憲の宜しきを覺れり。さても春香は我教に從てよく守節したりしかな、もはや郡守も恐ろしからず、破落戸もこわからずと喜ひ勇みて家に還り、酒肴の用意に心を籠めて夢龍と春香とを待ち受けたり。

御史夢龍は此に一々南原郡守の罪狀を指摘して服罪せしめ、即坐に免官して雲峰郡守に南原郡守署理を命じ、復た去りて他郡に向へり。巡視を果して更に南原を過ぎて春香を伴ひて上京し、委細を掌禮院に報告し、春香は節婦に旌表せれしと云ふ。

春香傳はこの國に於ける最廣く行はるゝ物語なり。淨瑠璃に、芝居に、若くは素人節に、春香傳を演せぬはなし。春香傳、再生緣、長花紅蓮傳等の物語は、假名文の二三錢の本にて都鄙到る處の書林に販賣され、中流以上の婦女は相集まりて之を閱讀して其の主人公に同情し、以て女德砥礪の一助となす。思ふに其の與ふる所の感化は我か馬琴物の幕府時代の家庭に於けるが如くならん。是等の物語亦以てこの國の男女の關係及上流婦人の道德を觀察するの良好たる資料たるに足らん。

されど共明るき燈の下には暗き影あり。この國の上流婦人と雖安ぞ十人か十人迄皆是の如き貞淑なる者のみならんや。陰微他人の窺ふべからざる內房に於て屢々駭天驚地の不德を敢てする毒婦亦なきにあらず。盾の兩面を觀るの必要あるが故に次に反面を描出さんとす。

毒《どく》婦《ふ》

今は昔、下第の一秀才ありけり。既に文科に意を絶ち武科を以て身を立てんと志を更へ、射を習ひ。一日慕華舘に往いて射を試み、力の限り引きてもはや夕べとなりたれば、又明日の事にせばやと射具を纒めて肩に擔ひ、我家を指して歸らんとせるに、彼方より金金具《きんかなぐ》燦爛として緣簾滴るが如き婦人の乘物一つ小女一人を後に隨へて靜々と來れるを見て、何處かの大兩班の奥方の外出ならんとおもひ眺め居るに、折しも風颯と吹來て、かの翠簾を煽りたるに、中なる主の顏ちらと溢れ見えしに、素綾の衣を重ねて端然として坐せるに、實にも眉目絕麗にして宛ら天人の如し。秀才は生れてまだかゝる美人を見しことあらねば、さても世には美しき婦人もあるものかな。さるにても此の婦人果して誰の夫人なるか。かゝる美人を妻となす男こそ三千世界の幸福を己一人に集めたる者なれ。我もはや今日の日課も終りたれば、物好きなれ共この轎の後に隨ひ行きて、切めて美人の家なりとも見知りたしと、獨り語り、獨り打笑みつゝ、乘物の後になり、前になり、蹤《つ》き往くに、南村の一大邸の門を入りて復た出來らず。偖はこの家の婦なりけり。さるにてもこの儘引返へすも何となく心殘なり、如何で內房に忍び入りて打ちつくろぎたる彼の人の有樣を窺ひ見たきものぞ、入るべき所なきかと門の左右を彷徨すれ共、土墻高くして越ゆべくもあらず。然らば後門にまはりて見ばやとて既に初夜の人氣稀なるを機に裏門に到り見れは、恰も其處に小高き丘ありて丘に上れば墻一跨きに超ゆべし。こは仕合せよしと裳を端折りてひらりと超えて邸內に下り立ち見れば、既に內房の後にして東西の兩房よりは燈火煌々として輝きたり。足音を忍ばせながら潛かに東房に近くより窺へば、一人の老媼枕に倚りて其の前に嚮きの美人は端坐して短檠に假名本を照して之を朗讀し聞かせ居たり。燈火の白きが爲にやあるらん、美しさ一層添ひて匂ひ溢るゝ許りなり。やがて老媼は美人に向ひて今日は嘸かし疲れたらん、殘りは又明夜の樂みにせんに、早く汝が房に歸りて休めよと云ふにぞ。美人はにこりと打笑み、實に山道の上り下りにて少からず疲れを覺ゆれば、今宵は此にてお暇給はらむ。母上も靜かに御しませとて禮義いと正しく暇を乞ひて西の房なる我が房へと辭し歸れり。秀才は此美人獨寐るにてあらば、或は望の叶はざるにもあらじなど空想をも浮べつゝ、又靜に西房の窓下に忍びて窺へば、美人は足音床しく歸り來て、次の間に坐せる小女に言葉優しく、汝も今日のお伴にて定めし疲れたらんに、今夜は早く汝の母の房に下りて寐ねて又明朝早く來よやと云ひて之を出しやりつ。狹からぬ離れ座敷の一棟に一人兀然と坐し、やがて蒲團取出して延べ、茶道具煙草盆出して茶烟を喫し、默然として額に手を當てゝ深き想ひに耽るが如し。秀才はこの美人何の思ふ所かある、遠征せる夫か久しく見ぬ愛人か、心憎しと思ひ居たるに。やがて後園の竹林さわ〳〵と鳴りて、ばた〳〵と人の跫音するにぞ、急ぎ暗き影に身を匿し覗ふに、夜目にもしるきくる〳〵坊主の一人の和尙、竹林を押分けて窓下に忍び寄り、ほと〳〵と音づるれば、內よりかの美人靜かに窓を開けて入らせ、いそ〳〵と嬉し氣に手を執りて蒲團の上に坐らせ。みだりがましき振舞共見るも忌々しき許りなり。樣子を見屆けたる秀才は、今迄の慕しき心俄かに消え失せて、淫婦の淫行に呆れ果て、猶何をかすると注意すれば。和尚の聲と覺しく、今日の墓參は悲しかりしかと問へるに、美人は甘へし聲音にて、又しても汝の嫉妬らしき言葉か、汝がかうして此處に來るものを墓に參りても何の悲しみのあるべき。まして墓といふは名許り亡き骸さへあらぬならずや。今夜もよく來りし、妾は來らざるかと今の今迄恨めしく思ひ居たり抔、かの美しき口よりかゝる和尚によくも云はるゝと呆るゝ許りなり。やがて押入より酒壺取出して和尚に斟《つ》ぎ與へ、自身も飮み、終に手を取りて寐に就くを見。秀才は怒氣發して抑ゆべからず、弓に矢つがひて和尚の禿頭よく狙ひて兵と放てば、誤たず篦深かに射込みて和尚は其の儘息絶えたり。美人は靑天の霹靂天降の猛虎よりも猶驚きしも、流石に毒婦の度胸太く、和尚の死骸をくる〳〵と蒲團に捲きて二階に運びぬ、この動靜を見定めて秀才はしてやつたりと弓矢を擔ひて復た墻を超えて我家に歸れり。

其の夜の夢に十七八許りの靑衿の子、顏色蒼白擧止陰沈として現はれ來り、秀才に對して叩頭三拜し、今日ゆくりなく我が深讐を報じ玉ひしが故に、此に謝禮に來れりといふ。秀才はいとゞ訝しみ、君は元來何處の誰か。我は人の爲に仇を報ぜし事なし、或は人違ひにやおはさむと云へば。かの靑袗は某は南村某宰相の子なり。婚後山寺に讀書せる時、其寺の和尙屢々我家に使して、いつか我婦をかいまみ、淫婦破戒僧は姦通するに至り、我れ父母を省せんとて山を辭して歸る道に、不意に奸僧我を打ち殺し、我屍を山后巖穴の內に藏ひ置き、我は虎に咬はれたりと父母を欺き、此に三年猶淫婦と姦通を續く。今宵君の靈箭に射殺されし和尙こそ彼の毒僧なれ。誠に我が三年冥せさる冤魂今夜仇を報するを得て頓に廓落たるに至れり。この恩深甚陳謝せんに辭もなし。され共猶君に賴み參ゐらすることあり。我は老父の年五十に逹して漸く得たる獨り兒なれば、父母の寵愛を一身に鍾め、楚王の珠にも換へ難く愛育されしに、我一朝にして賤僧奴の爲に非命に死したるを知りませず、虎の啣み去りしとのみ思ひ給ひて、高き墓を建て玉ひて空しく虛なる塚に淚を濺き玉へり。願くば君明日老父を訪ひ玉ひて、この事由を說き給ひ、我が屍の在り處を敎へて墓に收めしめ玉へと語り了りて消え失せぬ。秀才は覺めて猶同情の涙連々して已まず。明くるを待ちて彼の兩班の邸を訪ひ、刺を通して主人に面會し、秘事を告くればとて左右を退けしめて。我は老公令胤の非命に死せし屍の在所を知れりと語れば主人は驚きて君は神人なるか、將た神君に敎へて云はしむるか。兎に角共に探りて屍の在否を極めんと馬に鞍おかしめ秀才と相騈ひて馳せ行き、夢中に聽きたる洞穴を探り當て、其の入口の盤石を除けば、果して衣裳さへも見覺えある我か息子の屍の横はりて慘殺の痕ありくと知らるゝにぞ、老父は面を掩ふて號哭し、幾と絕して又甦へれり。此に秀才は且つ慰め、且つ說き進め、何者かこの大惡を犯せるかを知らんと欲し玉はば、亡き人の夫人の房の二階の中を探り玉へとて、僕に屍を擔かしめて之を山寺に安置し。老宰相は急ぎ還りて婦房に入り笑顏の愛嬌滴る許りなる婦に向ひて、我汝の二階に我が朝服を仕舞ひおきたれば、自ら上りて探さむとて上らんとするを、婦は慌てゝ年老い玉へる父君に薄暗き二階の物搜し玉ふは危し、妾代りて探しまゐらせんといふを聽かず、無理に錠をを押開けて入れは既に腥臭あり。臭ひを辿れば錦衾もて包みたるものあり。明るき房に取出し見れば、一少年和尙の血に染みて矢まで禿頭に刺されしものなり。老雨班怒聲高くこのもの是れ何かと問ひ糺せども、婦は面蒼く體打ち戰くのみなり。此に急使を派して婦の兄と父とを迎へ來らしめ、三人對坐して鞫問すれば終に婦は實を吐き、實父は直ちに刄を拔いて其の喉を刺して之を殺し了れり。かくて屍を山寺より迎ひ來りて改めて墓に葬り、一家哀を擧げたり。

事盡く整ひたる日の夜、また秀才の夢に彼の人現はれ、喜ばし氣に謝辭を述べ、我れ君に依りて眞に往生を得たり。此恩至重言語に盡し難し。不日に科擧あらん。其賜題は我か往年山寺に研學せし時最も會心の作なりし賦の題なり。今君に我か舊賦を口傳すへければ、忘れず心に記し玉ひて應試の日答案とし玉へとて、金玉の名文を爽かに讀上け、更に二度繰り返し、よく〳〵記臆せしめし後消え去れり。果して其科擧の試題は預言の如かりしかば、秀才の賦第一に撰ばれ、此に武藝を捨てゝ文官となり終に大に立身せりとぞ。

朝鮮の俚諺集 附 物語

文學士　高橋　亨著

朝鮮の俚諺

（一）泥棒の家にも桝がある。

桝あれば衡もあらん物差もあらん。さてもおかしき對照かな。人の性もと正し。泥棒なりとて我がもの賣るには桝を用ひむ。おもしろき所を見付けたるものかな。

（二）斧持つてる奴は、針持つてる奴に敵はない。

重き斧眞向にかざして斫らんとするには時を要す。其の間に針持てる奴進み寄りてちく〳〵刺すにはかなはず。

（三）一斗遣つて一粦貰つても何になる。

意明かなり。

（四）鋼鐵か焼ければ一層熱い。

鋼鐵は軟鐵よりは焼難し。され共一旦灼熱すれば熾烈なること軟鐵に優る。堅き男の遊びを覺えては極まらずんば止まざるに譬へつべし。

（五）脊中を毆つて腹を撫でる。

人情の陰險眞に斯くの如し。

（六）緣起の惡い風は水口門から吹いて來る。

水口門は京城の東南門なり、凶門とせらる。城内死人あれば多く此門より擔き出す。

（七）食はれない草は五月雨の初から生へる。

大器晩成の反對。

（八）明るい月夜も曇つた晝に及ばない。

意明かなり。

（九）虎が畏しくて山に往かれない。

（一〇）虎が嚙むと知つたら山に來なかつた。

意明かなり。

（一一）太鼓は打てば打つ程聲を出す。

（一二）子供は打てば打つ程哭《な》く。

意明かなり。

（一三）いくら祠堂を立派に建てゝもお祭が出來ないで如何するか。

祠堂は祖先の靈屋なり。兩班の家には邸の奥に之を建て宗孫之に奉侍す。財力の有無に稱ひて美しく建つ。され共祠堂獨り美しくして其の子孫不肖に生るれば勢祭祀も斷絕するに至らん。

（一四）鹽俵を水の中で運べと云はれても運ばれやうか。
不可能の事はあく迄不可能なるをいふなり。

（一五）善く知つてる奴を捉へて縛る樣だ。
盜人を捕へて見れば吾兒なり、と迄は行かされ共これ亦心持善からざるべし。

（一六）仁王山の冷い石を食つて活きても、サドンの飯は食ふな。
仁王山は京城の西峯にして全山禿けて木なく。巖石磊塊として聳ゆ。サドンとは嫁の里壻の里を謂ふ。嫁壻の里互に虛勢を張る風俗想ふべし。

（一七）前で尾を掉る犬が後から踵を嚙む。
意明かなり。

（一八）グヅ〳〵して終に養女を悴の嫁にした。
婚姻の費用の嵩むを恐るればならん。

（一九）傍の者を突いて先方にまづ禮をさせる。

先方我と身分あまり違はねば、或は先きに禮をせぬか知れず。かくては我か體裁惡し。されば傍の者を使嗾して先方をして先づ拜を行はしむるなり。

（二〇）六十の老人三つ子に敎へらる。

意明かなり。

（二一）泣いてる顔に唾をしかける。

酷薄の者を擧げ言へるなり。

（二二）まだ歯も生へないで骨の着いた肉をしやぶる。

早熟者の生意氣を形容せるなり。

（二三）蒲團の中で操練。

無事の日の空威張。

（二四）坊主も自分の髮を自分で剃れない。

我に緊要なる事も自から爲す能はず、他人の手を借らざるべからざることあるを言へるなり。

（二五）下《しも》の者は口があつても物が言はれない。

若し物言はゞ加何にならん。

（二六）眠ればこそ夢をみる。

眠らずして夢をみんと欲するは愚なり。

（二七）市日毎に沙魚《はぜ》が出るか。

一度市日に沙魚を多く買ひて利益せしと見えたり。

（二八）我が癖十ある奴が癖一つある人を譏る。

世間多く然り。

（二九）我が兒の惡い事。

これ許り思ひたくなく知りたくなきはあらざるべし。されど共世にはこれの見えざる親多し。

（三〇）匙の飯も盛り上げれば澤山盛れる。

才なしとて勉强を廢する勿れ等の意なり。

（三一）泊り所の澤山ある旅人が夕飯に外づれる。

おもしろし。この次の親類の家にて、此の次の友達の處にてと思ふ中に、はや暮れて時刻過ぎたり。

（三二）妻の從兄弟の墓にお參りする樣だ。

更に情の移らぬを云ふなり。

（三三）赤豆は碎けても飯の中にある。

朝鮮人は平素赤豆飯を食す。赤豆の碎くるは損にはならず。米屋が我が店の米を食ふが如きか。

（三四）腕は内へは曲るが外へは曲らない。

我が方へ取り込むことはいと易きが、出して人に與ふるは難しといふなり。

（三五）一度の敗は兵家の常。

意明かなり。

（三六）虎に嚙まれても氣を確かにせよ。

朝鮮の傳說に虎の人を嚙むや一度之を投げ揚げ、其の我が左に落ちたる時は食はずして行くといふあり。さればたとひ虎に嚙まれたりとて狼狽すべからず。或は左に落ちて助かることなきにあらずと言ふなり。

（三七）水泳上手が水で死ぬ。

意明かなり。

（三八）チゲを負うてお祭をしても自分の樂み。

（三九）毛の腕貫《うでぬき》を穿《は》めて蟹の穴を掘るも自分の樂み。

チゲを負うて祭祀をなすも、價高き毛の腕貫穿めて泥河の蟹の穴を掘るも、共に不似合なり。され共我が樂みとしてするには何の差支もなしと謂ふなり。

（四〇）一里の道に午飯を包む。

要なき用意を謂へるなり。

（四一）穴の中の蛇は何尺あるかわからぬ。

無言の人の測知られざるに似たらん。

（四二）虎は描いても骨は描けぬ。

意明かなり。杜詩の馬の畫より出しならん。

（四三）嫁が年取ると姑になる。

この自明なる徑路なるに拘らず嫁と姑との仲悪しきことよ。實に人世は矛盾なり。

（四四）懶け者は畦《あぜ》を數へる。

何ぞ畦を數ふる隙に耕さゞる。

（四五）谷が深くて虎が出、林が深くて化物が出る。

意明かなり。

（四六）烏は黑くても肉は黑くない。
世に僞善と僞惡とあり。予は僞惡を愛す。此の俚諺は僞惡を謂へるなり。

（四七）墓に花が咲く。
墓に花咲けば祥ありと信ぜらる。是れ亦風水說より來る。

（四八）堅くさへあれば壁に水が溜まるか。
儉約なれば金儲へらる。され共如何に儉約なりとて働かざれば金儲らるゝ筈なし。
壁は即働かぬ人の儉約なり。

（四九）同じ價ならば赤裳。
赤裳は色美しければなり。同じ給料ならば派手な職業を擇ぶに似たり。

（五〇）主人の洗濯をすれば自分の踵の垢が取れる。
奴婢の主人の爲に鞠躬勞働すべきを勸奬せるなり。

（五一）飯の食へない者に辨當の相談。

相談の纒らざること當然なり。

（五二）未熟な巫女が人を殺す。

醫者亦然り、故に曰く死は天命なりと。

（五三）倮に銀裝刀。

奇拔。

（五四）眞瓜を棄てゝ胡瓜を食ふ。

愚なるを形容せるなり。

（五五）郡守に物を賣るにも懸け價がある。

郡守は人民の最も怖るゝ所なり。され共商賣はこれをも恐れざるなり。

（五六）小供の笞でも澤山打たれれば痛い。

意明かなり。

（五七）腐つた繩で虎を縛す。

詮なきを形容せるなり。

（五八）油を零《こぼ》して荏を拾ふ。
愚なるを言へるなり。

（五九）牛に話した事は漏れないが、妻に話した事は漏れる。
され共よく妻に秘密を守るもの少し。

（六〇）弓を挽いて洟を拭く。
弓を挽くには弦を引いて右頰を過ぐ。今手甲の鼻下を過ぐるに當り兼ねて洟を拭くなり。兼ねて他事を行ふに譬ふ。

（六一）嫁の踵が鷄卵の樣に見えると言つて憎む。
踵の鷄卵の如きは美しき婦人なり。憎しと思へば美しく見ゆるも亦憎ましきなり。

（六二）春の雉子は自分で啼いて人に取られる。

（六三）山家を捕へやうとして家豕を失ふ。

意明かなり。

（六四）蟹も網も一所に失ふ。

元も子も亡くせしなり。

（六五）飢えて錦が一度の飯。

王孫飢えて錦を典す。世に成下り者許り見じめなるはあらず。

（六六）煮え瀧《た》ぎつてる羹の味は分らぬ。

態々舌を燒くものもなければ。

（六七）電光で煙草をつける。

不可能事をおもしろく形容せるなり。電光にて烟草つかば發祥すといふ迷信あり。

（六八）可愛い兒には棒を與へ、憎い兒には飴をやる。

妙語、奇語。棒持てる兒は飴欲しくば之を取るを得べし。

（六九）子の生れない前に襁褓を用意する。

かゝる家には多く子生れぬものなり。

（七〇）春の雨が澤山降ると姑の手が濶《ひろ》くなる。

春の雨多き年はよく稔ること必定なり。常にはもの惜みする姑なれ共自然心大まかになりて他人に物をやるにも量多くする樣になるなり。手濶ければ容る所多し、濶手は吝嗇の反對なり。

（七一）百足は死んでも仆れない。

支ふる所繁ければなり。

（七二）しまへに生へた角が一番長くなつた。

後の雁が前になるなり。

（七三）火の無い爐、女の無い壻。

比況の妙を盡せり。

（七四）鬼を避けやうとして虎に出逢ふ。

小雛を憚る勿れといふなり。

（七五）山よりは虎が大きい。

虎詳の注意して視ざればなり。

（七六）孕まない嫁に子を産めと苛《いぢ》める。

されど共あまり多く産めば又産み過ぐとて苛《さいな》むあり。

（七七）可愛い兒には笞を澤山やれ。

笞は此の國の兒童教育の第一要具なり。家庭然り。學校然り。これ亦朝鮮兒童の長者に對して極めて從順なる一原因なり。

（七八）酒肴を見れば誓も忘れる。

幾度となく禁酒のやり返へしをする人を笑へるなり。かゝる人はむしろ初より禁酒の誓を立てぬに如かず。

（七九）契の酒で顔を立てる。

契は組合なり。組合に買ひおける酒を借りて賓客に進めて主人振るを笑へるなり。

（八〇）着物は嫁入時の樣、食ひ物は八月十五日の樣にありたい。

一代晴れの衣粧なれば嫁入時の着物着て滿足せざる者はなかるべく。八月十五日滿月の夜は數々の馳走共して先祖に捧げ己等も食ふ。年中最滋味に富める日なり。

常にかくあらまほしと願ふも宜べなり。

（八一）牛の樣に働いて鼠の樣に喫べよ。

かくて金の殘らぬ人はあらじ。

（八二）輿の中に居る婦人は見やうとするな。

非禮視る勿れの敎へなり。

（八三）章魚の眼は小さくても自分の喫べ物は見える。

然らずば眼のある要なきなり。

（八四）脈も知らずに針を刺す。

されど脈も知らずに藥を盛り刀を揮ふに勝らんか。

（八五）妻の惡いのは百年の仇、味噌の酸いのは一年の仇。

惡しき妻大抵惡しき味噌を作れば百一年の仇と謂ふべし。

（八六）燕が澤山雛を産むだ年は豐年だ。

（八七）燈心に灯子が咲くと財がは入る。

（八八）朝鵲の啼くのは縁起か善いし、夜鳥が啼くと大變がある。

（八九）春の最初の甲子の日に雨が降れば百里中が旱魃する。

（九〇）蜘蛛が天井から下がるとお客が來る。

（九一）犬が高い處へ登れば大雨が降る。

（九二）鵲が屋根裏に止まつて啼くと貴客が來る。

（九三）狐が村に向つて啼くと其村に死人がある。

（九四）病人の家に向つて鳥が啼くと病人は死ぬる。

（九五）家滅びんとすれば女子に髯が生へる。
何れも此の國の迷信なり。我國の迷信と比較すれば趣味頗る饒し。

（九六）誇りの果には火が付く。
自ら燒けて止む。

（九七）夏一日遊ぶと冬十日饑《ひも》じい。
意明かなり。朝鮮の農夫も夏時には中々よく働くこと見るべし。

（九八）笞も初に受ける奴が得《とく》だ。
まだ馴れざれば痛く打たざるなり。

（九九）尾が長いと踏まれ易い。
金多ければ盜まれ易し。

（一〇〇）面の皮が地の樣に厚い。
朝鮮人にはかゝる[illegible]中々に多し。

（一〇一）曲つた杖は影も曲つて映る。

意明かなり。

（一〇二）泥棒に逢ふ晩は犬も吠えない。

凡そ色々の事共集まりて大なる不幸となるものなり。

（一〇三）我が寺の佛像は我が爲の佛像だ。

願ふ所は我の幸福なり。

（一〇四）十年かゝつた勉强はたゞ南無阿彌陀佛。

僧侶の無學を笑ふなり。

（一〇五）櫟《くぬぎ》の葉が松の葉の聲を笑ふ。

牛糞馬糞を笑ふに笑たり。

（一〇六）平常の本心醉うた時に出る。

人情何國も同じ。

（一〇七）いかに亂暴者でも、筵を布いて、さあこゝでやれと言はれると止《や》める。
人の心理を巧に現したり。爲すなと言はるゝ程爲して見たきが人情なれば。

（一〇八）笑ひながら人を毆る。
毒々しき人常に然り。

（一〇九）心の曲つてることは螺蠑の殼の樣だ。
つむじ曲りの意なり。

（一一〇）一月は大、一月は小。
天運の順環して常に盛衰代謝するを云へるなり。

（一一一）五臺山に往つて飯に招《よ》ばれないと三日煩《わづら》ふ。
こは江原道江陵附近の俚諺なり。五臺山月精寺は朝鮮有名の大刹にして、江陵より十里大關嶺の險を越えて西方にあり。江陵は江原道第一文化の地、士人文事に嫺ひ、春秋に相携へて五臺山あたり山水に放浪す。彼等の月精寺に來る、必ず寺僧は遠く門外に出迎へ客房に延き心を籠めて待遇するを法とす。されば江陵の人達も無論月精寺に往けばかく待遇せらるべきものと思へり。若し誤りて飯に招ばれざる事ありせば是れ變事なり。歸りて三日病むとなり。如何に李朝晩年に當り僧侶の士人より誅求を受けしか此諺に由りても想像するを得べし。明治四十四年六月、朝鮮寺刹令出てしよりは僧侶の位置頓に向上して、宗教家の資格を法授せられしかば、今は誰一人一飯なりとも只寺にて食はんとするものもなし。此の俚諺の如きは前代寺刹の狀態を傳ふるものとして頗る趣味に富めりと謂ふべし。

（二三）全羅の人にはお膳を二ッ。

全羅道は朝鮮八道中尤も人氣惡しとせらる。表裏反覆恒なく、信義誠實は一點もなし。口にて言ふ心と内にて思ふ心と二ッ宛あり。されば彼れに飯を喫せしむるには須らく膳を二ッ出すべし。一は以て表の彼に食はしめ、他は以て裡の彼に食はしむるなり。

（一二三）蠅の數より妓生の數が三つ多い。

慶尙南道晋州の俚諺なり。晋州は古來北の平壤と相對して妓生の名所たり。足一歩晋州に入れば家々妓家ならざるはなし。晋州は妓生に名ありて又蒼蠅に名あり。夏の初より秋の末迄、苟も甘瀉香味のある處には音立て、無數の蠅軍集り飯は白からずして常に黑し。され共仔細に點檢すれば蠅の數よりは妓生の數反りて三ツ多しと。

（一二四）拳は近く、法は遠し。

拳よく人を屈せしむるも達する所數尺の外に出でず。法律は千里萬里。國權の及ぶ所達せざるなし。力強き人より權強き人の恐るべきを謂へるなり。

（一二五）馬が産るれば田舍へ送り、兒産るれば孔子の門に送れ。

各其の才を伸びしむるなり。

（一二六）目が如何に明くても自分の身は見えぬ。力は如何に強くても自分の身を動かすことは六つかしい。

唯心論的社會觀と謂ふべし。

（二七）**黃海道入納。**

入納とは朝鮮の手紙の宛名の書式なり。されば共何町何番地某入納と認めてこそ屆くべけれ。たゞ黃海道入納とのみ記しては手紙は宙宇に迷はん。物事の甚粗漏なるを形容するに用ふ。

（二八）**火事を出した家から火事だと叫ぶ。**

意明かなり。

（二九）**婚姻の時に糞をたれ。**

事の似づかはしからぬを對照せるなり。

（三〇）**犬も我が毛を惜む。**

（三一）**犬も飼はれた恩を知る。**

（一三二）青大將も我がからだを自慢する。
何れも意明かなり。

（一三三）耳が寶物。
色々の物事を聽き覺ゆればなり。同意の諺尙外にあり。

（一三四）急いで食つた飯は咽喉に問へる。
速成の毀れ易きをいふなり。

（一三五）雁は百年の壽を保つ。
雁は朝鮮の婚姻にて結納に用ひらる。古俗雁を捕へず又食はず。

（一三六）空飛ぶ鳥には、此處に止まれ、彼處に止まれと言はれない。
白鷗浩蕩能く狎すことなし。高士自ら當に林壑に在らしむべし。

（一三七）汝の病氣が癒つても癒らいでも、おれの藥代だ。
醫師は此の俚諺あるか故に生計を立て行くなり。

（一二八）念佛の出來ない坊主が竈に火焚きをする。

（一二九）念佛に心はないが貰ふ飯に心がある。

（一三〇）遊むで居る口に念佛。

何れも念佛僧を嘲けれるなり。朝鮮の僧侶には坐禪、看經、念佛の三種あり。念佛業を最下と爲す。坐禪の根機力量なく、看經の文識なき輩之を修す。一日一萬遍乃至三萬遍。曉より夜に達す。かくてやうく寺中の飯にあり付くなり。云は〻體の好き乞食僧なり。三俚諺の在るも宜へなり。

（一三一）悧巧な奴はお寺へ往つて飩《くち》汁を出させる。

飩は石首魚なり。朝鮮にては之を鹽漬にして菜漬の甕の中に入れて鹽梅となす。寺は葷を禁ずれば飩汁はなき筈なり。され共往々にして密に藏することあり。眼銳きものは僧侶のけはえにて早く此寺には飩汁ありと見取り。巧に之を出さしむ。

（一三二）ころぶ場所を視て相撲に出掛ける。

朝鮮の田舍も亦相撲中々に盛なり。角者先づ片膝着きに坐して帶を握り合ひ氣合して立上がりて相撲ふ。上手なる者は夫々手ありて能く力多き者を倒す。され共相撲場とて我國の如く土俵築きてころぶに痛からず作れるにあらず。こゝの川邊彼處の木陰處擇ばず開く。されば相撲はんとする者は先づころぶに痛くなきか否かを檢分して後に出掛けざるべからず。

（一三三）鷄千羽あれば必ず鳳凰一羽あり。

五人の男の兒あれば一人偉ら物なり。

（一三四）豚は自分の番に湯を沸せと言ふ。

一農夫客して我が犬を屠りて馳走せんとせしに狗は我れ平素夜寢ずして家を守る、今屠らんとするは情なしといふ。さらばとて鷄を締めんとす。鷄曰く、予常に時毎に鳴きて時間を報ず、殺さんとするは殘酷なりと。さらばとて牛を宰せんとす、牛亦言ふ樣、予よく重きを荷ひ、田畝を耕やし、主人の爲に勤勞して休む時なし、何が故に死せしめんとはすると。主人詮なく豚を捉ふ、豚は我が順番となれ共辯解すべき辭柄なし。自ら湯を沸せと言ふ、豚を宰するには沸りたる湯もて洗ふ。世に能なき者の罷免せらるゝに際しては豚の如し。

（一三五）父に優る子はないものだ。
かくては人類は進歩すまじきなり。され共かく思へば親は益々神聖なり。

（一三六）己が膚を掻いてみて人の痛さが知れる。
同情の原理此に存す。

（一三七）蛍の肝を取り出して食ふ。
乞食の飯を奪ふの類を云へるなり。

（一三八）夜逃げ者の包みは大きい。
慾故に逃け出す奴なれば、持てる丈持ち行くなり。

（一三九）肝臓に往つて着いたり、肺臓に往いて着いたり。

朝に政友會に走り、夕に同志會に赴くをいふ。

（一四〇）手が足になる程擦り合せてお願をする。

手も數限りなく擦り合せば足の如く開かんか。

（一四一）貧乏な家にお祭が來た樣だ。

祭祀は大禮なれば客の來ること多し。貧家にては如何にして之を待遇せん。心苦しさの限りを言へるなり。

（一四二）虎の話をすれば虎が來る。

噂をすれば影がさす。

（一四三）鎌を持つてㄱ《キヨク》の字を知らぬ。

ㄱは諺文の父音の一なり。云はゞいろはのいの字と云ふが如し。鎌の形ㄱに似たり。形似たる鎌持ちながらㄱの字も知らず。農夫の無學を擧げ言へるなり。

（一四四）來へと言はれる處はないが、往く處は澤山だ。

處々より招待受くる人は却て多く出て往かざる者なり。

（一四五）砒霜を飲むで死なうと思つても買ふ錢がない。

世に貧許り悲慘なるものあらんや。

（一四六）埋葬しに來た者が屍を置き忘れて返つた。

例を取りて愚を誡めたるなり。

（一四七）情切なれば腐肉を殺いで食はしたくなる。

意明かなり。

（一四八）育て上げた壻。

この壻の可愛さは一倍ならん。

（一四九）犬が正月十五日に逢つた樣だ。

朝鮮の迷信正月十五日には一日犬に食を與へず。

（一五〇）絹一反を一日に織らうとせず、家族を一人減らせ。

（一五一）十人でかせぐより家族一人減らせ。
消極的なる此の國の經濟主義を見るべし。これ併しながら往昔兩班豪家に奴婢、親戚の寄食者等あまり多かりしの致す所ならん。

（一五二）着物を着た乞食は貰ひがあるが、裸の乞食は貰ひがない。
妙語、衣粧の人の價値に影響するの大なるを見るべし。

（一五三）郡守にお目にかゝつたり、施し錢も貰つたり。
田舍の人民郡守に面會するは其の御機嫌を伺ふ樣なれ共、其の實錢を貰はん爲めなり。

（一五四）藥屋に甘草の無くなる事はない。
我の仲間外つれになるへからざるとを言ふに用ふ。

（一五五）鷄を食つて鴨の足を出して見せる。
人の鷄を盜み食ひて咎められ、否々食ひしは鴨なりとて、用意しおける鴨の足を出し見するなり。

（一五六）お寺に往つた花嫁。

花嫁は世間見ずなるを常とす。寺に來ては殊更勝手が判らず。萬事住僧のせよといふ儘に行ふの外なし。人の言ふ儘になるを形容せるなり。

（一五七）水を灌げど漏らぬ。

物事の確かなるに用ふ。

（一五八）斧を失つて斧を得た。

失ひしものも買ひしものも等しく斧なり。我に取りて障はる所なし。

（一五九）雉を食つた席。

雉を食ふには羽毛腸を除きて一切悉く食ひ竭すを法とす。されば雉を食ひし後の席には何物も殘らず。

（一六〇）柱を打てば壁が鳴る。

世間の事案外の所に影響の及ぶを云ふなり。

（一六一）賴母子に中つて家を賣る。
長年かけし賴母子幸に中りたれば。家の財政もやゝ樂になるべき筈なるに。反りて之が動機に酒の味など覺え。終に賴母子の金のみか家まで賣り飛はして飲みて了ふもの少からず。

（一六二）內の壁を拍ち外の壁を拍つ。
此方彼方を廻りて彼方の事を此方に惡し樣に告口し。此方の事を彼方に惡しく言ひ。終には我身の破滅を招く。小人の愚や及ふべからざるなり。

（一六三）主人の知らない公事はない。
客多く集れる時、何事にも先つ主人公よとて、主人公を立つるを云ふ。

（一六四）今日は忠淸道、明日は慶尙道。
東西南北の人。

（一六五）見渡せば寺の址。

寺のありし址なりといふ處は何處も同じく何物もなし。何物か有れば皆之を取り去るか故なり。されば荒漠として何物もなき處をいふ。

（一六六）家族は主人の眉の間許り覗て居る。

眉の間は顔面に於て最もよく、感情の表るゝ處なり。家の者共主人の眉間筋肉の動き方にて一喜一憂するも宜なり。

（一六七）七十になつて甫めて參奉になつた處が、王樣の行幸が一月に廿九遍。

參奉は王家の陵守なり。最も閑職なり。或人永年官職にあり付かず七十歳に至りてやうやく參奉にあり付き。閑職なれば誠によしと悦び居たるに。彼が參奉となりしより、國王頻りに此の陵に參拜され。一月に二十九度の多きに至り。老參奉おちおち眠る間だになし。運惡しき者は徹頭徹尾運拙きを云ふなり。

（一六八）熱病に鵲の聲。

禁物なりと言ふなり。

（一六九）雪を食ふ兎もあり、氷を食ふ兎もある。

人各才不才あり、好不好あるをいふなり。

（一七〇）萬兩の金も何になる。

博奕より出でたる俚諺なり。一時萬兩を利したりとて何にかせん。復た人に奪はれんものなりといふなり。

（一七一）五と七に當つた奴は妻さへも失ふ。

これも賭博に借りたる俚諺なり。朝鮮固有の博奕は骰子の目の理窟と同じく、札に書きたる點數にて勝負を決するなり。札は三度抽くことゝす。點は九點及十九、二十九等九點付くを最上とし、以上は腐りたるものなれば敗なり。されば人あり五と七とを抽き、更に又抽くに、若し七ッを抽き得たらば十九點となりて上吉なれどかゝる事は萬々なし。大抵は八とか九とかに抽き宛てゝ大敗するなり。我大敗せりと聞けば、我が妻さへ愛憎盡して出奔せむ。金錢を皆亡ふのみならず妻さへ失ふといふなり。

（一七二）昔の法を改正もせず、新しい法を出しもするな。

たゞなし來りの儘に國を治めよといふなり。朝鮮人の保守的性質を言ひ出せるものなり。爲政者の參考とするに足る。

（一七三）價も知らずに米袋を出して米を買ふ。

意明かなり。

（一七四）乞食が喧嘩すると頭陀袋を奪ひ合ふ。

外に所持品なければなり。

（一七五）死むだ猫がアアンと言ふと、生きた猫が物が云へぬ。

言はざるべき筈の人が喨舌《しやべ》れば言ふべき人呆れてもの言ひ得ざるをいふなり。

（一七六）光武二年があつてこそだ。

光武二年は李太王晩年の年號なり。此年最盛に五錢の白銅貨を鑄造せり。市場に流通する貨は大抵光武二年ならぬはあらざりき。されば錢をば一に光武二年と云ひ做す樣になりぬ。世の中は錢ありてこそ爲す事もあれといふなり。いと〳〵おもしろき俚諺と謂ふべし。

（一七七）昨日一昨日が昔だ。

時間の流れを追窮すれば此に歸せざるべからず。

（一七八）實行する者には敵《かな》はない。

小言《こごと》に恐れる樣にては世の中には立てず。たゞ爲すべし進むべし。

（一七九）汝の家財はおれのもの、おれの家財はおれのもの。

本と興夫傳兄ノルブ夫の語より出つ。無法者の形容なり。

（一八〇）一兩の祈禱をして百兩の鉦を破る。

巫覡俗僧か一兩許の安祈禱を引受けて、あまりに叩き過ぎ大事の鑼を叩き破りし

（一八一） 新月は注意深い嫁女《よめ》が見る。

新月の空に現はるゝは夕方僅の時間なり。注意深き婦人ならでは徒に看過ごさん。

（一八二） 土が割れて松の根が心配する。

舊悪の露顯を畏るゝなり。

（一八三） 西瓜を皮の上から舐《な》める。

中に甘味のあるを知らざる愚人なり。

（一八四） 餅をくれる人のありなしも考へず、まづ菜漬の汁を嘗める。

餅を食ふに菜漬の汁を嘗むるを法とす。嫁入口のありもせぬに嫁入の衣粧を著て喜ぶの類か。

（一八五） 粥一匙すくひ取つた迹。

迹なきをいふなり。飯は一匙取るもあと残れども。

（一八六） 旅立の物具出してやりながら猶一晩泊り給へ。

人心表裏あり世事矛盾多きを云へるなり。

（一八七）　劍を銜《くは》へて踏躍す。

生死を此の一擧に決する底の、人間最期の形容なり。

（一八八）　十人か物を言つても聽く人の考へ。

理義は自から定まる。多數の力も聽く者をして服せしむること能はざるなり。

（一八九）　土地の神に差上げたり、家の神に差上げたり。

元と多くもあらぬ物を、彼方此方、彼の人此の人と分配して、殘る所なきをいふ。

（一九〇）　手の爪足の爪の裂ける程稼《かせ》いで食ふ。

勤務已まざる者を形容せるなり。

（一九一）　釜を取り外《はつ》してから三年立つた。

釜鼎を撤擧して家を移さんと準備してより三年を經過したるなり。さては如何に家婦の困りたらん。優柔不斷決するなきを形容せるなり。

（一九二）外孫を抱くより臼の杵を抱くが増しだ。

外孫は我と何等の血緣なきものなり。之を抱きかゝゆるも情の移るべき筈なし。虛僞に過ぎず。

（一九三）內房に來ては姑の言葉を善しと言ひ、臺所に來ては嫁の言葉を善しと言ふ。

姑は內房に坐して、婦をして厨に働かしむるが朝鮮の風俗なり。下婢等の立場としては此の俚諺の如くするより外はあらず。眞に一幅朝鮮內房有聲の畫と謂ふべし。

（一九四）本妻と妾の喧嘩には、佛樣も脊を向ける。

世間此れ許り醜きものなければなり。

（一九五）運送人夫の中に交つて脚氣の脚も行く。

衆人の進む力に牽かれて、我知らず脚の運ばるゝなり。已れ一人ならば一歩も進まるべきにあらねど。世の群衆心理の理法を說ける者。

（一九六）一家の内で下男の苗字を知らない。
人の卑近なる事を反りて看過するを言へるなり。

（一九七）砧《きぬた》の棒で牛を追つて行く。
牛を追ふには鞭か木の枝こそ相應しけれ。如何に事急がるとて砧の棒にてはおかしき限なり。

（一九八）親類で詛呪《のろひ》をする。
親しかるべき親類間に却りて禍機を醸し出すを言ふ。

（一九九）鵲の腹の様に白い。
鵲の腹は白けれ共聊か白きのみなり。物事を誇大にする者に譬ふ。

（二〇〇）箸で漬物の汁を掬ふ奴。
人の迂愚にして事の效績を舉げざるに譬ふ。

（二〇一）窒扶斯になつたり、麥粥を食つたりする方がむしろ増しだ。

窒扶斯は悪疾にして麥粥は粗食なり。何れも好ましからず。され共聞くに堪へざる悪聲を聽かざるべからざるよりはむしろ勝れり。

（二〇二）石佛の肥えると瘠せるとは石屋の手にある。

執權者の能く人の運命を支配するに譬ふ。

（二〇三）目の見えない靑大將が、鷄の卵を大事に抱へる。

目見えざれは如何なる寶玉とも思へるならむ。世間にては珍重もせざる物を、已れ獨り愛玩して措かざるに譬へるなり。

（二〇四）飯を殘しておいてくれる兩班は、江を隔てゝわかる。

人物の厚薄は一見して之を識るを言ふなり。

（二〇五）祈禱が濟むでから長鼓を叩く。

事終へて後無用の擧に出るをいふ。

（二〇六）延安南大池を賣つて食ひものにする奴だ。

延安郡の南大池は國有なり。慾心限りなくして國有土地までも偸み賣する者を言へるなり。

（二〇七）兵曹の摘奸。

元と韓國時代の兵曹、人の奸を摘發すること最も嚴なりき。調査の嚴酷にして假借なきに譬ふ。

（二〇八）啞が足の甲が痛いといふ聲か。

歌曲、讀書等の聲のいと聞き苦しきを嘲りいふに用ふ。

（二〇九）啞が證文を持つてゐる樣だ。

確なる證文なれば、國中誰に向いても公然主張すべき權利あるなり。啞の悲しさは之を言ふ事能はず。されば正當に主張すべき事件に口を開く能はざるに譬ふ。

（二一〇）鼠の穴に紅箭門を建てやうとする。

紅箭門とは韓國時代に孝子忠臣貞婦等を旌表して賜ふ所の朱塗りの門、若くは王陵に建てたる朱門をいふなり。されば至りて大なる門なり。鼠の穴は至小なり。至大を至小に立てんとす。經營の甚だ相應せざるを謂ふなり。

（二二一）淫奔《いたづら》をし相な女は峠を超えて行くが、寡默《だま》つたおとなし相な女が谷の中を隱れて男と一所に行く。

だまり蟲の壁破り。

（二二二）妻と妾の爭ひに尿器商人。

妻妾如何に相爭ふとも尿器商人の關係すべきにあらず。無用の者の入らざる干渉を云へるなり。

（二二三）笑ひ事から葬式が出る。

言笑嬉謔も苟もすべからざるを云へるなり。

（二二四）擔いで出れば葬式の輿かつき、提げて出れば燈籠持ち。

身世零落したれば、如何なる賤業をもなすを厭はざるなり。

（二二五）つぎはぎに縫ひ合しても床しの袯衣《かつぎ》。

破れても錦。兩班の婦貧くして襤褸を纏へども、流石に昔忘れぬ床しき所ある等を云ふ。

（二二六）腐つても鰶《このしろ》　腐つても雉。

意明かなり。

（二二七）冷水を飲むで揚子を使ふ。

（二二八）乾魚を裂いて手を吮《す》ふ。

それ程もなき事に仰山らしく振舞ふに用ふ。

（二二九）裳の廣さが十二尺。

出しや張婦人を云ふ。實に裳廣ければ坐るに場所を多く占領し自然人の坐るべき處まで取り込むに至らん。

（二三〇）府尹より屬官が矢釜しい。

昔時韓國時代漢城府の郎（文科及第者の初任官にして今の試補とか屬官とかに當る）が大抵いと矢釜しくして、人民は却りて府尹よりも恐れたり。

（三二）東床廛には入るのか。

人のにやく〳〵笑へるを揶揄するに用ふ。東床廛は京城鐘路の店の中の一種なり。昔時此に角にて造れる陰莖も賣れり。之を購ふべく來れる人明ら樣にそれと言ふこと能はされば、唯だにやく〳〵と笑ふのみ。店の者共は之を見て、以心傳心に會得して畏まりて出し來。されば此の諺生したり。

（三三）耳が刀子廛か。

刀子廛も同しく鐘路の店の一種にて、此には珠玉金銀の寶佩物を商ふ。されば耳の人にとりて大切なる寶なるを言へるなり。前に擧げし「耳は寶物」と同意なり。

（三亖）後を樂みに植ゑた樹は一層よく根を培へ。

意明かなり。

（三二四）此の井戸に糞を垂れても、いつか復た此の水を飲むことがある。

二度と顔合はすまじく思へる人に、いつ何の緣にて賴ることなしと謂ふへからず。人には常に情あるべし、世に處する決して常住に人の道を踏み違ふへからざるを言ふなり。

（三二五）秋に親父の祭りの出來ない奴は、春に義父の祭りが出來やうか。

豐かなる時に當りて大禮を行ふ能はざる者、必ず足らざる時には小禮を行はざるを得へるなり。

（三二六）同じ釜の飯を食つて訴訟をする。

人心の險なるを擧けたるなり。

（三二七）餅搗の聲を聞いてもう漬物の汁を探す。

躁進妄求の愚を笑へるなり。

（三二八）尖つた齒が圓るくなる。

人憤怨を呑みて切齒するの久しきが爲なり。積怨霽れざるをいふ。

（三二九）**人の借金の保證する息子は出來てくれるな。**

男兒を得むと欲するは朝鮮上下通しての熱願なり。され共かゝる兒は生るゝを欲せずと云ふなり。人情何地も同じきこと見るべし。

（三三〇）**人を毆つた奴は脚を卷いて睡り、人に毆られた奴は脚を伸して睡る。**

脚を伸して睡るは安々と心落ち居て心配なきなり。脚を卷けるは何時逃げ奔るべきを測らざれば其の用意に奔り善くせるなり。人を毆れる者一時勝を制して快きが如くなれ共、以後長く心苦しきを云へるなり。

（三三一）**門を正しく立てた家は立行くが、口が正し過ぎる家は立行かぬ。**

讒言侃議の人の怨怒を招き易きを云へるなり。

（三三二）**臭くない厠があるか。**

過失なき人はあらず。

（二三三）釜は臺所に据ゑよ、臼は物置におけよ。
極り切り、分り切りたる事を、物知り顔に指揮命令するおかしみを云へるなり。

（二三四）歩いて來て居ながら、人さへ見れば乘つて往かないかと言ふ。
あはれ人間よ、虚榮は汝の附き物なり。

（二三五）安産したから先づ先づお芽出度い。
女を生める家を慰めたるなり。女兒の損なるを想ふへし。

（二三六）お天氣がよいので婚姻に都合好かつた。
婚姻時に雨風なれば凶とせらる。

（二三七）妻の叔父の墓參り、貰ひ兒の爲の祈禱。
爲す事の氣の乘らぬことに譬へたるなり。

（二三八）錐は尖端からしては入る。
老少長幼列席する時、飲食物を分排するに、まづ少幼よりするを云へるなり。

（二三九）盆が紙屑籠の樣に深くて長いと言ひ張る。

固執する人を形容せるなり。

（二四〇）四枚抽き取る。

朝鮮の賭博は、名々札二枚か三枚を抽くものにして三枚を限りとす。狡猾なる者竊に四枚抽き取りて知らぬ顏す。

（二四一）南蠻を丸呑にする。

愚を笑へるなり。

（二四二）豆を炒《い》つて食つて鍋を壞《やぶ》る。

小利の爲に大損を招くを言ふ。

（二四三）御祈禱に往つた母親を待つてる子供の樣だ。

供へし菓子餅のみやげあるべければなり。勤め人の年末賞與を待つに似たり。

（二四四）笋を受けた宕巾の樣になつた。

宕巾は馬鬣《うまのを》を以て編みし頭巾なり。一度拳を喫すれば潰れて見る影なし。元氣好き人の上の人に呵責せられて忽ち顔色憮然意氣銷沈せるに喩ふ。

（二四五）醤油瓮《かめ》より醤油の味が好い。

君子茅屋に隱居するにも譬ふべし。

（二四六）貰つた餅が一鈞瓶半。

汲水夫等は祝ひ事ある日には得意先を廻りて餅を貰ひ歩く。一片宛得たるもの集まりて一瓦と半ヶ成したり。

（二四七）狗の飯に橡の實だ。

狗は橡の實を食はぬものなり。一粒一片をも殘すことなき狗の飯皿にも、これ許は殘る。にふに食はれぬなり。人の材幹缺如して用ふるに處なきに喩ふ。

（二四八）勢力のある時に人心を收攬せよ。

意明かなり。

（二四九）學むだ盗賊の様だ。

一時の出來心よりせし盗賊の改心することあれ共、長く學習せる盗賊は改心の見込なし。

（二五〇）十郡名うての淫奔女《いたづら》が、一郡での主婦になつた。

人の悔悟の强きを言へるなり。

（二五一）鼻の孔二つあるのが仕合《しあはせ》だ。

憤懣内に欝する時、天を仰いで鼻孔より深氣を吐出すれば心やゝ治まるを覺ゆ。此の時眞に鼻口二あるを感謝す。

（二五二）烟草の種子でふくべを作る。

この微細の物を以て能くふくべを作る、其の人の心の細瑣なることを知るべし。

（二五三）笞を一度も受けないで皆な白狀する。

意明かなり。

（二五四）盲人の月收を借りて使ふ。
盲人は世間中最も收入幽かなる者なり。され共人窘塞すれば盲人の金迄借るに至る。

（二五五）泥棒するにもよく氣の合つた相棒が入る。
世上萬事合力者を要するを云へるなり。

（二五六）自分の足の甲の火を消してから、父の足の甲の火を消やす。
人情我を拯ふに最急なるを言へるなり。

（二五七）石を持ち擧げれば顏が紅《あか》らむ。
其の勞力の自然に表に現はるゝなり。以て世間一毫の効勞なくして徒に報酬を望む者を誡む。

（二五八）蒲團の中で臂を掉《ふる》ふ。
趙括の兵法。かゝる强がる者有事の日に當りて畏怮するを例とす。

（二五九）水に沈むでも財布の外に浮ぶものなし。

財布も中に財貨多く納りたらば浮む理なし。此者の渇財想ふべし。

（二六〇）蟹の見は生れるや否や鋏む。

本能の妙を言ひ出しなり。

（二六一）頬を打たれても、銀の指輪嵌《は》めた手に打たれるのが善い。

朝鮮の富の程度の低き、到底金は調度に使用する能はず。古來專ら銀を用ふ。銀房とて銀製装飾品製造の專業者出でし所以なり。此の俚諺は叱責せらるゝにも服従せしめらるるにも、貴き人なるべしと云へるなり。實に今の世は位高き人より呵らるゝは却りて名譽と思ひ做す者少なからず。

（二六二）死ぬのは悲しくないが痛いのが悲しい。

實に人情の機微に觸れたり。死は人間として一度は免るゝ能はざる事に屬す。ただ恐るゝ所は死際の大病の苦痛なり。

（二六三）東の方が白めば世の中が始まると思ふ。

夜至れば世の中終ると思はん。山間の愚夫田園の農夫、世間の事全く關知せざる心地を言へるなり。

（二六四）傾きかけた木は倒して了《しま》ふ。

優勝劣敗の理に外ならず。

（二六五）よく噛まない綿取機械が音丈やかましい。

事實に成らず、聲聞のみ徒に高き等に喩へしなり。

（二六六）妻の愛に溺れると、妻の家の牛找《うしくい》にまで拜をする。

意明かなり。

（二六七）痘痕《あばた》の孔に知慧が隱れてる。

外貌を以て人を取る勿れと言ふなり。

（二六八）同月同時に產れた手指も長いと短いとがある。

（二六九）同じ腹から出た子供も色々だ。

二諺共に同意なり。

（二七〇）一つ夫《をつと》の妻妾は何人あつても一つ蔓の生物《なりもの》。

彼等妻妾も自然夫の性格に化せられて相類似する所あるに至るなり。

（二七一）餅を餅らしく食はれないで、糯米一石たゞ棄てた。

物事相當なる結果を得ずして、費用のみ多くかゝりしに喩ふ。

（二七二）破れ草鞋も對がある。

割れ鍋に閉ぢ蓋。

（二七三）針が行けば線《いと》が隨ふ。

原因と結果との關係をいへるなり。

（二七四）宗家が破滅して、香爐と香盒が殘つた。

何れも祭祀の具なり。朝鮮の俗身世零落すれ共先祖の祠堂の祭具は之を賣らず。

されば其の祭具に視て家門を知るべし。

（二七五）自分の手で自分の頬を打つ。

自ら孽を招くに喩ふ。

（二七六）出來上つた粥の中に洟《はなしる》が墮ちた。

事方に成立して突如意外の邪魔の生ぜるなり。

（二七七）米をといだ水を飮むで醉ふたまねをする。

假粧の醜を笑へるなり。

（二七八）濟洲馬の鬣は、左へ垂れるか、右へ垂れるか。

幼穉なるもの丶前途の測り知るべからざるをいへるなり。濟洲島の馬は山野に放牧せらる。其の鬣の如きも全くなるが儘に任すなり。

（二七九）門の扉を倒まに立て丶畫工を罵る。

朝鮮の扉には大抵種々の繪を貼り灾を防ぐ。描きし畫工は正しく描きしに主人門扉を倒まに立てしなり。人情人の非を擧ぐるを好み、己れが非を反省せざるを笑へるなり。

（二八〇）鼠の穴にも日光のは入る時はあらう。

坎軻不遇の人も時節來ることあらんといふなり。

（二八一）祈禱を見物するなら餠を投げる迄。

神佛の祈禱は終りて供へし餠を撒くを法とす。世間の事一旦着手せば終局迄堅忍持久すべきをいへるなり。

（二八二）主人にはぐれた狗が智異山を眺めてゐる樣だ。

高麗末の俚諺なりとか。犬の空しく山を望みて主人の歸來を待つを以て、人の空しく望外の事を望みて爲す事なく待つに比況せるなり。

（二八三）婚姻の初晩に褌を脫いで荷つて閨に入る。

事の順序に循はず、禮儀を缺くを云ふ。

（二八四） 仁王山を知らない虎があるか。
朝鮮城内の虎は必ず一度京城西北の鎭山仁王山を觀覽すと傳へらる。此の諺は自ら尊大にして仁王山に比し、對して言ふ人を虎に比し、汝我を知らずと言ふかと笑ふなり。

此と同意味をば平壤にては「普通門を知らぬ蝙蝠があるか」といふ。普通門は平壤の門なり。

（二八五） 喉の塞まつた狗が米糠を貪る樣だ。
如何に糟糠を貪饕せんと欲するも嚥下すべからず。一事成らずして更に他事を經營せんとする者の愚を笑へるなり。

（二八六） 佛の爲に佛事を營むか。
然らず。自己の願求する所あるが爲なり。賄賂を贈る人亦又是の如きなり。

（二八七） 餅を烹た水で褌を烹る。

廢物利用の極端を云へり。

（二八八）牛肉粥を煮てる鍋の中で鶏卵を煮るか。

煮るべからざるものなり。然るに一鄙人此の言を兒童に敎へしに、兒童は聞いて却りて倣ひ行へりといふ。されば此の俚諺は、人を誡めんとて種々の悪例を引用して却りて悪しき手段方法を敎ふることあるべきを注意せるなり。

（二八九）雀を殺して御馳走すべき奴を、牛を殺して御馳走する。

節を得ざる接待を誡めたるなり。

（二九〇）手鍬で防げるのを、犂《すき》で防ぐ。

前諺と略同じ。

（二九一）金《かね》さへあれば處女《むすめ》の睪丸でも買へる。

錢の萬能なるを言へるなり。

（二九二）錢は諸葛亮。

妙語、冷語、諸葛亮孔明は古今第一等の才子なり。錢も亦欲して遂げざるなし。

（二九三）錢が澤山あれば疱瘡神でも使へる。

前諺と同意なり。昔時の朝鮮にて痘神を恐れし事知るべし。

（二九四）上流が澄めば下流も澄む。

意明らかなり。

（二九五）王樣が網巾買はれる錢でも使はにやならぬ。

王は怒の神なり。恐怖の化身なり。其の王の贅澤に使用するにはあらず、必要品を買ふべく備へし錢なり。斯かる重き錢なりとも、能ふべくんば流用して、我の目下の急迫を救はんといふなり。

網巾は馬騣もて編みし頭巾なり。

（二九六）虎の鼻の邊へ着いてゐる物でも摘み取つて食ふ。

急迫には恐るゝものなきを言へるなり。

（二九七）城隍堂から出た物か。

俗に城隍堂に禳ひして衣服器具を奉納す。されば若し城隍堂より竊取し來りて賣却する者ある時は極めて廉なり。此の俚諺は物の價を至廉に呼ぶものある時冷笑するに用ふ。

（二九八）醋を買ふ米だ。

古俗米を以て醋を買ふ。醋は元と價賤しくして又多く用ひざるものなり。或は米一匙二匙を齎して醋に代ふるものあり。され共此の少額の米も積もれば升に滿つ。此俚諺は少額の費を節するを知らずしていつか巨費を致すに用ふ。

（二九九）馬を屠る家で食鹽は持ち出す。

馬肉を食するに鹽を要す。宴會を開設すれば發起人其の設備費を負擔するに譬喩せるなり。

（三〇〇）松都末年の不可殺だ。

高麗朝末年に不可殺なる恠物出でゝ官家之を殺すこと能はざりしとぞ。無道至極の行爲をなして如何とも矯正の法なきものを罵るに用ふ。

（三〇一）結納の使ひに制服巡査。
事の當らざるなり。されば密議の席に外人の突入するに譬ふ。

（三〇二）高守寛の變調だ。
高守寛は古の善歌者なり。歌唱するに當りて突如音調を變轉して人をして感に堪へざらしめたりと云ふ。人の前言を飜して自若として恥づるを知らざるに喩ふ。

（三〇三）白命善の假文書だ。
白命善は昔時の僞筆者にして、田地券を僞造して人に賣れりと傳へらる。凡そ書類の虚僞不實なるものに喩ふ。

（三〇四）妓生の寢衣《ねまき》だ。
妓生の寢衣は大抵油垢粉臭に満てる錦繍の襦なり。外を飾りて奸邪近くべからざる人に喩ふ。

（三〇五）片輪《かたわ》息子が孝行する。

豫期せざる者よりお蔭を蒙るをいふ。

（三〇六）鞋匠の明日明後日。

紺屋の明後日。

（三〇七）海の水を皆な呑めば鹹《しまか》らいのか。

無饜の慾を譏れるなり。

（三〇八）金頭魚《かながしら》が龍を銜く。

至賤の者高貴の人を凌蔑するに用ふ。

（三〇九）鯨の戰に鰕の脊が傷く。

强敵相爭ふの際、弱者の害を蒙るに喩ふ。

（三一〇）人の脚絆を卷いてやる。

（三一一）我のなすべき緊要事を捨てゝ、他人の爲に力作するをいへるなり。

（三一二）饅頭笠に豆粉《きなこ》を着けて食ふ奴。

食すべからざるものを食するなり。不當の利益を貪るものに比況す。

（三一三）狗潜《いぬくゞ》りから鍔廣笠を取り出す奴。

狗潜りは小穴なり。笠は廣し。巧詐手段に喩ふ。

（三一四）背中に使者飯を負うてる。

使者飯は新佛ある家にて飯を三器に盛りて地獄の使者に供すといふ飯なり。之を負へる者なれば決死の覺悟知るべし。經帷子《きやうかたびら》を著けて戰場に臨むに似たらん。

（三一五）奴の子供を可愛がつたら、兩班の頷鬚に剪紙を懸けた。

寵愛過ぐれば反りて戲弄を受くるを云へるなり。我子を偏愛して頭を打たるゝ父親あると一樣なり。

（三一五）閻魔大王がお祖父さんでも。

かくても猶地獄よりの使を防ぐ能はざるなり。或は大罪を犯し、或は大病にて、生道全く絶ゆるを云へるなり。

（三一六）**南村の零落した因業兩班め。**

京城南村は多く少論の兩班住し。失勢久しければ零落して生計に窮す。されば弱き常民を誅求すること北村の時めける老論より甚し。常民之を憤りて痛罵せるなり。

（三一七）**髮の毛を拔いて履《くつ》を細《あ》みましよう。**

精誠を盡して恩惠を報いんと云ふなり。

（三一八）**水口門の順序。**

水口門の喪輿を出す門なりしこと前に述べたり。宴會巡盃の際盃先づ年老者に到るに喩へしなり。

（三一九）**人間救濟は地獄の張本。**

人を救へば反りて地獄の苦みを受くるに至るを言へるなり。人間は恩を記せざるものなり。

（三〇）縛られて行く盗賊が、捕手の銀簪を口で抜き取る。
朝鮮人の髻は多く銀若くは玉、珊瑚を中央に串す。盗賊は死する迄盗習改まらざるを云へるなり。

（三一）笞の下には壯士なし。
屈服せざる者なきをいへるなり。

（三二）お化も藪林があつてこそだ。
依托する處のなかるべからざるを云へるなり。

（三三）魚も我が遊むだ水が好いと云ふ。
故郷忘じ難きに喩ふ。

（三四）老人が小供になる。

六十の本家返り。

（三三五）肛門で南瓜《かぼちゃ》の種子を割る。

外面愚昧なる如くにして、内測られざるに喩ふ。

（三三六）牛の角も手を掛けた時に抜いて了《しま》へ。

何事も着手時に成し終らざれば後弊生ずるをいへるなり。

（三三七）南村の兩班が謀叛氣を起す。

南村失勢の兩班の貧窮せる餘、格外の濫想をさへ生ずるを嘲弄せるなり。これ亦彼等を極憎する常民等の言ならん。

（三三八）餅を拵つて食ふ内だ。

家に殃灾あれば餅を造り供へて神を祈りて之を禳ふ。されば家庭に禍起ること遠からざるべきに喩へしなり。

（三三九）此の市の團子が大きいか、彼の市の團子が大きいか。

所謂高きに登りて觀望して利益多き所に就くをいふなり。

（三三〇）秋の坊主の托鉢の樣だ。

秋收穫時は僧侶一年中の書き入れ時なり。此の時機逸してはならずと、東西南北に忙しく奔走して鉢を廻はす。

（三三一）名高い名物は却りて好くない。

意明かなり。何國も同じ習ひと見ゆ。

（三三二）腹卷の中に上告狀がは入つてゐる。

上告狀は朝鮮語にて議送と謂ふ。一度郡守に訴へて敗訴せる人民の觀察道に訴ふる狀なり。田舍の百姓外貌誠に遲鈍なるが如きも、安ぞ知らん後生大事に上告狀を腹に卷き藏せり。人の行動往々端睨すべからざるものあるを謂へるなり。

（三三三）風の吹くまに〳〵、波の立つまに〳〵。

萬事に隨順して定見なきものに喩ふ。

（三三四）枯れた木に蟲の食つた様。

病氣の日々に重り行くか、財源の漸く枯渇するに喩ふ。

（三三五）鹿の皮に書いた曰《いはく》の字。

鹿の皮は柔軟にして伸び易し。之に曰の字を書くもやゝもすれば日の字に見ゆ。或人は之を曰なりと言ひ、或人は之を日なりと言ふ。事に當りて主心なき人をいふ。

（三三六）崔東學が官報を見る様だ。

崔東學とは昔時の無學兩班なり。人あり彼の爲に其日の官報を示せば、彼左見右見すれ共全く沒分曉なり。却りて其人に反問するに、今日政府に何の發布かあるといふを以てす。されば此俚諺は書翰を見て意を解する能はず、たゞ音讀の擬をする者に喩ふ。

（三三七）堤に立つた牛。

春堤芳草滿つ。牛の前後左右皆萋々たり。人の左邊右邊利を獲るに喩ふ。

（三三八）お產をした猫の面相。
慘然として力なき人の形容なり。

（三三九）夕飯を食はない姑の顔付。
姑は元來子婦を困むるものなり。此日飢ふれ共夕飯を食する能はず。一層心苛立ちて常よりも烈しく子婦に當る。此の面相の陰慳なる想ふべし。

（三四〇）空闕を守る宦官の面相。
宦官はたゞ君寵を賴みて勢を得るものなり。一旦寵絕えて出されて空闕を守る。其の慘澹なる憂愁外面に顯はるべし。

（三四一）鴉が卵を銜《ふく》むで隱した樣だ。
鴉が鷄や鳩の卵を偸むや、彼方此方と銜みて隱しまはり、終には自身亦た其の藏所を忘るゝに至る。健忘性の人を冷笑するに用ふ。

（三四二）鵂《みゝづく》が家《うち》を見付けた。

寒貧家をなすなき者、偶然豊裕なる人に藉托して安頓の所を得たるをいへるなり。

（三四三）鼈《すつぽん》が卵を眺めてゐる樣だ。

鼈は其の卵を砂泥中に埋めて之を孵化せしむ。され共居常其の埋藏せる所を望み觀て擁護し愛着す。されば兒を遠地に送りて日夜思慕する兩親に喩ふ。

（三四四）人間が眞つ直で、立つて糞をする。

苟も屈曲するなき硬直に喩ふ。

（三四五）蝦蟆が蠅を含む樣だ。

貪饕する者の形容なり。

（三四六）虎が烟草を吸うた時代。

太古鴻蒙の時代を謂ふなり。かゝる傳說朝鮮に在りと見ゆ。予は未だ知らず。

（三四七）六月十二月は座つてゐた席《むしろ》でも移すな。

朝鮮の俗六月十二月の兩月は移家遠行、婚姻等の事を忌む。

（三四八）曉方の虎の樣子。
甚だ悄然たりとか。されば失勢して身世零落せる者の風體に喩ふ。

（三四九）火藥を負うて火の中へは入る。
自ら禍を惹起すを謂ふ。

（三五〇）蟻が篩の輪を巡る樣だ。
必ず緣に循て一周するを云ふなり。

（三五一）地を掘つて銀を得た。
尋常なる事をなして意外の利を獲たるを云ふ。

（三五二）陶器を破つて眞鍮器を得た。
惡しき者を破棄して、代りて優良者を得しを云ふ。

（三五三）盲人が我が兒を撫で探る樣だ。

終に明晰に顏貌を知る能はず。萬事の要領を得ること能はざるに喩ふ。

（三五四）地を十丈掘れば錢一文出るか。

決して出でず。則ち一文と雖重ぜざるべからずといふなり。

（三五五）馬の頭に孕む氣があるとか。

朝鮮の新婚に白馬に乘するは白馬の頭に胎氣ありと云ふより出づ。されば大凡毎事其の初頭に得利の根基を得べきをいふなり。

（三五六）鼻を摘み取つて囊に入れた。

我に何か失策ありて人に合はすべき顏なきを言ふに用ふ。

（三五七）片思《かたおも》ひは獨り雁。

意明かなり。

（三五八）胡虜《ゑびす》の家丁《いへのこ》が毆られる樣だ。

昔時清國の使臣の京城に入るや、其の家丁たる滿蒙出生の廝人、或は禮儀を失せんことを慮り、入城するや否や家丁の乘れる馬を亂打して早く南別宮使臣の宿館に入らしめし事ありとぞ。されば此諺は失策ありて打たるゝ者に引喩す。

（三五九）代京主人を行《や》つた。

舊俗、京邸の吏屬等、失策ありて笞を受くるに至りし時、代京主人なるものを雇ひて代りて此の笞を受けしむ。されば罪なくして笞譴を受けし時此の諺を使用す。

（三六〇）刑曹獄卒の惡習か。

昔時刑曹の獄卒の、罪人を引出して法庭に往かしむる時、冥加錢を討索するが爲に、故なくして或は踢《け》或は打する惡習ありき。大凡妄りに人を毆打する者あるに對して此の諺を用ふ。

（三六一）兒犬が灰の中で目を閉ぢる樣だ。

犬兒も灰中に入れば自ら閉眼して灰の眼中に入るを防ぐ。事の危くして幸に無事に通過するを得たるを云ふなり。

（三六二）水でなければ渉るな、人情がなければ交るな。

意明かなり。

（三六三）雜煮餠を澤山喫《た》べた智慧。

年功の與へし才智を云へるなり。

（三六四）犬の兒も主人を見れば尾を掉る。

恩を知れと云ふなり。

（三六五）馬でも從兄弟の間は避ける。

人間にして親戚の間の亂行あるを痛罵せるなり。

（三六六）網巾の缺けを拾ふ。

我に過失ありて人に打たれ、衣服冠巾裂け飛ぶに至りても訴ふるに地なく、たゞ地に墮ちたる網巾の破片を拾ふのみなり。

（三六七）於《お》と厓《へ》とは違ふ。

於と匡とは共に吏讀に使用し、其の音相近しと雖、其の意は甚だ相異る。小差の大異を成すを謂へるなり。

（三六八）　松都の瓜商人。

昔時、開城の商人、京城の胡瓜價騰貴すと聞き、瓜一船を買ひ來れるに、其の間に相場下落し、却りて義州にて胡瓜の相場俄に騰貴せりと聞き、又遙々義州に向へるに、復も相場は下落し運び來りし胡瓜は大半腐敗せり。商機を誤りて損害を招けるに引喩す。

（三六九）　紗帽を被つた盗賊。

紗帽は兩班又は官吏の被る所なり。苛虐誅求之れ力め、實に常民の盗賊たる兩班等を痛罵せるなり。

（三七〇）　獺《かはおそ》の皮の帽子が二つだ。

主幹者二人ありて互に相爭權するをいふ。

（三七一）飯を喫《た》べないでも腹が脹れる。

喜悦の中に滿てるを云へるなり。

（三七二）咸興の使者。

李朝太祖李成桂、太宗が定宗を廢して王となれるを怒り、咸興に別居して還らず。太宗之を患へ、數度使者を差《つかは》せ共太祖皆之を殺して復命せしめず。人を派遣して回報の遲滯するに引喩す。

（三七三）坊主を打ち殺して殺人罪に問はれるのか。

前朝に在りては、僧侶は人外の非人と見做されたれば、之を殺して重科に問はれたるを憤慨する者ありと云ふなり。されば細故に由りて重刑に處せらるゝを寃とするに用ふ。

（三七四）兩肩の上に佛樣が在ます。

我が善惡は自身或は之を知らざることあれ共、己が身上に常に佛菩薩の照臨するありて必ず報應のあるを云へるなり。

（三七五）尸體の遞送か。

舊俗に、他鄕の人客死せる時は、其の村人爲に之を棺に納め、村々相遞送して終に其の鄕里に歸葬せしむる事あり。され共流石に好ましからぬ役なれば、各村とも最急速に之を送り出さんことを力む。さればこの諺は來客を薄待して他處に送出し、又は事を厭避して他に轉嫁するに用ふ。

（三七六）叔父さんと尊びながら行李を負はす。

人を善遇して却りて賤役を命ずるを云ふなり。

（三七七）腐れ鷄卵が時を作つたら。

條件の必無なるに譬ふるなり。

（三七八）憎い小供は懷に抱け。

又「憎い兒は一番愛してやれ」ともいふ。

終に感情の融けて愛するに至る事あるべければなり。

（三七九）家内和合しやうと思はゞ枕元の訟へを聽くな。

枕下の訟は即婦の讒訴なり。此れ即ち一家乖離の禍源なり。

（三八〇）十人の盲人の一本の杖。

又「十人の瞽か一本の杖を爭ふ」とも云ふ。

其の緊要なるを云へるなり。

（三八一）片目の目の球を牛に突かれた。

最貴重なるものを損せられしを云へるなり。

（三八二）寢轉むで團子を喫べれば黄粉が目には入る。

懶慢を貪れば遂に其の害を受くるを云へるなり。

（三八三）柿の木の下に寢ても、笠の口を上向にして居れ。

落ち來る柿の實を受けんが爲なり。大抵利益生ずる處に居ると雖、其の利益を受けんと欲せば自ら設備する所なかるべからざるを云へるなり。

（三八四）沙魚《はぜ》が踊ると、全羅道の箒の柄も踊り出す。

不肖者一人跋扈すれば、更に甚しき者も亦隨つて時を得るを云へるなり。

（三八五）戶曹の墻を穿つ。

戶曹は大藏省なり。國庫を犯さんとするなり。財慾熾盛限りなき人に譬ふ。

（三八六）調馬の爲の假行幸に錚を擊つ。

錚は鐘の一種にして、舊法寃を國王に直訴せんとする者行幸の途を擁して之を擊つ。然るに今の行幸の儀仗は眞に王の行幸にあらず。調馬の爲に調馬師共の馬並べて走るなり。訴寃者之を錯認して進遮りて錚を鳴らす。大事に際して妄動輕擧するを笑ひしなり。

（三八七）證文を呑み込むで紙屑の糞をする奴。

破廉恥不法漢に喩へしなり。

(三八八) 耳に當てれば耳輪、鼻に當てれば鼻輪。

一定の技能なき人の定用なきを笑へるなり。

(三八九) 肉の價丈の事をせやう。

人間、萬事窮して死を免るゝに道なきに當り、徒らに死するは遺憾なり、最後の手段としてせめて我が肉の價を償ふに足るの行動を取らんと云ふなり。

(三九〇) 貌《かたち》のつまらぬ馬は口あけて齢さへ數へやうとはしない。

外に見はるゝ行動の不似なる者は其の他見るに及ばざるを云へるなり。

(三九一) 乞食人が都承旨を可哀相に思ふ。

都承旨は國王の左右に侍して綸旨を臣下に宣する承旨の長にして侍從長の如し。され共曉天霜風に朝衣して闕に進まざるべからず。此處彼處の軒の下に焚火して暖く寢ぬる乞食原は却りて之を矜憐するを禁せざるなり。

(三九二) 音がしない銃があつたら打つてやらう。

人を嫉惡すること已甚にして、一發の下に死せしめんと欲すること屢々なり。されど共銃には聲あり。直ちに人に知られ。已れ亦刑獄に罹るを免れず。世に無聲銃もがなと思ひて已む。

（三九三）木刀で耳を削りて持つて往つても知るまい。

耽溺の甚しき形容なり。

（三九四）三歳になつて搖頭戯を爲る。

搖頭戯とは小兒のかいぐり〳〵おつむてん〳〵なり。普通には誕生頃に能く之を爲す。三歳にして甫めて學ぶ甚だ晩し。學問事業の人より遲るゝに喩へいふなり。

（三九五）石首《くち》魚漁《とる》船には往かれない。

石首魚は最喧騷を嫌ふ。集まりし魚復た散亂す。此の人甚だ言語多し。共に石首魚漁に赴くべからずと云ふなり。

（三九六）宴會には一處に往かれない。

好むで人物を品評し、人の短を指摘する人なればなり。

（三九七）吝嗇な金持は施し好きの貧乏人より増しだ。

意明かなり。

（三九八）庫から慈悲が出る。

慈善をなさんにもまづ金穀なかるべからざるを云ふ。前諺と大同小異。

（三九九）極樂の路を棄《す》てゝ地獄の路へ往く。

善を棄てゝ惡に就き、平安を嫌て危地に赴くを云ふ。

（四〇〇）琵琶の聲が出る程奔走する。

心忙しく朝々暮々奔走出入する者をいふ。形容頗る妙。

（四〇一）井戸の魔が引き入れたか。

朝鮮の迷信に、古井に妖魔あり。通り掛りの人を引き込みて溺れしめ、己の代りに魔たらしめて始めて井裡の苦を脱すといふあり。されば大凡世間の嫌避すべき事に際して。他人を欺き任ぜしめて己は脱出するに喩へるなり。

（四〇二）往けば往く程二十重《はたへ》の山だ。

山外山あり險愈々險。以て人間行路の難きに比せるなり。

（四〇三）眞綿に包まれて育つたか。

肢體の軟弱なるを笑へるなり。

（四〇四）豆腐の肉に針の骨だか。

上に同じ。

（四〇五）佛樣に供養するより、飢えた者に飯をやれ。

實際的德行の祈福に勝るを云ふなり。

（四〇六）死後三盃の酒は生前一盃の酒に如かず。

意明かなり。

（四〇七）雨が降つたら秧を移植する樣に、先祖の墓を移し直《なほ》せ。

風水說より來れる迷信は、先塋の位置は能く子孫の賢愚に影響すと認めらる。而して今や汝は甚だ不肖なり。これ豈に先塋の相地宜しきを得ざりしが爲ならざらんや。されば雨降りて秧を移すが如く、他好地に移安して以て再び汝の家に汝の如き不肖兒の生れ出でざらんことを期すべし。

（四〇八）頭の黑い動物は他人の恩を知らない。

頭の黑き動物とは人間なり。感恩の情操に乏しき民族性の產物として頗る興味ある俚諺となすべし。

（四〇九）兩寺の狗。

兩寺に畜はるゝ犬は、上寺に奔りて食を乞ひ、下寺に奔りて食を乞ひ、兩寺共に食機を失す。人も亦然り。心定まらずして徒らに衣食を得んが爲に此の道彼の道に奔走し終に得ることなし。

（四一〇）大學を敎へてやらうか。

昔此の國の百姓、村の夫子に請ひて大學を學び、炎天に衣冠を正しうして書案に向ひ跪坐して四角なる文字を注入せらる。半月にして心胸縊せらるゝが如く、熱氣上衝して呼吸窒せんとし。匆々辭退して復た田畝に下りて牛を牽き。咄々牛を叱して曰く、汝に大學を教へんかと、愚者の愚言を笑ふの意に用ふ。

（四一一）濟洲馬が互に蝨を嚙みあふ。
互に相倚りて利益を保するを云ふなり。

（四一二）種子泥棒は出來ない。
茄子の種子には茄子生じ、瓜の種子には瓜生ず。何者も此の理を奪ふ能はず。遺傳の恐るべく、血統の誣ゆべからざるを云へるなり。

（四一三）出て行つた奴の分は取つておくが、眠つた奴の分は取つておかぬ。
出て行ける者は何時返り來るなきを保せざればなり。

（四一四）兩班の子供は猫の子、常民の子供は豚の子。

猫兒は初は毛色整はず、見すぼらしけれ共、長ずるに從て滑澤となり。豚兒は初滑澤なれ共長じては粗率となり醜穢なり。氏は爭はれぬものなるを擧げ謂へるなり。

（四一五）鳥も飛ぶ探羽が落ちる。

人家の轉々移徙するに從て家什道具の失はるゝを謂ふ。

（四一六）國王の行列に雛駒の蹤《つ》いて行く樣だ。

似づかはしからざるものゝ隨へるを笑へるなり。

（四一七）他人の糞した處に知らずに坐る。

他人の過失を誤り被るをいへるなり。

（四一八）他人が石を投げて落とした栗實を拾ふ。

人の勞を盜みて己の收得となすをいふ。

（四一九）何故《なぜ》卵の時に選《え》らなかつたか。

容貌醜悪なる者を冷笑せるなり。かゝる者をして生長して人に嫌はれ自から恥ぢしめんよりは、胎中に於て夭折せしむるの勝れるに若かざりきと云ふなり。

（四二〇）夢に婿を迎へた様だ。
　畫ける餅に腹を満たすの類か。

（四二一）死むでから招魂の祭をする。
　舊俗人死すれば巫女を招きて招魂し、巫女をして死者に代りて平生未了の説話を語り盡さしむ。此諺は死後招魂祭をなすより何故に存命時に思ふ所を説盡して餘蘊なからしめざりしかと云ふなり。

（四二二）誰の家では粥を炊き、誰の家では飯を炊く。
　詳しく他家の内事に通するを形容せるなり。

（四二三）雨に逢つた大龍旗の様だ。
　大龍旗は王者儀仗の大旗なり。され共此旗雨に逢へば見る影もなく窶《みすぼら》し。人の意氣銷沈せるに譬ふ。

（四二四）我が田に水を引く。

意明かなり。

（四二五）蜜が少くとも藥菓さへ甘ければよろしい。

藥菓とは麥粉を蜜にて堅めて造れる祭時の菓子なり。蜜を付けて食ふ。納采薄ければ共婚事成るを期すべき場合等に用ふ。

（四二六）我が糞の臭きを知らず。

自過を知らざるの意なり。

（四二七）腹が南山の様だ。

腹突き出して尊大なるを形容せるなり。

（四二八）松餅で喉突いて死ね。

松餅は朝鮮松の實を入れて造れる餅にして一淺刀刄に似たり。小憤を含むで慍色ある者を嘲弄するなり。

（四二九）借金のある奴は婢僕だ。
人に對して頭の擧らぬを言へるなり。

（四三〇）内房の厠で放糞して、婦人に尻を洗へといふ。
内外の制を犯し、無禮忌憚なきを形容せるなり。

（四三一）狗の糞の畑にも露の下りることがある。
至賤の者にも上恩の降ることありと云ふなり。

（四三二）罪を作るに從て罰を得、道を修むるに從て果を得る。
意明らかなり。

（四三三）早く知るのは七月の蟋蟀だ。
早秋七月蟋蟀は己に秋來るを知りて鳴く。事に先ちて兆を見るを云へるなり。

（四三四）お役人は雇傭人だ。

いつお暇の出るか測られざればなり。

（四三五）お祭の支度に暇《ひま》取つて位牌を犬に嚙まれた。

事の餘りに遲延して意外の害を蒙るを云へるなり。

（四三六）お祭の手傳へはしてくれなくても構はぬが、祭臺の脚を打つな。

祭臺を打つこと甚しければ臺は顚せむ。世間の人の我を助けん事は望まざれ共、害を與へんことなきを希ふなり。

（四三七）寂《さび》しい時には我が尻を叩く。

消暇法に窮せるものを形容せるなり。

（四三八）おれはパダロプンと言ふが、お前はパダロプンと言へ。

昔時一村夫子あり。我が福岡邊の人の如く、ランをダンと發音し、習癖久しうして今更矯正の法なし。され共我が弟子等には正しく發音せしめんと欲し、居常我に倣はずしてラロと言ふべしと敎ふ。され共かく言ふ時も亦たダロと言へと聞ゆれば、弟子輩は言はるゝ儘にダロと發音す。此諺は人の過失を正さしめんとして我の反りて其の顰みに倣ふものは終に効なきを云へるなり。

（四三九）鴨の卵に鴨の糞の着いてゐるのはあたり前。
彼の人にして此の事あるは當然なりと云ふなり。

（四四〇）從兄弟が土地を買ふのに何で腹が痛い。
親族間の猜忌心を言ひ出せるなり。從兄弟家運稍や盛にして、我之に及ばざる時は、猜忌の念募りて憤懣となり、腹痛むに至る。

（四四一）鹿を捕へない前に、鹿の皮で指貫を造る積《つもり》。
鹿皮もて造るべき物は數種あり。指貫の如きは其の尤も末なるものなり。而かも未だ鹿をだに捕へず。其人の迂なるを知るべし。

（四四二）山寺では神衆壇が一番。
神衆壇は衆菩薩を祭る處にして、寺刹の法堂中第一の寶位なり。これあるが爲に寺の威嚴生ずるものなり。以て世上威福の權を執れるものに譬ふ。

（四四三）銀杏の樹の格か。

公孫樹は夫樹婦樹ありて始めて實を生ず。兩性相牽くの甚しきものなり。されば此の諺は異性の兩人相對して互に心あるに引喩す。

（四四四）臍の孔に鏡を付けた樣だ。

人の心裡の善惡を洞見して蔽はるゝ所なきを云へるなり。

（四四五）背負ひ込むだ坊主。

僧侶を以て私夫となしたる女あり、自ら寺に往きたらば後の面倒なかりしならんに、誤りて我が家に連れ來れり。世間の口恐ろしければいざ寺に歸りくれよと言へ共僧は動かず。爭ひて叩き出すこともならず。實に進退之れ窮るなり。

（四四六）他の店に托して罵る。

我が宿れる旅館の待遇心に滿たず、言ひたき不平は山々なれども、流石に其の主人に向ひて明ら様に言ひ難ければ、前夜泊りし旅館に托して縷々と不滿を並ぶるが如し。

（四四七）自慢話は死むでからにするものだ。

生前はいつ又いかなる失策の起らぬとも限らねばなり。

（四四八）一錢五厘の飯食つて、一厘足らぬでお辭宜《じぎ》の百もする。

おもしろき所を見付けたり。され共かくされては債權者も快く恕せん。

（四四九）自分の錢七文の事は考へるが、人の錢十四文の事は考へない。

意明かなり。

（四五〇）四十雀が麻の實を啄む樣だ。

注意周到にして殘る限なき形を形容せるなり。

（四五一）まアよし、まアよしと默まつてゐる内に、借りて來た醬油一杯又た棄てられた。

か〻ること小兒奴婢に多し。禁ずべき事は早く禁せざるべからず。

（四五二）盲馬が前の馬の鐸《すゞ》の音に跟《つ》いて往く。

朝鮮の馬は皆必ず頸に鐸を垂れ、其の音に依つて馬搔の調子を取りつ〻行くなり。盲馬なりとも之に跟ひ行けば顚躓の憂ひなし。世間の無識者の偏へに有識者の行動に盲從するを言へるなり。

（四五三）出て行く、出て行くと言ひながら、子供三人產むだら出て行くだらうか。

世にか〻る夫婦多し。中にはかくて十人の子を產みて終に一生其の儘留まるもあり。

（四五四）煤の多いのは寡婦の內の烟突だ。

寡婦の家は男子なければ山に樵に行くものあらず。大抵生薪を焚いて暖を取るが故に、煤の多きこと男子ある家の竈より一段甚し。亦た寡婦の生涯の苦多きを見るべし。

（四五五）虎のお膳。

虎は其性饕餮を好み、餌を獲れば必ず一度に其の全部を食ひ盡さずんば止まず。食を獲ざれば數日枵腹にて過す。蕩子の家計も亦又此の如し。得るあれば一時に消費して快を取り、得るなければ飢腹を抱いて奔走す、

（四五六）厨へ往つたらもつと喫べられるか、房へ往つたらもつと喫べられるか。

常に食を得るに汲々たるものを形容せるなり。厨は婦の在る所、房は主の在る所。權勢に取り入らんとする者は或は主人よりし或は夫人よりす。甚しきは玄關より入らずして勝手口より入るものなり。

（四五七）家が亡び樣とすると家相見許り怨む。

意明かなり。

（四五八）甘いのは飴屋の婆の手指だ。

常に飴に染まればなり。され共婆指を飴と誤認して之を舐ぶる者あり。

（四五九）放蕩息子が冠被りて糞をするのは當り前だ。

朝鮮の俗冠して脱糞するは禮にあらず、痛く之を非難す。放蕩兒に至りては視て尋常事となす。

（四六〇）猪毛の笠を蒙りて逆立するのも自分の樂み。

猪毛笠は笠中の上品にして甚だ堅し。一度强壓すれば拉砕《ひしげ》して形を失ふ。され共之を被りて逆立の技をなすも、己が樂なれば憚る所なし。

（四六一）寡婦の憐れは寡婦が知る。

實に哀深し。

（四六二）祈禱と聞いた巫覡、お齋《とき》と聞いた坊主。

巫僧共に喜びて赴かん。病家と聞きし醫師と言はんも同じ。

（四六三）馬の糞も知らないで馬醫をする。
脈も知らぬで醫者をすると同じ。

（四六四）自分の力も揣《はか》らないで大河邊《べり》の角力に行く。
河邊の相撲は危中の危なり。負くれば河に落ちて溺死するを免れず。之に赴かんとする者は必ず力よく敗れざるを信ずるものにして始めて可なり。自力を揣らずして妄りに此に進むは暴虎馮河の勇なりと謂はざるべからず。

（四六五）十八藝をしても、一人の盜賊を防ぐことは出來ない。
守るに隙ありて盜むに隙なければなり。

（四六六）蝙蝠の擬《ま》ねをする。
鳥獸合戰の昔譚より出て、此邊彼邊と利に追隨して終に身を誤るを謂へるなり。

（四六七）猫の精進だ。
肉食を性とする猫にして、素食すと言ふも其の僞や分明なり。心術兇險なる者、外面誠實を扮すとも誰か之を信ぜむ。

（四六八）佛像に缺座があつたら代りに立てやう。

反語なり。揶揄するなり。佛像の代りに立つべき者ならば須く仁慈誠實の聖者ならざるべからず、而して此の諺は反りて貪慾兇惡なるものに用ふ。

（四六九）心さへ善良なれば、北斗七星も加護を垂れ給ふ。

七星は元と支那の天體崇拜より起りて、高麗朝に至りて佛家之を我が敎中に攝し入れて佛形の星主を作りて之を佛式に祭祀せり。祈れば人の壽を延ぶと稱す。

（四七〇）金を積むことは考へないで、子供に學問を敎へよ。

意明なり。遺金滿籯反りて子を害ふ、

（四七一）心を持する正しければ死して善鬼神となる。

意明かなり。靈魂の不滅を信ずる見るべし。

（四七二）苦みで姙娠した子供は生れる時も苦む。

或は然らざるなきを保せず。

（四七三）天氣晴朗ならば對馬島まで見渡されるか。

到底望見すべきにあらず。而して本語反りて人の物を視ること明かならざるに用ふ。

（四七四）山を負ふた龜、石を負ふた蟹《かに》。

權勢に依頼する者を形容せるなり。

（四七五）給料は驛夫が貰つて、走るのは驛馬だ。

甲働きて乙報酬を取るを謂へるなり。

又「馬方が錢を貰つて馬が走る」とも言ふ。

（四七六）達城尉宮の御者の仲間入り。

大抵御者は主威を借りて驕肆を敢てするものなるが、殊にいつの時にかありけむ達城尉宮即王の尉馬達城尉の御者尤も甚しく、一世の指彈を受けたり。

（四七七）阿望尉に領を掛けた。

阿望尉の誰なるかは知るべからず。亦駙馬なり。掛領は之に倚りて我が私威を張るを言ふ。前諺と同意。

（四七八）金持の息子が貢物廛に出入す。

貢物廛は舊時代の宮廷の御用店にして利益尤も多しと稱せらる。され共富家の子の此に通勤するや、我家に元と財貨豐かなれば必ずしも精勤するの要なし、或は出勤し或は缺勤し、別に意に介せず。されば人の或業務に就職して精勤ならざるに引喩す。

（四七九）茶洞の朝寢坊。

京城茶洞は舊時富民多く居を卜し、家々大抵晏起を習とす。日三竿にして未だ洞房を出でず。晏起は朝鮮人の理想的生活の一なり。

（四八〇）溫陽溫泉に瘡の脚が集まる。

意明かなり。

（四八一）あの樣にすれば厠に漆が塗れるか。

厠は朝鮮の家屋建築法に在りては尤粗造なるべき處なり。之に漆を塗被せば爾他の構造の侈麗なる想像すべし。彼の如く吝嗇蓄財する人終に能く厠に漆するに至るべきかと嘲れるなり。

（四八二）皂角樹《さいかち》に妖魔が集まる樣だ。

皂角樹は最も魔に富むと信ぜらる。

（四八三）眼の園《はた》が糜濕《たゞれ》て居るから蠅が寄つて來ない譯がない。

我に實力あれば世譽招かずして至る等の意なり。

（四八四）村の鷄が官廳へは入つた樣だ。

周章狼狽して益々失態を層出するに至る。田夫野人の猝地都會の重地に來り凡事生粗愍笑すべき者多きに引喩す。

(四八五) お嫁入りに背中に疽《できもの》が出來た。
臨時に厄事生じたるを謂へるなり。

(四八六) お寺へ往けば坊主の樣な顏をし、里へ出れば俗人の樣な顏をする。
操守なく方便に從て色を變ずるを謂ふ。

(四八七) 繩で縛つた石。
繩往けば石も亦た隨ふ。相離るべからざる關係に在るを謂ふなり。

(四八八) 掛《か》けならば牛でも宰《ころ》して食はう。
人情多く然り。家貧にして月に一度の牛肉さへ飽き難き者なれ共、信用賣《かけうり》をなすとあらば、牛一匹を購うて宰するを辭せず。後果に至りては考ふる所なし。

(四八九) 石臼でも底が拔ける時がある。
頑福の人もいつか傾敗の日あり。頑健石の如き强壯者と雖死期なきこと能はず。

(四九〇) 竿の尖にも立つこと三年。

逆境に處して耐ふること三年なるを謂ふなり。

（四九一）一村毎に極道息子が一人宛あるものだ。

人群衆ければ皆善人なること能はざるを謂へるなり。

（四九二）荒草履《ざうり》に珠を盛る。

外觀醜なれ共內に美を包めるなり。

（四九三）一文もない奴が牡丹餅が好きだ。

身分を揣らず奢侈を好むを譏れるなり。

（四九四）馬の糞に轉がつても生きてる方が好い。

意明かなり。

（四九五）三公を羨まないで我が一身を堅固に持て。

外に欲を騁するより反省して修養するに如かざるを謂ふなり。

（四九六）親類喧嘩は犬の喧嘩だ。

人にして同族相睦しからずば禽獸に等しきを謂ふなり。亦以て舊俗親戚有無相通じ親睦せるを見るべし。

（四九七）蛙も蹈まるから躍れるんだ。

人も屈するが故に伸ぶる時あり。

（四九八）豆半粒でも、他人の分となれば、手を出すな。

微細なる物と雖他を羨むこと勿れと謂ふなり。

（四九九）一晩宿《と》めた怨みはなく、一日記憶してる恩はない。

人情恩怨共に忘れ易きを擧げたるなり。

（五〇〇）溝《どぶ》に捨てるべき下人はない。

如何に奴僕才幹なしと雖、亦用ふべき處あるを謂へるなり。

（五〇一）幼い兒でも可愛がる人に附いて往く。

意明かなり。

（五〇二）忙しく舂いてる臼でも、手を納れる間はある。
世間に忙しとて修養讀書を怠る人以て鑑むべし。

（五〇三）貧乏人を賑はすのは、王樣でもやり切れない。
今日賑恤すれば明日復た空しければなり。

（五〇四）糸の紛《もつ》れは解けるが、繩の紛れは解かれない。
小事は治むるに易けれ共大事は難し。

（五〇五）何《と》の雲で雨が降るか。
何人と雖逆知すべからず。世事の預料すべからざるに喩ふ。

（五〇六）犬と糞を爭はふか。
狂人の共に爭ふべからざるを謂へるなり。

（五〇七）犬に味噌玉の番をさせる樣だ。
竊み食せらるゝは當然なり。

（五〇八）　お寺の運傾けば醢鰕商人が來る。

醢鰕は元と寺に用なきものなり、否運に向へば理外の事起るを謂へるなり。

（五〇九）　地位が上る程心は卑く持て。

意明かなり。

（五一〇）　隙の出來た石は裂け、罅《ひゞ》の出來た甕が壞れる。

先兆あるものは實事踵ぐを謂ふ。

（五一一）　電光の閃くのは雷鳴の兆だ。

意前諺と同じ。

（五一二）　見て奇麗な團子は喫べても旨い。

內實美なるものは外形亦美なり。

（五一三）　かうしれ、ああしれと注文の多い席で踊りを踊るのは六つかしい。

號令出る所多ければ適從する所を知らず。

（五一四）老いた馬が豆を澤山貪る。
貪者は老いて愈々貪となるを謂ふ。

（五一五）手に附いた飯粒を食はない者があるか。
應に食すべきものを食せよと謂ふなり。

（五一六）死むだ子の齢を数へる。
意明かなり。

（五一七）乞食はしても人に媚びるのはいやだ。
意明かなり。

（五一八）啼かうとする兒の頬を打つ。
禍を挑發するの意なり。

（五一九）深い籠に盛つた强飯でも覆《ひつくりかへ》ることがある。
薄命者は幸に祿を得るも、保つ能はざるをいふなり。

（五二〇） 時刻を知らせる太鼓を聞いて立ちて踊る。

昔時は一刻毎に撃鼓して報ぜる者なり。愚迂の者之を聞いて起つて舞ふ。軽躁自ら喜ぶものを笑へるなり。

（五二一） 蟾の相撲はどつちが勝つか負けるか。
利を得んとして相爭ふに喩ふ。

（五二二） 友達にやるものはないが盗賊にやるものはある。
吝むで盗に奪はるゝを笑へるなり。

（五二三） 私が歌はうとする歌は婚家《サドン》で先きに歌ふ。
我が汝を咎めんとするに汝反りて同一事を以て我を咎む。

（五二四） 柳行李作る奴は、死ぬ時も柳の葉を銜《ふく》むで死ぬ。
柳行李匠は即ち楊水尺にして白丁階級なり我が國の穢多なり。死に臨むで本分を忘れざるをいふ。

（五二五）龜の甲羅を蚯が刺す樣だ。
小力大勢を犯すに效なきをいふ。

（五二六）人を嚙む犬を振返つて見る。
人の惡人に對する、患を恐れて顧みざる能はざるを謂へるなり。

（五二七）心は好い人間だが、隣の家の燒けるのを觀ておもしろがる。
人情他人の不幸を患へざるを云へるなり。

（五二八）釜の底が鍋の底を譏る。
相類似せる者互に譏るを笑へるなり。

（五二九）踰え行く程嶺が高く、涉る程河が深い。
進むに從て逆境に遭ふなり。

（五三〇）價も知らないで廉《やす》いといふ。
事情を審に知らずして徒らに評論するをいへるなり。

（五三一）　來る言葉が好けりや、出る言葉が好い。

賣言葉に買言葉。

（五三二）　坂を下る車の勢。

止まらんとして止まること能はず。

（五三三）　夏喫べやうと冬冰を貯へる。

先功を貴ぶをいへるなり。

（五三四）　野馬を捕へて敎養する樣だ。

野人を敎導するに心力を傾注するを謂へるなり。

（五三五）　食ふに罪はない。

如何に法律嚴重なる世なりとも、人の食を食するに罪科を課することなし。食ふに誰に遠慮も入らずといふなり。

（五三六）　田螺《たにし》も家がある。

人にして家を營むなきを笑へるなり。

（五三七）豐年の乞食は一倍哀れだ。

我食足りて人を哀れむの心始めて自由なるを得。

（五三八）生木から火が燃え出した。

意外に變事の突發せるを謂ふなり。

（五三九）我が袴を揚げて人に示す。

自ら我が瑕瑾を暴露して人に示すを笑へるなり。

（五四〇）鬼神は御經で禦ぎ、人は人情で禦ぐ。

蓋し人情學に通徹せる人の作に出でしならん。人は力を以て禦げば勝つも交を破り怨を買ふ。理智を以て禦げば理窟は千變萬化にして容易に人を服せしむるに足らず。獨り人情の一點に至りては力と理智とを超越して能く世間に對して我を鎧ふ。能く人情の機微を把持したる者即ち人世學卒業者なり。

（五四一）蜘蛛も網を張ればこそ羽蟲を捕へる。

事を成さんとする、預め設備を要するを謂ふなり。

（五四二）牛を飼ふには骨が折れるが、鋤を執るより増しだ。

雛牛を養うて成長せしむるは容易ならずと雖、他日成牛となれば耕作に使用して我に代りて犂鋤に服せしむ。されば今の育牛の勞は尙ほ躬ら鋤を執りて耕作するより勝さる。小苦を忍びて後樂を期するを謂へるなり。

（五四三）犬や牛の訴へは誰が判るか。

條理なく陳述するを笑へるなり。

（五四四）自分の事が急かれるので人の野碓の手傳へをする。

朝鮮の田舍には村里共同の碓場あり。團子を製する米粉を作る。一人あり團子の粉造らんとて來り見れば、既に先に人あり米を舂く、我も早く我が米舂きたければ、彼に力を貸してかにかくと助けて早く舂き訖らしめんとす、其の實我事急なればなり。

（五四五）金氏が仲間入りせない井戸はない。

江陵地方の俚諺なり。江陵は金氏崔氏尤も多く、就中金氏殊に多し。邑内の共同井数多あれ共一として金氏の其の水を斟まざるはあらず。

（五四六）太守の徳で喇叭を聴いた。

地方の者喇叭の聲を好み之を飽聴せんと欲するも其の時機なし。たまく郡守の行に陪するを得て、始めて平生の希望を達するを得たり。尊貴者に隨從して餘陰に依て分外の榮幸を占得せるに喩ふ。

（五四七）忍の德を守れば人殺しも免れる。

殺人は最も重き罪にして殺者も亦多くは元を繫くこと能はず。され共、人往々一時の激昂に堪へずして之を犯し、後悔臍を噬むことあり。たゞ忍の德を守るの人は、能く之を免れて以て其の身を完うするを得るなり。

（五四八）犬の尾は三年埋めても黄毛にはならぬ。

黄毛は黄鼬、貂の黄き毛にして製筆の上等毛なり。

本質悪きものは到底善に遷り得ざるを云ふ。

（五四九）烏が十二の聲音《こわね》を弄しても、一として善い語はない。

韓俗烏の聲は兇悪なるものとし鵲は吉鳥と呼ぶ。

十二とは澤山の意味なり。

悪人は其言盡く腥臭ありの意なり。

（五五〇）鳶も老熟すれば、終に雉を捕へて食ふとか。

無能のもの久しく勉むれば或は成すことあるに譬ふ。

（五五一）へまな奴は、仰向に引ックリ返つても、鼻が傷くことがある。

數奇者は意外の失敗を重ぬるを云ふ。

（五五二）瓦一枚惜むで棟《なかぎ》を腐らす。

意明なり。

（五五三）額の上にかゝつた水は踵迄流れる。

惡事の源流あるを云ふ。

（五五四）晝の言語《ことば》は鳥が聽き、夜の言語は鼠が聽く。

言語の愼まざるべからざるをいふなり。

（五五五）十度斧で擊つて倒れない木はない。

市三虎の譬への如く、讒言屢至れば終に迷はざる人なしといふなり。

（五五六）ものになる草木は二葉からして判る。

意明なり。

（五五七）食鹽に漬《つか》らぬものは醬油にも漬らぬ。

大事に屈せざるものは、小事には固より屈せざるをいふ。

（五五八）指尖《さき》に立たつた棘《とげ》は分《わか》るが、心《むね》の中に膿の湧くには氣が付かない。

目前の小患は憂ふべきを知れ共、隱微の大害には關心せずといふなり。

（五五九）盲が小溝を叱る。

溝あるが爲に陥りたりとて、怒りて之を叱責するなり。

自身の曲は棚に擧げて、人をのみ怨むをいふなり。

（五六〇）盜賊の垢は落されるが、間男《まをとこ》の垢は落されない。

盜賊は證據ありて雪寃し得べきも、姦通には雪寃の證據とすべきものなきをいふなり。姦通の罪の清むること極めて難きに譬ふ。

（五六一）いくら上手な歌でも長く聽かされては飽きが潮《さ》す。

意明かなり。

（五六二）馬に騎れた所が、口取奴が欲しくなつた。

人の願望は限りなきを云ふ。

（五六三）火の燃えない竈に烟が立つか。

意明かなり。

（五六四）曉の月を見やうと、夕方から待ち暮らす。

遠き將來の事の爲に、心を勞するの愚を云ふなり。

（五六五）手綱が長ければ馬に踏まれる。

船頭多くして船山に上るの意なり。

（五六六）雀が鷲について歩けば股《また》が割ける。

分に相應せざる眞似《まね》をすれば終に身を破るをいふなり。

（五六七）功を積むで出來た塔は崩れない。

基礎固き上に成れる事業は容易に崩壞せざるをいふ。

（五六八）百姓は、餓死する時も種籾《たねもみ》を枕にして死ぬ。

愚者身死すれば財も無用なるを知らざるを云ふなり。又本分を忘れざるを謂ふ。

（五六九）寢所覩てから脚を延ばせ。

位地を先づ度つて而して後志を行へといふなり。

（五七〇）聽けば病氣で、聽かねば藥《くすり》だ。

凶言は耳にする勿れといふなり。

（五七一）眞暗の夜にはいくら目瞬《めはだき》しても判らない。

目瞬は密に我か意中を人に傳ふるなり。されど共暗くしては效なし。

（五七二）いくら忙しくても、針の腰に糸を結付《ゆひつ》けては使はれまい。

如何に匆急なりとも順序に違ひし事は爲す勿れといふ也。

（五七三）目の見えない盲人でも、目が見えぬと云へば怒る。

人は短所を云はるゝことを怒るといふなり。

（五七四）虎に犬を貸して返つたことがあるか。

貪慾の人は財貨にあくことなしの意也。

（五七五）夏の火でも、當つて止《や》めた時には殘り惜しい氣がする。

人情物を棄つるに吝なるを嘆せる也。

（五七六）巫女《みこ》は自分の祈禱は出來ず、占卜者《うらない》は自分の死ぬる日を知らない。

意明らかなり。

（五七七）黒い犬をお湯に入れる樣だ。

終に改まざるに譬ふ。

（五七八）盲人が眠つてゐるか眠つてないか。

事の分別する能はざるを云ふ也。

（五七九）盲人が自分の鷄を捉《つか》めて食ふ。

盲人に我鷄他人の鷄の區別を能くすべき理なし。彼の捉へて食せしものは必ず他人の鷄也。

故意に惡事を犯して分疎するの可笑しきを云ふなり。

一說に曰く、意志惡いたづら者一日鷄數多飼へる盲人をそゝのかし今日は汝と鷄肉會を催さまく思へるに來る路にて野中に鷄十數羽放し飼ひにせるを見たり。いかで其の一羽を捉へて一盞傾けずやと言へば。慾深き盲人うかくと言葉に乘り。あちらこちら引きまはされ、此處なりとて敎へられ。やうく捕へて、拾ひし鷄のうまさよと舌皷せしは卽ち我が大事の鷄なり。

（五八〇）盲人が葱畑に入る。
葱畑は之を踏むて音の少きもの。卽ち盲目滅法の意也。

（五八一）食物は食ひまはすと段々減り。言葉は語りまはすと段々大きくなる。
意明なり。

（五八二）馬に積むだものを蚤の背に積むで見れ。
意明なり。

（五八三）馬を逸《にが》してから厩《うまや》を直す。
意明なり。

（五八四）父の死後四日目に藥を求める。
意明なり。

（五八五）餅も餅だが盒だ。
餅も固より甘からざるべからざるが、まづ第一に容器《いれもの》の清潔なることを要するの意也。

（五八六）怒りて岩を蹴つたに、我が足尖が傷いた。
逆境に處して之を順受せずば、却りて自ら傷くの意也。

（五八七）鳶を鷹と見た。
主《おも》に女の美醜を錯認せる場合に云ふ。

（五八八）交際すればこそ絶交もすれ。
忘れねばこそ思ひ出さずと同工異曲。

（五八九）甘ければ皆呑み込み、澁ければ吐出す。

人情自利を主とするの意なり。
（五九〇）角のある石は善く石鑿に打たれる。
剛硬者は傷害を受け易しの意なり。
（五九一）夫婦喧嘩は刀で水を斫《き》る如し。
直ちに又和合するの意なり。
（五九二）雀が稻落し場を素通り出來るか。
多慾者は利を見て勇退する能はざるの意也。
（五九三）一晩中哀哭して、誰が死んだか知らぬ。
又、終日慟哭して誰の夫人の葬禮か知らぬとも云ふ。
其の事に由て其の故を知らず。愚の極を云へる也。
（五九四）泣かない小供に乳をやつたことがあるか。
求めざるものは施し易からずの意。

（五九五）一匙の飯に腹が服《ふく》れるか。
初學者速成を求むべからず等の意なり。

（五九六）鷄を追ふた犬が、屋根の上許《ばかり》美しげに眺める。
同學競進して其の友先づ升る等の意なり。

（五九七）小溝から龍が出たか。
俊傑は微賤の家より出ること稀なりの意也。

（五九八）品物が上等でこそ高くも賣れやう。
意明なり。

（五九九）我が娘が美しくてこそ婿を擇べ。
意明なり。

（六〇〇）白紙一枚でも、相持ちに持てば持擧げ易い。
縱令小事にても戮力を貴ぶの意なり。

（六〇一）一匹の馬の背に鞍二個《ふたつ》置かれるか。

意明なり。

（六〇二）延びて行く葛《かつら》も限りがある。

意明なり。

（六〇三）鮨汁を食ひながら、龍を食つた樣なおくびをする。

才卑にして倨傲なるものを形容せるなり。

（六〇四）特に其の人の爲に明け殘してある堂上（公卿）は、奪ひ取ることが出來ない。

人の分固有する所のものは失あらずの意也。

（六〇五）犬の足に眞鍮の蹄充《あしあて》。

沐猴冠。

（六〇六）物事が少し分つたと思つたら、もう老耄して了《しま》つた。

歲月の蹉跎し易きを戒むる也。

（六〇七）鍛冶の內には庖丁が稀だ。

梓人木匠を備ふて机脚を修せしむるの意也。

（六〇八）獐の角は長いと云つても、知れたもの。

獐は角の短き鹿の種類なり。朝鮮に最も多し。

拙劣者の偶然巧手を出したるを冷笑する也。

（六〇九）泥龜《すつぽん》に恐れた人は、鼎《かなへ》の蓋を見ても吃驚する。

朝鮮の鼎の蓋《かなへ》は龜の形をなす。

八公山草木皆以て晋兵となすの意也。

（六一〇）豆腐の糟に腹《ふく》が脹れゝば、どんな甘い菓子でもくれとは云はぬ。

意明なり。

（六一一）睡眠中に他人の足を搔く。

曚昧の誤り易きをいふなり。

（六一二）曲つた陰莖は自分の足の背に尿をする。

惡を行ひしものは自ら實を吐くの意なり。

（六一三）他人の親の病氣に指を斷つ。

孝子は指を斷つて父の病を癒すを天に祈る也。

爲すの必要なきことを力を極めて爲すの意也。

（六一四）如法の闇に、太い棒をニウーツと出す。

藪から棒の意也。

（六一五）八十歳に齒が出るか。

不可有事を笑ふなり。

（六一六）食鹽が腐る。

（六一七）冷水に蛆《うぢ》が湧く。

二諺共に下らぬことに干渉し、けちくしたる人を冷評するの意なり。

（六一八）飯を貰ふて粥にして食ふ。

卑吝を嘲る意なり。

（六一九）大豆を味噌玉に作ると言つても、他人が信じない。

一旦信用を失すれば、當然の事實をいふも人に信ぜられずの意也。

（六二〇）陰曆五六月に凍死すとか。

（六二一）冷水許り呑むで、堅い糞をせよといふか。

（六二二）犬が豆の飴を食ふて木の上に上る。

（六二三）指に火を點して天に上る。

四諺皆到底有るべからざることに譬ふる也。

（六二四）眼を閉づれば鼻を殺《そ》いで持つて行く世の中だ。

少しの油斷もならぬ世の中を謂ふ也。

（六二五）溺《いはり》する間に十里を行く。

事の早く過ぐるを云ふなり。

（六二六）獐が自分の屁に驚く。

臆病ものゝ形容也。

（六二七）貧乏兩班は下人許りを輕蔑す。

食には困れども家柄よき士人は、流石に下人許りには屈せんとせず。

（六二八）力づくでも牛が王になれるか。

王者は力を以て王たるにあらざるの意也。

（六二九）雉の代りに雞を使ふ。

兄の代りに弟に報ゆるの類也。

（六三〇）糞を附けた犬が米糠を附けた犬を笑ふ。

（六三一）便所の柱が水車屋の柱を笑ふ。

二諺共に我が醜を忘れて人の醜を言ふの愚を云ふ也。

（六三二）盲者が盲者を導く。

意明なり。

（六三三）盲女が針の孔を通す。

不可能事を云ふなり。

（六三四）物にならない小牛は尻から角が生へる。

仙檀は嫩より香しの反對を云へる也。所謂生意氣の意なり。

（六三五）針鼠でも、自分の子供は柔かい可愛らしいものだと思つてる。

意明なり。

（六三六）鷹の兒は親鷹を捕へて食ふ。

不孝の子を云ふ也。

（六三七）行儀を習はせ樣とすれば、寡婦の門の鐵輪を外《はず》して飴を買つて食ふ。

又「牢屋の門を外す」ともいふ。

昔は鐵と飴と交換せるものなり。今猶眞鍮とは交換することを見る。

善事を見習はしめんとすれば却て悪事をなすを嘆ずるなり。

（六三八）揚州の飯を食つて、高陽の仕事をする。

揚州と高陽とは隣り合ひの地なり。

傭はれたる家の仕事は爲ずして、他の仕事をなすを云ふ也。

（六三九）鐘路で人に頰を打たれて、小路に入つてから目を剝き出す。

鐘路は人通澤山なれば愚圖〳〵した田舎者は頰を打たるゝことあり。されども此處にては何ともえ云はず。小路に入て目を剝出して怒る也。

（六四〇）いたづらをするのは寡婦の內の男犬だ。

意明なり。悪戯をする靑年を罵る意なり。

（六四一）腐つた芦の垣から黄い犬の鼻の尖。

道傍のもくげは馬に喰はれけりの意なり。又爲でもよき干渉に喩ふ。

（六四二）失神せる令監《よんがむ》が、死んだ娘の家を眺めてる。

只茫然たる許なる人の形容なり。令監は三位以上の官人の稱號なり。

（六四三）外孫を愛するより葱畑でも耘《くさ》ぎれ。

葱畑は耘るの要なき畑なり。

要なき事をなす勿れといふなり。

（六四四）犬糞も藥にしやうと思つて探《さ》がすとない。

意明なり。

（六四五）娘の爲に祈禱する時にも袋を持て行く。

吝嗇者の形容にして、娘の祈禱を巫女に依賴する時にも、袋を持行きて祈禱の供物の餘りを入れて持歸るをいふ也。

（六四六）伮商賈が破產しやうとすると、驢馬許り來る。

（六四七）問屋が破産しやうとすると、藁束許り入つて來る。
藁束の如きは何の利益にもならぬ品物なり。
弱い木は風が折り、泣く兒を犬か吼えるの意也。
（六四八）瓜を倒に食ふも自分の好きだ。
瓜を倒に食へば末苦《にが》し。
蓼食ふ虫も好き〳〵の意也。
（六四九）鐵が鐵を食ひ、肉が肉を食ふ。
兄弟近親相爭ふを云ふなり。
（六五〇）自分の足尖の火を消さない奴が、人の足尖の火を消さうか。
自ら治めて餘りあれは始めて人を治むべしの意也。
（六五一）盲者の丹青の見物。
効なきを云ふなり。めくらの垣窺《のぞ》き。

（六五二）烽火《のろし》の火に海苔を炙つて食ふ。
烽火は大火也、牛刀雞を割くの如き意也。

（六五三）人情が多いので、町内に舅が十二人。
舅が十二人あれば、夫《をつと》も少くも十二人あるならん。

（六五四）町内の處女は、此方許り極《き》めても駄目だ。
當事と越禪は向ふから外れるの意也。

（六五五）京城を危い崖《がけ》だときいたら、果川からして這《は》つて行く。
果川は京城より三里。
田舍者の愚直なるを言へるなり。

（六五六）義州からの早打《はやうち》でも糞をする暇はある。
如何に早急の用事なりとも、幾分の閑暇はあるものの意なり。

（六五七）空を掠《かす》めて行く鳥も、初め翼を動したればこそ飛べるのだ。

空飛ふ鳥は少しも翼を動かさずに行く樣なれども、其の初は鼓動せるを云ふ也。徒らに來る安樂はなきをいふ也。

（六五八）火鉢の緣に飴をくつ付けておいたか。

火鉢に飴を附くれは直ちに溶解して流れむ。須らく瞬時も之を放任しおくべきにあらず。心甚だ忙匆なる來客、主人の抑留するも聽かず過急に歸去らんとする時この俚諺を使用す。

（六五九）戶を開けて見ても閉ぢて見ても同じだ。

怖《おそろ》しきもの見えたる時、戶を開けて之を觀るも、戶を閉ぢて隙より之を觀るも、何の差違あらん。然るに心怯れたる者は、開戶之を觀るの勇氣なく、僅かに障子に針孔を穿ちて之を窺ふのみ。

（六六〇）煮た蟹の鋏をもぐ。

（六六一）腐つた卵を持つて城の下を行かれない。

腐卵何の價値あらん。城壁何ぞ漫りに崩れん、怯者猶之に心戰く。兩諺共に臆病者の愚を云へるなり。

（六六二）鼻垂らさないで有福になれるか。

この國俗小兒の鼻を垂らさゞるは他日福なしとなす。現在苦痛なければ將來福來らずといふ也。

（六六三）横這ひに行つても京城迄行ければ宜しい。

遲くとも達すれば則ち可なりの意なり。

（六六四）寶珠三升あつても、糸に貫いてこそ眞の珠だ。

昔の朝鮮の珠は皆貫きて佩ひ又供用せしものなり。實用を貴ぶの意なり。

（六六五）鍋邊《なべべり》の食鹽でも、摘みて中に入れてこそ按梅《あんばい》になる。

伐出してこそ樹木も材となるの意也。

（六六六）絹の衣物を衣て夜道をする。

衣錦夜行の意なり。

（六六七）畑を賣つて田地を買つたのは、米の飯食ふ積り。

舊來の事業を廢して新事業に轉せしも、却りて損を招きたるの意なり。即ち一つ事を罷めて別の事をした處が、其の事の却つておもしろくなき意味也。

（六六八）打つ姑より止める小姑が猶惡《にく》い。

小姑は鬼千匹の意なり。

（六六九）人を打ちに行つて、打たれるのはあたりまへ。

人を祈らば穴二つ。

（六七〇）阿呆な蟲が温堗室を横這ひに這ふ。

温堗室は元來滑り易きもの故、一生懸命に眞直に歩くべきに、たゞさへよくも歩かれざる馬鹿な小蟲の、態と横曲りに這ひずりまはる其の歩々滑るは當然也。小人の徒らに才振るを憎みたるなり。

（六七一）氣違ひのまねをして餅屋の餅の上に倒れる。

卑陋にして狡猾なる人の形容なり。

（六七二）生れた許りの小犬は虎の恐《こわ》いことを知らぬ。

意明なり。

（六七三）情あれば夢にも見える。

意明なり。

（六七四）領髯が三尺生へても、食つて行けてこそ兩班だ。

風態許如何に立派なりとも、自活せざる樣では矢張賤民なりの意也。

この俚諺は古來この國社會的階級組織の反抗的民聲と見るを得べく、即ち兩班とさへいへば如何に其日の食に窮するとも猶昂然として平民の上に位して之を奴僕視するを以て、平民は如何にも無念に感じ、誰いふとなくかゝる俚諺を倡へ出して陰に兩班を嘲笑せしならん。

（六七五）田舍の者が、京城のものを騙《だま》せないと、憤慨して三日糞をたれない。

京城人の田舍ものを欺くは寧ろ稀にして、田舍の者却つて京城のものを欺くこと屢なりの意也。

（六七六）笞台を負うて笞打つて貰ひに行く。

自招ける禍災を云ふ也。

（六七七）躄者《いざり》が起てば千里行けるか。

己が大臣になつたら、大將になつたら抔いふ人間を笑へるなり。

（六七八）十二の才藝のある奴が、朝夕の烟を立てかねる。

八細工七貧乏。

（六七九）黄み枯れた栗のいがが三年落ちない。

弱く見える人の案外早く死せざるを云ふ也。

（六八〇）屁が生長して糞となる。
初め小悪なるも漸く大悪を積成するの意なり。

（六八一）咽喉の孔は捕盗廳だ。
捕盗廳は古來一番人の嫌ふ迄なり。人間もこの食道あればこそ色々の慾心出來て、甘いものを食ひたがり、總て人のものをほしがる。さればこそ捕盗廳の如き嫌な所也といふ也。

（六八二）坐つた處に草も生へぬ。
心術餘りに毒々しく、毒氣に感じて草さへ坐つた所に生へぬといふなり。

（六八三）澁梨の腐つたのは我が娘にやり、甘梨の腐つたのは嫁にやる。
澁梨は腐りてこそ甘くなり。甘梨は腐りては食はれず。

（六八四）漢の趙子龍が槍《ロリ》を突いて立つが如し。
三國志はこの國の一般の讀物なり。男女共に之を耽讀し、劉備、關羽、張飛、孔明、趙雲等の語は三尺の童子と雖知れり。就中婦女子は雨夜の物語抔に三國志の人物を云ひ出て、誰が第一、誰が好きと品定めすることあり。この國の賢夫人某氏は、妾は儘になるならば趙子龍の妻になりたし。其人物の堅固にして色に動かぬことと玄德孔明に優れりとて、趙氏の未亡人を斥けたる事實を擧げて云ひし以來、婦人間の定論となり。趙雲はこの國婦人の理想の人となれり。

大丈夫の形容也。

（六八五）打たれるか打たれるかと屈托する奴には笞許來る。

狂ひ犬は棒許見えるの意なり。

（六八六）大きな鯉が躍ると目高も躍る。

意明なり。

（六八七）井戸へ行つて湯をくれといふか。

（六八八）用に往つて飯をくれと云ふのか。

兩諺共に意明かなり。

（六八九）井戸の中の魚。

意明かなり。

（六九〇）東風に當る荻。

一齊に附和雷同するの形容也。

（六九一）牛の耳に經を讀む。

意明なり。

（六九二）眼病になんばんの粉。

泣面に蜂。

（六九三）猿も木から落ちる。

意明なり。

（六九四）一升やつて一石取ッ

他人の小き欠點を云ひ立てゝ、却て我が大なる缺點を云はるゝの意也。

（六九五）歩けもしない内に躍る。

卵子に毛が生へるの意也。

（六九六）甕の中の鼠。

袋の中の鼠。

（六九七）瘤を捩《と》られに行つて、又附けられた。

瘤取爺の話參看。

（六九八）口は曲つて居ても言葉は眞つ直に出せ。

言の直なるべきを云へる也。

（六九九）井戸を堀るにも一つの井戸を堀れ。

一事に成功してより又他事を始めよといふ也。

（七〇〇）烟草入の中の錢は財布の中の錢だ。

親のものは子のもの等の意也。

（七〇一）　蚯蚓も蹈めば體を動かす。

如何にお人よしにても餘り嘲弄せらるれば腹立つことあり。

（七〇二）　一晩泊つても萬里城を築け。

一夜の縁も深き情。

（七〇三）　負惜みのない墓はない。

人間は死する時必ずかくせざれば猶生存したらんにといふ負惜みは起るものなり。後悔のなき死際はなしの意ともなる。

（七〇四）　肉は噛み締めて見てこそ味があり、言葉は話して見てこそ味がある。

鮮人は肉は飽く迄噛み締むべきものと定めをれば、肉の柔きは寧ろ張合なしとて硬きを喜ぶ。人に永く言ひきかす時に使用す。

（七〇五）　大瓶の間の素焼の皿鉢。

夫婦喧嘩は小供に祟る。大瓶が動くに從て間の皿鉢は破るゝなり。

（七〇六）口にくつ附た飯粒。

一度口を動かせば直ちに之を攝取するを得べし。一擧手一投足の勞を以て成すべき仕事の意なり。

（七〇七）虎の居ない洞には狐が先生。

意明なり。

（七〇八）斧は鈍れば刄を研ぐが、人は死んでは復生きぬ。

意明なり。

（七〇九）子供が見てる前では水でも飮むな。

父母は子供の敎養に深く注意すべきを云ふ也。

（七一〇）十尺の水の底は分るが、一尺の人の心の底は分らぬ。

意明なり。

（七一一）水は渉りて見てこそ深さが分り、人は交りて見てこそ人柄が分る。

意明なり。

（七一二）口に適つた餅。

好きな事、好きな人は澤山なきものなりと云ふ也。

（七一三）仰臥して唾を吐く。

意明なり。

（七一四）堅い地に水が溜る。

勤儉者は富むの意なり。

（七一五）水が行けばこそ船が來る。

原因結果を說破せるなり。

（七一六）衣服は翼なり。

馬子も衣裳。

（七一七）幼き鼠（又は猫）は、自分の前を自分で見られない。

無知の者寸前を透視する能はざるを云ふ也。

（七一八）梨を食つて其の心で歯を磨く。

梨肉を食へば充分なるに、又更に其の心を以て歯を磨くとは過慾なりの意なり。

或は又物を十二分に利用するの意ともなる。

（七一九）梨を人にやりて其の心を貰つて食ふ。

人に恩を衣せて又其の人に頼りて生活す。

この俚諺は巧にこの國俗を嘲罵して、痛快骨を剜れるものなり。この國の人は人に恩を與ふるを以て義務と思ひ。從て人の恩を被るを以て權利と思へり。是れ勢力家に食客千人あり、遊民都鄙に充滿し、現今時勢の急轉直下するや堂々たる兩班能く今後十年祖祀を維持する見込ある者寥々十指屈するに足らざる所以也、悲しむべし。

（七二〇）我が物をやつて却つて頰を撲られる。
恩の妄りに施すべからざるを戒めしなり。

（七二一）口許隱して猫のまね。
又「目をかくしてアアン」ともいふ。
耳を蔽ふて鈴を盜む。

（七二二）人を迷はしておいて頰を打つ。
御家騷動の心理なり。

（七二三）木に上らしておいて木を振る。
常に昇《かつ》がるゝ人の頂門一針なり。

（七二四）あんな言葉さへ云はなかつたら、飴一文でも買つてやるものを。
多辯を戒むるなり。この國の人程多辯なるは稀なるべし。尙時々言ひ過ぎて禍を取ることあるを氣付ける人ありと覺ゆ。實にも惡事をなしたる者を叱責する時、溫《おとな》しく傾聴して謝する時は、哀情生じて叱りし後に飴一文買つてやりたき心地も起れ共、強辯して服せざる時は更に怒火炎烈となり、さ迄になき事も終に極端なる言語と感情とを要することゝなる也。

（七二五）兎唇でさへなかつたら天下一の美人だ。
大疵は總ての美を掩ふの意也。

（七二六）兎唇が豆粉《きなこ》食べる樣だ。
意明なり。

（七二七）兎唇が芋を食ふと鼻から出る。
意明なり。

（七二八）生きてる口には物がは入る。
又「生きてる口には蜘蛛の巢が張らない」ともいふ。
生きてる限りは死にはせずといふなり。

今夜食ふべき料なくとも、平然として長煙管に縷々と烟を棚引かす、この國の人の樂天觀を吐露したるものなり。

（七二九）猫の頭に鈴を下げる。

（七三〇）牛の頭へ鈴を下げる。

無用の長物を云へるなり。

（七三一）兩手に餅を持つてる。

嬉しき忙しき形容なり。

（七三二）便所へ行く時こそ忙しかろが、出て來る時に何故忙しい。

意明なり。

（七三三）臍が腹より大きい。

（七三四）針より糸が太い。

（七三五）鼻が顔より大きい。

意明なり。

（七三六）容物は粗末だが味噌の味は旨い。

意明なり。

（七三七）蝌蚪の時分の考はしないで、蛙の時の考計りする。

富而不驕は難しの意也。

（七三八）植木鉢に植ゑると猫ぢやらしも盆栽だ。

位地は人の價を左右するの意なり。

（七三九）憎らしい小供には餅一切《ひときれ》猶やれ。

心の廣からんことを勸むるなり。

（七四〇）風體相貌を見て名を命じ、體を視て着物を作れ。

意明なり。

（七四一）三ツの年から巫女《みこ》をするが、棒の樣な鬼神一ツもまだ見ない。

此の如き人物は始めて見たりといふ場合に用ひ、又成功の困難をいふ意ともなり、馬鹿な鈍な人間の形容ともなる。

（七四二）我が癖が犬にやられるか。
意明なり。

（七四三）おとなしい犬が鍋の縁に上る。
意外の事を云ふなり。善人と思ひたりし者の意外の事をなせるに喩けるなり。

（七四四）三ッ子の心は八十迄。
意明なり。

（七四五）畏しいので糞を避《よ》けるんか。
汚ないが爲に避けたるなり。
兩班が賤民の喧嘩を買はざるが如し。

（七四六）貧乏だからこそ絹の衣物を着れ。

皆賣つて了ひて儀式の時の取置き許殘れば。

（七四七）親の死んだに舞を舞ふ。

愚者の形容なり。

（七四八）生長しつゝある南瓜に釘を刺す。

無情殘酷を云ひ出せなり。

（七四九）藪の中の南瓜はよく太とる。

主人に發見されざる爲めなり。

（七五〇）火事に唐箕《とうみ》を持て往て煽《あを》る。

人の不幸に更に之を苦むるを云へるなり。

（七五一）姙娠の婦人の腹を蹴る。

前諺と同意なり。

（七五二）頂羽も根無しかつらの蔓に足を取られて倒れることあり。

猿も木から落ちる。

（七五三）甘く行かない時には先祖のお蔭だと。
成功すれば自分の力だと。

（七五四）蕎麥の實は三角だが、轉かりて行つて終に立つ所がある。
天下飄零の兒、四十家を成さざるも終に定處する所あり。

（七五五）便意を催したるお孃樣が、汁の實を刻む樣だ。
汁の實は由來心を用ひて刻むの必要なきものなり。況して便意催したるお孃樣は早きを主として、ザク〳〵と刻み棄つ。されば事物を善い加減にやり了はす意なり。

（七五六）忌服を着ける兒よりも親族の方で悲しがり。
意明なり。

（七五七）漢江が皆赤豆粥でも、盛る椀がないので食はれぬ。

取らるべきを取らぬ愚者を笑へるなり。

（七五八）乞食に物はやらんで、乞食の出した椀を毀す。

意明なり。

（七五九）味噌が惜しくて殺して食はれない。

この國の風俗犬を食ふ。殊に田舍は犬を以て無上の珍味となし、陰曆秋の節句には犬を屠るを常例とす。この日狗肉を食はざれば魔を避くる能はずといふ迷信あり。狗肉に一種の臭氣あり、之を消すには味噌を好とす。されば狗肉は味噌を以て按梅するを法となす。この俚諺は狗肉は食ひたくはあれど、按梅の味噌の惜しさに犬を屠らずといふなり。吝嗇の者終に損を招くべきを云ふものなり。

（七六〇）盜賊が笞を擧げる。

盜賊猛々し。

（七六一）肥滿した人の通りに膨《ぶく》れよといふのか。

富人が貧人に何故しかく血色勝れざるか。美食を食へ、美味を取れといふに答ふる詞也。

（七六二）兄弟の婦の妹の賣る餅でも安ければこそ買はう。

計算は血緣より有力なるを云へる也。

（七六三）負つた兒を忘れて三隣りに聞いて歩く。

阿呆者の形容也。

（七六四）燕は小さいが江南國に往く。

物語興夫傳參照。

（七六五）石蟹は小さいが石さへ負ふ。

前諺と同意。

（七六六）蚊を見て刀を拔く。

意明なり。

（七六七）往つた日が丁度市日。

この國地方邑里には毎朔定日の市あり。附近の産物是日に集り來り、賑しきこと祭禮の如し。大抵十日目に一遍乃至二遍宛と定まる。何心なく田舍の知る邊許を訪ねたるに、恰も其到着せし日其の邑の市日にして、賑はしく面白かりしといふ意にして、幸運の來ること猶是の如きを暗示せるなり。

（七六八）鴉が飛去るや否や梨が落ちた。

鴉が故意に梨を落したるに非れども、終に鴉の罪とせらるゝなり。鴉は元來憎き鳥なり。

（七六九）ゆる〳〵歩いても牛の歩み。

意明なり。

（七七〇）自分で食ふは嫌《いや》だし犬にやるのは惜し。

吝者は人に與へずして食物を腐敗せしむ。

（七七一）我家に養つた犬に踵を噛まれる。

意明なり。

（七七二）一杯の酒にも涙が零れる。

一杯の酒も一坐の客に公平に分つべし。一杯の酒猶人の涙を流さしむるの力あればなり。

（七七三）主人に味噌がない所が、旅人が汁を嫌ひだと云ふ。

この國や三十年前迄は國土殊に太平にして、民蚩々として生を樂送せり。されば、人心亦自ら敦厚にして、不見不知の人にも、飯乞はるれは之を與へ、宿泊を乞はるれば之を許すべき習慣なりき。之を宿泊せしむれば、必ず何はなくとも味噌汁を饗應するを法とす。然るに恰も是の日主人は味噌盡き如何にせんと心配したりしに、泊れる客我性味噌汁を嫌ふと云ひ出せりと云ふ意味にして、際どき處に間のよかりしをいふなり。

（七七四）奇麗でない女が、月夜に廣い笠を被つて出て來る。

不能者が能者の爲《まね》をなすの意也。

（七七五）いくら繼ぎはぎしても絹の衣裳。

腐つても鯛。

（七七六）盗賊は前からこそ捉へられる後から捉へられやうか。

盗賊は證據を押へて捕へざるべからざるの意也。

（七七七）遲《おそ》く習つた盗賊は晝になるのも知らんで盗む。

二樣に解釋し得べし。（一）興味生ずれば時の移るを知らず。（二）耽りて身を忘る。

（七七八）石で毆れば石で毆り返し。餅で毆れば餅で毆り返す。

恩に報ゆるに德を以てし。恨に報ゆるに仇を以てするの意也。

（七七九）三日食はれないと浮び出ない考はないとぞ。

飢餓の人心を墮落せしむるを云ふ。

（七八〇）屠獸場に入つた牛が生きて出て來るか。
意明かなり。

（七八一）自分の劒も人の鞘の中に入ると自由にはならず。
他人に金や本を貸せば、復た我が自由に之を使用する能はざる等を云ふ也。

（七八二）拙い詩作者は平仄《しやうそく》を搆ふことか。
拙作者は唯だ詩に纒まるを以て能となすのみ。客に饗應する時、粗薄なるを謙謝する場合に多く使用し。唯だ客を待つの意をのみ諒せられよといふ意味也。

（七八三）上れない木は仰ぎ見ることもすな。
出來ない慾心は起すな。

（七八四）信じて居つた樹に黴《かび》が生へた。
この事は、この人間はと、信じたるが外《はづ》れたる意也。

（七八五）死んだ石崇より、生きてる豕の方が增しだ。

石崇は昔の大富豪也。

（七八六）敵《かたき》同志が狭い板橋の眞ん中で出逢つた。

意明なり。

生憎の意なり。狭板一本の橋上なれば避けんにも法なし。勢爭はざるべきからず。

（七八七）河を渉りてから船に乘る。

十日の菊。

（七八八）子供を置《お》いた谷は、虎でも顧み〳〵する。

親の情を云へる也。

（七八九）物言ひの多い内の味噌は酸ばい。

必ず世帶の持ち方の拙なるべきを云ふなり。

（七九〇）急いで食ふ飯は咽喉に閊《つか》へる。

速成の用ふるに足らざるを云ふ也。

（七九一）自分の腹が膨《ふく》らがつたから下人に飯を焚くなといふ。
自分勝手の形容也。

（七九二）山が大きけりやこそ谷が深い。
身體長大なる者、力も亦多し等の意也。

（七九三）澁い梨でも、嚙みしめて見るものだ。
苦言も傾聽すべきを云ふ也。

（七九四）幼い子供の言葉も耳から逃すな。
博く知識を求めよといふ也。

（七九五）一度糞をした犬は、生涯其處に糞をする。
習慣の恐るべきを云へる也。

（七九六）あまりものを惜むと、犬の糞になる。
世間にある話なり。吝嗇の者他よりの到來物を人に與ふるを吝み藏ひおき、遂に腐らしめ犬も食はずに終らしむ。又某地方には「犬に食はせやうと粥を作る」ともいふ。

（七九七）走る馬にも鞭を加へよ。

順境に在りても油斷すなと云ふ也。

（七九八）豆を蒔いた處には豆が出來る。小豆が出來様か。

因果の理を說ける也。

（七九九）私の鼻が三尺曲ッた。

人が自分に對して、多忙なれば手助してくれと依賴せる時に、自分も忙しいと答ふる場合等に使用す。

（八〇〇）知てる道も聞いて行け。

愼重なるべきを敎へしなり。

（八〇一）いたづらな犬の鼻尖に疵の絶え間がない。

意明なり。

（八〇二）糸の様な蛇が大海を濁らすことが出來るか。

似非豪傑を笑殺せる也。

（八〇三）十年續いた勢道もなく。十日奇麗だつた花もない。

人事の瞬時なるを擧言せる也。

（八〇四）躍る奴の上に飛ぶ奴がある。

世間は廣し、慢心を去れと云へる也。

（八〇五）鹽食つた奴が水を飮む。

前科者が多く惡事をなすといふ也。

（八〇六）墨に近けば黑くなる。

意明なり。

（八〇七）船賃のない奴が、一番先きに船に乘り込む。

人世の笑態を寫せる也。何處の入學試驗にも出來相の顔したものの合格したるためしなし。

（八〇八） 盜賊は自分の脚が痲痺する。

一夜に、數十里の險道をも走り了《おほ》する盜賊の、惡運竭きて捕へられんとするや、其の健脚自ら痲痺して遂にをめ〳〵名もなき捕吏の手に落つ。

（八〇九） 狂夫が虎を捕へる。

虎を捕ふる者狂夫の外にあらんや。武松の虎を搏殺せしも其の醉時なりき。

（八一〇） 早年の難儀は、銀を出しても買ひたい。

艱難汝を玉にす。

（八一二） 下手な料理人は、朴の木の俎板《まないた》を怨む。

罪何ぞ俎板にあらんや。

（八一三） 鴟《みゝづく》の聲でも、自分では善い聲と思つてる。

人間の自惚を言へる也。

（八一三）熟した飯はまた生《なま》には還らぬ。

意明なり。

（八一四）燈盞の下は暗い。

意明かなり。

（八一五）釜の中に在る豆も煮てこそ熟す。

圓石も力を加へざれば轉ぜず。

（八一六）針盜賊が牛盜賊になる。

小悪の長じて大悪となるを云ふ也。

（八一七）火に驚いた奴は火搔棒にも驚く。

意明かなり。

（八一八）男やもめに虱が三升、女やもめに銀三升。

意明かなり。

（八一九）秋の雨は祖父の髯の下でも避《よ》けられる。

直に霽るるを云ふ也。

（八二〇）秋の暑さと老人の健康。

當てにならぬを云ふ也。

（八二一）馬鹿にした草で目を突かれる。

油斷大敵。

（八二二）妾が死んだ時の本妻、本妻が死んだ時の妾の零《こほ》す程の淚。

極少の形容也。

（八二三）啞が胸の病氣になる。

心中の煩悶訴へんとして訴ふる能はざる形容也。

（八二四）何も出來ない奴は家門丈尊い。

自身は鈍才無能なれば、徒らに先人の遺したる家門のみ高きなり。

（八二五）狎れた斧にも足を切る。
意明かなり。

（八二六）十人の匙が寄ると一盤になる。
小集まれば大を成すを云ふ也。

（八二七）大巫が在れば小巫は舞はず。
日在れば月出でず、及ばざるを恥づる也。

（八二八）祈禱はしたいが、嫁が巫女の舞のまねをして舞ふが憎らしい。
嫁の舞ひが案外に上手なる時は、平素憎い彼女が猶憎ければなり。腹黒き人むものに對する心を云へる也。

この國は男女の差別過厳にして、女は深閨に籠居すれば、心愈々陰に、意念く、自然に嫁姑の間も表面に絶對的命令服從の有様を裝ひながら、內心姑ふき、相鬩くこと今の我が家庭以上なるが如し。然かも双方共世間知らずの者共なれば、其の爭ひや頗る兒戲に類し、其の爭因や抱腹絕倒に價するものなり。今この國の俚話一題を記して之を說明せん。

嫁達の姑の惡口

嫁と姑の仲の圓からぬは何れの國もおなじけれども、とりわけこの國の如く全く一般の世の中とかけ離れたる內房にのみ蟄居する女達は、愈々其心根も狹くなりて互に氣をまはし合ひ、僻《ひが》み合ひ、姑は嫁を不順と云ひ、嫁は姑を苛酷と云ひ、互に角を撞き合ひて平穩なる內房はこの國には稀なりとか。

これも姑に心平かならざる若き嫁共三人打寄りたることありけり。其の內の一人の嫁は口突出して語る樣は。我が姑ほど世に口矢釜しきはあるまじ。いつぞや我か火鉢に海苔を炙らんとて、載せたる儘にて立行きたるに、姑見付けて我を不注意なり、やり放しなりとて烈しく叱れりとてさもくやし氣に打怨ず。一人は之に負けず。我が姑もいかで御身の姑に譲るべきかは。嚴しきこと實に言外なり。先きの日我衣に火熨斗かけゐたるに、其の柄《え》少しく緩くしてやゝともすれば拔けんとすれば、丁度其處に寢轉び居玉へる舅の額にて、輕くこん〳〵と叩きて柄《え》を緊かり入れむとするに、姑見咎めて火の付く如く呵りたりと體を揉みてくやしがる。第三の嫁もいふ樣、我が姑も左迄にあらぬ事に口汚く罵ること汝達の姑に露劣らず。いつぞや我れ道袍（日本の今の衣の如く袖濶き袍にて昔學者達着たり）の縫ひ型の二三片を隱したるに、型何處にやりしぞ、一ッだに失ひては道袍は縫へぬにあらずやとて、打たん許りにたしなめたりとて、涙落す許りに打罵りたりきとぞ」

（八二九）三間の草屋の燒けたのは惜しいが、南京蟲の燒死んだのが嬉しい。

又或地方には、三間の草屋の代りに寺と云ふものあり。

人の憎惡心は時に利害心を凌ぐことありと云ふ也。

（八三〇）生涯よく働いた手を棺の外に出して葬る。

餘り惜しき爲なり。され共實際には之を反對の意味となして、餘り不器用なるを嘲笑する場合に使用す。

（八三一）角をなくした牛の相。

面相の滑稽なるを笑へる也。

（八三二）鷄卵に骨がある。

此諺は俚話其の本をなせり。左に書す、

鷄卵有骨

今は昔、この國の何れの王の時にかありけむ。家柄正しき一人の兩班の、運いと〳〵拙きがありけり。才藝さ迄劣れるにはあらね共、何の官職に就きても不圖《はからざ》る禍災の爲に累せられて解職さるゝことゝなり。終に一家枵空として懸磬の如くほど〳〵朝夕の烟も擧げかねたりき。され共流石に系圖貴き家なれば、誰か取持つ人のありて、彼の蹇運の事共細に奏上したりしかば。王も知らざるにはあらぬ者なればいとゞ不憫に思し召して暫し打案じて云はるゝ樣。誠に運拙き男なり。されども今俄かに功もなきに高位に登用せむも事難し。又内帑の金物を賜ふも人の思はくも妙ならず。此に一法あり。明日夜明けてより夕、太陽沒する迄の正一日、都の南大門に入り來る商賈の賣物は悉く彼に買ひとりて與へむ。この旨早々彼に傳へよとあれば、其人も奏上の甲斐ありとて急ぎ彼に云ひきかせて其の翌日明くるを遲しと南大門に立ちて、あはれ金目の品物を持ち來る商人の入來れかしと待つに。この日は如何なる奇日ぞや、往さ來るさ織るが如き京城第一の大門が、絕えて商人らしき者も入來らず。空手打振る暇人か、さなくば警護嚴めしき兩班の行列位にて、はや晩鴉南山の杜に鳴き騷ぎてこの日も暮れなむとす。彼熟々薄命のほどを浩嘆し。いざ家路に歸らんとする其の間際に、彼方より貧相なる田舍者鷄卵箱を脊に負ひて、たまご〳〵と呼來れり。切めて是なりとも持ち歸らむとて呼止めて王命のほどを云ひきけ、其の卵全部を我家に持來らしめつ。やがて晩餐の料にとて割り見たるに、こは如何に殼の内は堅き〳〵骨許りなり。こはおかしと又一個割り見るにおなじく骨許り。更にいくつも〳〵割り見るに、何れも白身黃身は少しもなく、鷄の骨とも見分かぬ異樣の骨共ばら〳〵とこぼれ出るのみなりしとぞ。

（八三三）招《よ》ばない客が來る。
意明かなり。

（八三四）祈禱に心は入らないが、お供《そな》への餅に心が動く。
僧尼の心賤しきを云ひ表せる也。

（八三五）祈禱でも見物し、餅でも食ひなさい。
入らぬことに口を出す人をたしなめる辭。

（八三六）翳《かげ》に日の當ることもあるし、日向の翳になることもある。

人の運の轉變するを云へるなり。

（八三七）水に水を混ぜ、酒に酒を混ぜる樣だ。
混和の極めてよきを云ひ表せる也。

（八三八）牛の角も一本づゝに違うし、念珠の玉も一つ〳〵同じくない。
人の意見は其の面の如く相異るを云へる也。

（八三九）青紗紗に糞を包む。
儀表堂々として心賤劣なるに譬ふ。

（八四〇）十本の指は何れを噛むでも痛くないのはない。
數多き子供を持ちたる親心を云へるなり。

（八四一）泣きながら芥子を食ふ。
女の泣きながら淨瑠璃をきくが如し。

（八四二）八十になつて出來た男の子。

非常に子を愛する者の嘲笑的形容語なり。

（八四三）片輪者は一人も美しい心のものはない。

體完からざれば心亦完からず。

（八四四）あべこべに紅《べに》。

我が云ひ出さんと思ひし攻撃の語を、反對に相手より云ひ出されし意也。

（八四五）自分の娘は美しい。

世に我が兒美しく見ざる人あらんや。

（八四六）娘三人持てば家が亡びる。

女尊男卑にして、女子の貞操を嚴責して離婚を容さず再嫁を許さず、少しく前迄は再婚婦の出なる男子は官吏たる特權を剝ぎし程なるこの國の社會習慣は、嫁せしめたる我娘か、若しや先方に氣に入らぬかと、里方は日夜心休む時なし。されば、結婚當時の婿に捧ぐる衣服に心を盡すは勿論、數多の子供の母となりても、猶其の日常衣服迄も贈り詰《つ》めざるべからず。娘の里返りは泥棒家に入り來るなりとの笑語さへある位、娘多き家の困難實に名狀すべからず。娘は常に母の係りにて、母は家政に絶對無能力者なれば、現在主人の懐《ふところ》如何なるか、家産幾許あるか等は全く無關心にして、唯だ我が娘可愛いと、この國の女性に通性なる負じ心とに、計算なく物資を送り與ふるなり。韓語の子供《アヘ》と云ふ語は、男兒のみを意味し、女兒は含まず。亦た以てこの國の如何に女兒の出生を厭ひ、又之を賤むを見るべし。

又「娘三人持てば夜戸を開けて寢る」ともいふ。取らるべき物なければ閉ざす要なきなり。

（八四七）　死んだ子供の陰莖をいぢる。

死兒の年を數へるより猶緊切なり。

（八四八）　空手で來て空手で歸へる。

空來空歸が人間の分なり。何を苦むで錢を吝むや。死後の萬金何にか爲すの意也。

（八四九）兩班か二兩半か。

兩班《ヤングバン》は貴族なり。而して同音語兩半《ヤングバン》は一兩半卽三錢也。されば貴族は三錢と同語也。かの階級制度の壓制に苦める平民は、常に貴族に對して憤惋の念に堪へず、機會あれば之を輕蔑し嘲笑して聊か自ら快とす。されば其の語三錢と同じきを機として、「貴族は三錢《ヤングバン》だ」と云ひたけれど、かくては餘りに露骨にして蘊蓄の妙に乏し。因て「兩班か二兩半《トーヤンクバン》か」と綾《あや》を付けしなり。「何彼奴が貴族だと、貴族かい、五錢かい」といふものにして痛快骨に徹すといふべし。

（八五〇）神仙の遊戲を見物して斧の柄が朽ちる。

意明なり。

（八五一）蟲の湧くのが嫌《いや》で味噌を作られぬ。

味噌は早く蟲が湧く物なり。され共家に必ず作らざるべからず。之を作らざるは咽《むせ》ぶに懲りて食を廢するの愚なり。

（八五二）五六月の風も吹けば冷かなり。

陰曆五六月は盛暑なり。

（八五三）前に尾を振つた犬が後に嚙む。

人情の反覆を慨せるなり。

（八五四）寺小屋の狗は三年立てば詩文を能くす。

人の才鈍きを笑へる語なり。

（八五五）雪上霜を加ふ。

泣面に蜂。

（八五六）快樂多き所には虎あり。

意明かなり。

（八五七）飛べば蚤、翔れば蠅。

うるさく嫌らしき者は蚤と蝨の外なければなり。

朝鮮人の南京虫より蚤を畏るゝもおかし。

（八五八）鳥の脚に血。

極少の意也。

（八五九）皮あればこそ毛が生へる。

意明かなり。

（八六〇）土を攫むで水練《すゐせん》。

意明かなり。

（八六一）虎の口に生肉。

上戸に酒。

（八六二）京城へ往てこそ科擧に及第しやう。

科擧は天下の至難事也。京に赴きて之に應ずるも及第固より不定也。され共受驗せんとて京に往ける人は。猶發程せずして田舍にある人より幾歩か及第すべきに上れる人といふを得べし。同意の諺尙外にあり。

（八六三）打つて見たに妻の兄弟。
意明かなり。

（八六四）稻積の鼠。
害をなすの甚しきを云へる也。

（八六五）燈火に蝶。
意明なり。

（八六六）大きな爐に點雪。
大借金に編笠一盞の意也。

（八六七）虎の居ない洞には狸が虎になる。

意明かなり。

（八六八）黑闇に拳を出す。

意明なり。

（八六九）怜悧な猫が遠目が疎かつた。

猿木より落つの意。

（八七〇）松の木を培養して亭子《ちん》を作らう。

亭の成る何日なるを知らず餘りに遠き經營を云へる也。

（八七一）猫が見た鼠。

意明かなり。

（八七二）虎を養つて患を遺す。

意明かなり。

（八七三）瓮《かめ》が惜しさに鼠を打たない。

意明かなり。

（八七四）惡い犬を却りて眷顧する時もある。

意明かなり。

（八七五）字を識るは患を増す也。

意明かなり。

（八七六）他人の過失を云ふことは冷粥を食ふ樣だ。

極容易なるを云ふ也。

（八七七）他人の大病は自分の頭痛にも如かず。

意明かなり。

（八七八）半分を始めとせよ。

意明かなり。

（八七九）愚者は多言なり。

意明かなり。

（八八〇）十人の男壻は憎らしくないが、一人の小姑が悪らしい。

婦人の心を云へる也。

（八八一）泉の傍に渇死する人間。

意明かなり。

（八八二）脾胃が臭虫を生食する程健なり。

臭虫は味噌に湧く小蟲なり。

人の肚裏極めて険悪なるをいへるなり。臭虫を生食すれば腹亦臭なるべし。

（八八三）田の溝を枕にして死する奴。

亡命して死すべき奴の意なり。

（八八四）一身二チゲを負ふを得むや。

チゲは機械なり。鮮人物を擔ふに用ふ。一人必ず一なり。

（八八五）衙目の杖は人皆之を有す。
油断を戒むる語なり。

（八八六）野菜になる草は三月から既に判る。
仙檀は双葉より芳しの意也。

（八八七）千金で家を買つて八百金で隣を買ふ。
其角の句に曰く梅が香や隣は荻生總右衛門。士は住むに隣を観る。

（八八八）盛りたる水は色に従ふ。
色に従て染まるを云ふ也。

（八八九）睡つてる虎の鼻を衝いて起す。
愚の極を云へる也。

（八九〇）速く往かうと思へば達せられぬ。
急がばまはれ。

（八九一）血を含むで人に噴懸けやうとすれば、先づ其の口を汚す。

人を斫らば穴二つ。

（八九二）一口に二言をする奴は、三千六人の父を持てる子だ。

虚言の極めて惡むべきを云へるなり。虚言を意とせざるこの國の社會の反射的產物なり。

（八九三）民の口を塞くは川を塞くより困難なり。

意明かなり。

（八九四）隻掌鳴らんや。

意明かなり。

（八九五）全痴は妻を誇り、半痴は兒を誇る。

而して近來全痴何故にしかく多きや。

（八九六）天を仰いでこそ星を摘まめ。

京城へ往てこそ科擧に及第せんと同意なり。天を仰ぐ人は地に俯する人よりも星を摘まむべき道に一歩進める也。

（八九七）脣亡ふれば歯寒し。

意明かなり。

（八九八）南蠻辛は乾いた奴が猶辛い。

身躰の矮小なるも笑ふ勿れといふ意也。

（八九九）山に往つてこそ虎も捕へめ。

第八百九十六と同意なり。

（九〇〇）食はれない茸《きのこ》は三月から生へる。

大器晩成の反對なり。

（九〇一）一尺織るにも機織機械は皆備へにやならぬ。

意明かなり。

（九〇二）蟹を捕へて水に放つ。

又「魚を捕へて水に放つ」ともいふ。勞力の徒なるをいへるなり。放さんとならば捕ふるに及ばじ。

（九〇三）魚網を張つたら鴻の鳥が罹つた。

意明かなり。

（九〇四）一女怨みを呑めば、六月に霜を飛ばす。

民の恐るべきを云へるなり。

（九〇五）七年の病に三年の艾を求む。

意明かなり。

（九〇六）粉商人が歩けば颶風が吹き。鹽商人が歩けば霖雨至る。

人生生憎の事多きをいへる也。

（九〇七）雀は死する時もジャクと鳴くのみ。

死を大事とする勿れといふ意也。

（九〇八）　鄕廳より門を閉ぢよと叫ぶ。

鄕廳は郡衙の宿直下人の居る所なり。されば大廳よりこそ閉門の令出づべけれ。手で下人室より此令出づべけん。上下不相應なるを云へる也。

（九〇九）　虎を捕へに行つて兎を捕へた。

意明かなり。

（九一〇）　棒を削つて居る中に盗賊はもう逃げた。

意明らかなり。

（九一一）　枯木に花が咲く。

意明かなり。

（九一二）　蔓より落ちし丸い瓠。

又は南瓜が落ちたりともいふ。

頼の綱に離れし意なり。

（九一三）唐辛は大きいので辛からうか。

意明かなり。

（九一四）陷穽に落ちた虎、罟《あみ》に罹つた魚。

意明かなり。

（九一五）天に棒を吊すつて。

不可能の事を云へるなり。

（九一六）糞は怖しい爲に掃除するにはあらず。

意明かなり。

（九一七）雷鳴する日に飛廻る犬の樣だ。

あわてものを形容せるなり。

（九一八）祈禱をしたと云つて安心するな。

意明かなり。

（九一九）蛇も己が體を打たるれば嚙むと云ふ。

弱者の氣力を云へるなり。

（九二〇）水は己が谷を流れ行く。

因果の理を説けるなり。

（九二一）犬の頭に冠。

意明かなり。

（九二二）盲者が阿呆駄羅經誦《よ》む樣だ。

徒らに口數多くして要領を得ざるを云ふなり。

（九二三）聾者他處に向て返事する。

意明かなり。

（九二四）唯《たゞ》一つの物は燧石《ひうちいし》許り。

燧石は近き前迄百姓の必携品たり。貪洗ふが如く何も彼も賣り拂ひてこれ一つ殘りたるなり。

（九二五）牛の睪丸が落ちたら、拾つて燒いて食はふと、薪を抱いて後から跟いて行く。

實に奇想天外と云ふべし。か丶る奇言はこの國人に非れば決して發する能はず。如何にも呑氣なる、氣長なる、勤勞を嫌ふ、この國遊惰の民の愚さを道破せり。

（九二六）死んだ子の目を開けて見る。

意明かなり。

（九二七）瓶既に破れたり。

詮なしの意なり。

（九二八）力の多い童子を得んと思はず、言葉の巧なる童を得んと思へ。

この國如何に言語を重ずるかを知るべし。

（九二九）十八して食べて九人死すとも知らず行く。

人の利己心を發露したるなり。九人死すとも我一人死せざれば平然として食しつゝ往くなり。

（九三〇）罪のない墓が石に打たれて死んだ。

墓は石の間に潜む性を有す。命如何ともすべからざるを云へるなり。

（九三一）山の神の祭物の上に鵁斯《いなご》が飛廻はる。

墓を定むれば先づ其の山神を祭る。祭りは神聖事なり。され共無心の螽斯の其の上に翺翔するは如何かせん。

（九三二）三年水汲をしたが、剩す所は水桶を掛ける掛金許りだ。

こは平壤の俚諺なり。平壤は井水皆惡しく飲料水は大同江より斟む。汲水軍なる勞働者之に從事し、日夜江より汲みて民に售る。固より賤業にして又利少し。

水を汲むに肩に擔はずして背に板を負ひ之にテンビン棒を横へ、棒の兩端に掛金あり、水桶之に掛り調子を取りて腰を以て荷ひ行くなり。

（九三三）鐵食つた糞は腐らず。

惡事必ず暴露するの意也。

（九三四）沈默は無識を免る。

意明かなり。

（九三五）鼠を打たんにも皿を惜む。

意明かなり。

（九三六）賢なる女は愚なる男に及ばず。

東洋の通有思想と見ゆ。

（九三七）十年の勉學一時に忘却す。

吾人の經驗する所ならずや。

（九三八）他人の大病は我が風邪程にも苦にならず。
意明かなり。

（九三九）鯨の網に蝦が掛つた。
意明かなり。

（九四〇）東風に甘瓜の番人の太息、
甘瓜は東風に損害を受くること甚し。青菜に鹽の意也。

（九四一）袋に入れた錐。
意明かなり。

（九四二）崖岸《がけ》を行く歩み。
注意深き歩み振りの形容なり。

（九四三）泥濘甚しき日に犬にぢやれらるる如し。
犬の足必ず泥まみれなれば何人も困却す。

（九四四）盲人が家の入口を誤らざる如し。

意明かなり。

（九四五）水に落ちた人の意外の能を示せるに喩ふ。小鼠の樣な形。

水に落ちたる小鼠は如何にも見すぼらし。

（九四六）汝の牛の角突かずば、我が土墻破るゝことあらんや。

人間の他人を咎めむとする癖を云へるなり。我が土墻自然に崩れたるも、之を隣家の牛の罪となして咎むるなり。

（九四七）海濱の犬は虎を畏るゝを知らず。

砂糖も甞めてこそ甘きを知らむなり。

（九四八）昨年溜つた涙が今年落つ。

意明かなり。

（九四九）虎尾を握れば放つ能はず。

妙語。

（九五〇）鵲が朝の喜びを報ずる。

意明かなり。

（九五一）道を畏るゝものは虎に逢ふ。

意明かなり。

（九五二）墨に近けば黒くなる。

意明かなり。

（九五三）水に慣るゝものは溺れる。

意明かなり。

（九五四）水を見るの鴻鴈。

（九五五）花を見るの蜂蝶。

二諺共に喜悦の狀を形容せるなり。

（九五六）冷水に歯を折る。
おかしくてたまらぬを云ふ也。
（九五七）平地に居て落傷する。
意外の事に失敗したる意味也。
（九五八）夢に見るの錢。
意明かなり。
（九五九）燈の後は大いに明かるし。
燈下不明の反對也。
（九六〇）夜半は無禮なり。
夜半既に寐ねては無禮なるが多きをいへるにして、禮も夜半迄なりの冷笑意を含む。
（九六一）壁馬が遠行す。

あり得べからざるに譬ふ。

（九六二）飯中に餅を添ふ。

雪上の霜と同意也。

（九六三）啞者が蜜を食ふ。

甘きを言はんとして言ふ能はじ。

（九六四）東を問へるに西を答ふ。

故意か無意かは問ふを要せず。

（九六五）金氏飲みて李氏醉ふ。

意明かなり。

（九六六）小福は勤勉なれば得られ、大命は到底防ぎ難し。

大富貴は天命にして人力關せざるをいふ。

（九六七）人老ゆれば智にして、物久しければ神也。

意明かなり。この國の風俗よく露はれたり。

（九六八）惡人は當に之を避くべし。

惡人に抵抗するは愚なるを云ふなり。

（九六九）晝出るお化け。

恐るゝに足らさるに譬ふ。

（九七〇）お膳の下で、匙を拾つたといふ。

おかしからずや。され共鳥を買つて打つたりといふ獵者今在り。

（九七一）他人の宴會に梨を出せ、柹を置けと世話燒く。

干涉のおかしみを云へるなり。

（九七二）雪を擔いで井を穿つ。

雪を以て水を造るは太容易なるに、更に井を穿つの愚を笑へるなり。

（九七三）他の婿が出たり入つたり。

我婿の來るは婦女皆喜ぶ。然るにこは他人の婿なれば何の役にも立たぬを云ふなり。

（九七四）色の好い狗杏。
狗杏は食すへからさる惡杏なり。

（九七五）匏《ふくべ》を戴いて雷を免れんとす。
蚩愚を笑へるなり。

（九七六）足の疾《はや》いものが先づ得る。
優勝劣敗に譬ふるなり。

（九七七）呉楚の興亡我が知る所にあらず。
農夫太平の夢圓かなり。

（九七八）荊山の白玉塵土に埋る。
意明かなり。

（九七九）口は曲つて居ても笛吹くことは上手だ。

意外の才を有するを云へる也。

（九八〇）老僧が墨を磨る。

老僧無事の様子を云へるなり妾犹をぢやらすと同意なり。

（九八一）蘇秦も言ひ間違ひあり。項羽も落傷することあり。

意明かなり。

（九八二）人に物乞ひには他人と一所には行くな。

分前を取らるればなり。

（九八三）天が崩れても牛の逃出る穴はある。

萬事窮すとも失望する勿れといふなり。

（九八四）赤兒が乳を強請《ね》だる様だ。

意明かなり。

（九八五）八日に八里行く。

朝鮮の一里は日本の十分一里なり。されは歩の遲きをいへるなり。

（九八六）天下の啞者《おし》が皆もの云つても、お前は默つて居ろ。

無用の押出口をなす人を戒むる意なり。

（九八七）中庭に鷄が歩く樣だ。

女が美の誇を現はして歩く形容なり。

（九八八）これた價でまア餅といふのさ。

餅たる程にまだ出來ざるものなれ共、流石にこねたるものなれば、これでも餅といふべきか餅として喫せんかといふなり。

（九八九）月は無足にして歩み、風は無手にして葉を摘む。

意明かなり。自然の擬人法。

（九九〇）城門に火を失すれば殃池魚に及ぶ。

意明かなり。

（九九一）道傍に家を建てやうとすれば、三年經ても出來ない。

通懸りの人々彼此と批評して、幾度も〳〵直さしむるが爲めなり。

（九九二）虎の威を借る狐。

意明かなり。

（九九三）桑も龜も言を愼まずして殃に罹れり。

魏の曹操軍中の傷藥は東海の大龜に如くものなしときゝ、壯夫を遣はして之を捕へて都に運せしむ。途に大嶺を過ぎ少憩す。龜此時獨語して曰く。何の薪を用ひて燒くとも我は死せずと。此時其の傍に生したる淩天の大桑樹笑て曰く、我を以て焚くとも死せざるかと云ふと。壯夫の一人は私かにこの問答を聞けり。曹操命して龜を燒かしむるに果して甲堅くして燒けず。萬貫の薪を盡して依然龜は活けり。彼種々其の法を徵すれども知る者なし。此時一壯夫彼の大嶺上の龜桑の言を檍出し、大桑を斬り來らしめ、之を薪となして焚くに龜終に死せり。故に桑龜共に愼言せざりしが爲に終に身を亡ほせりと云ふ也。或は吳の孫權とも云ふ。

（九九四）丈夫の一言は千年改まらず。

意明かなり。

（九九五）守口如瓶、防意如城。

意明かなり。

（九九六）千雀は一鳳に如かず。

意明かなり。

（九九七）蚊も集まれば雷鳴をなす。

意明かなり。

（九九八）齊を伐つを名となす。

春秋戰國時代道を假りて虢を亡せるとをいふ也。

（九九九）口猶乳臭あり。
意明かなり。

（一〇〇〇）亦逐中に在り。

李斯の故事。傍杖を食ふに用ふ。

（一〇〇一）我が足は嫡子より優れり。

我足自身歩き廻はれば以て我を活かすべし。我が嫡子の我を扶助する務あるも、到底我足には如かず。

（一〇〇二）餘り前に伸し過ぎたる腕は肩にて裂けん。

前まはりして人を探るものは却て失敗すといふ也。

（一〇〇三）詩吟して居る。

鮮人の詩吟は徒らに長漫なり。されば何の用もなきに長坐懇談し居る人を云ふ。

（一〇〇四）我毛を抜いて我が孔に刺す。

各嗇漢の形容なり。一毛を拔いて人に與へず。

(一〇〇五) 甕商人が九々をする。

古話に甕商人が街上其の未來に商利を積み行くの計算をなし、終に大利を博して妻を迎へ、又妾を迎へ、妻妾相爭ふに想到し、仲裁する眞似をなして、甕に手を觸れて、大事の甕を皆覆して破壞せりといふ也。

(一〇〇六) 何ともない脚に針をする。

意明かなり。

(一〇〇七) 寐て得た病氣。

寢て翌朝覺むれば病氣を得たり。意外の禍をいふなり。

(一〇〇八) 病氣になつたら死ぬだらう。

不妥當の推理を云へるなり。

(一〇〇九) 雉子を食ひ又雉子の卵を食ふ。

貪者の食ひ盡すを云へるなり。

（一〇一〇）井戸《ウムルコネ》遊びは初手一番で勝負が極まる。

井戸遊びはこの國小兒の遊びにして、圖の如く四方形の地に對角線を劃し、其の作れる三角形の一に井戸を書き。ab $a'b'$に雙方の駒をおき、必ず互に一度に其の駒の一つ宛、aa'の一邊を除いてab、bb'、$a'o$、bo、$b'o$等に動かしあひ、相手の駒を封じ込みたる方を勝とす。但し初手第一着に於て駒をoに置くことを禁ず。何となれば若し此處に初の一番にa又はa'の駒を置く時は、既に相手の駒は往き方なく封じ込められ、勝負其の場に決すればなり。この俚諺は卽ち之を云へるものなり。されば世間の初の一手を以て決着する事に應用して使用す。

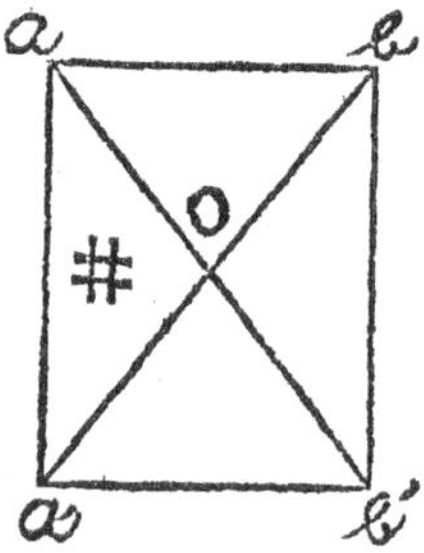

（一〇一一）打つ眞似をすれば泣くまねをする。

社會は皆演劇なり。

（一〇一二）走馬に鞭つとも慶尙道迄一日で行かれるか。

日夜營々たる人の大成功なきを笑へるなり。

（一〇一三）上下再皆及ばず、名許りの石崇になつた。

彼をせん此をせんと志して皆失敗し、畫餠に飽く身分となれる意なり。

（一〇一四）虎を殺す刄で犬を殺すが如し。

意明かなり。

（一〇一五）伯母が死んだら豐年になつた。

伯母の遺產を相續したるか、然らずば矢釜し屋の亡くなりしを祝へる也。

（一〇一六）蛛の網で屁を縛す。

縛し得ざる也。

（一〇一七）姑を怨みて狗を打つ。

姑は到底嫁の手を下すべきにあらざれば、切めて畜狗でも打ちて鬱憤を遣る也。

（一〇一八）友に隨てならば江南迄行く

江南は幾萬里の遠き異國なり。同心の力强きを云へる也。

（一〇一九）死後の文章の名。

文章の二字はこの國にては二様に用ひらる。一は所謂日本の意味における文章なり。他は學者の文章に巧みにして當代の文柄を秉れる者の稱呼なり。この國は古來文學を尊びたれば文章は宰相と匹敵すべく、其の淸高寧ろ宰相を凌ぐ。かく尊崇すべき盛名も、死後には詮なしといふ意なり。

（一〇二〇）食つて而して餓死す。

俸給多くして而かも家族常に菜色あり。

（一〇二一）人の脇を押へて無理に拜せしむ。

今の日本の大官貴族にもかゝる不通者多しとか。

（一〇二二）亡妻の夫死後の婿。
憑依する所を喪へる喩なり。

（一〇二三）父は子が己より勝れたと云へば喜び、兄は弟の方が勝れたと云へば怒る。
兄弟は緣濃かなるも親子の親しきに及ばず。

（一〇二四）舊官は名官。
觀察使郡守の交代の時、登任者を新官、解去の人を舊官といふ。舊官の名官なるは無益なり。され共在任中不名官にして舊官となりて名官となるも中々に尠からず。是紀恩碑の多く建ちし所以。

（一〇二五）祭物に梨を忘れた。
最肝要なる物を忘れたる也。

（一〇二六）腰折の虎。

虎は恐るべきが、腰折れては猫に劣れり。有爲の士も之と異らず。故に古人云へり是腰不一屈と。

（一〇二七）死兒を負ふて來往す。

憐むべく又笑ふべき形容也。

（一〇二八）盲馬に乘じて絶壁を過ぐ。

無法なるの譬なり。

（一〇二九）放蕩息子の發心は三日。

意明かなり。

（一〇三〇）大家は傾いても三年は支ふ。

意明かなり。

（一〇三一）鸚鵡はよくものを云ふが矢張飛鳥だ。

人物の眞價は模して增減すべからず。

（一〇三二）一片石を避けんとして數萬石に當る。
小事に堪ゆる能はずして一家凍餒に陥らしむ、その人多くこの類なり。

（一〇三三）往かんには泰山、返らんには升山。
升山も險山なり。進退維谷まるの意なり。

（一〇三四）僧の頭に髷げ。
意明かなり。

（一〇三五）冬至頃に野苺《いちご》。
あり得べからざるを云へるなり。

（一〇三六）糞をたれた奴は逃去つて、屁をした奴が捉まつた。
元兇法網より漏る。

（一〇三七）四十になつて始めて足袋を穿く。
田舍者を笑へる也。田舍者は大抵年中素足なり。

(一〇三八) 猫が鼠を思ひ出す樣だ。

意明なり。

(一〇三九) 國王も老人を優待す。

老人の優待すべきを云へる也。

(一〇四〇) 我村の內の、外の家の蚤が來て嚙むだ。

己が家の蚤も他家より來れりと云ひたきが人情なり。

(一〇四一) 絹のあこめが躍り出すと、布のあこめも踊り出す。

大魚躍れば小魚も躍るの意也。

(一〇四二) 鯉と鮒が來ると、目高奴《め》も己も魚だと云つて來る。

前諺と同意なり。

(一〇四三) サドンが話をするに、米粒を溢《こぼ》したこと迄言ひ立てる。

嫁の方の親類、壻の方の親類を相互にサドンと云ふ。

穴探しのやり較べをするなり。

（一〇四四）汝の口は大籠の樣に廣くとも話はするな。

意明かなり。

（一〇四五）矮樹が實を結びぬ。

意外なり。

（一〇四六）食つちや寢、食ちつや寢する食虫も、亦福を持つて生れた。

意明かなり。

（一〇四七）如來樣も十干十二支を數へて御座るか。

如來の像の指の有樣を見て云へる也。干支は人の運命を知るに使用す。

（一〇四八）まづい餅を喫べ樣として旨い餅を喪つた。

意明かなり。

（一〇四九）乾いた木から水が出やうか。

窮民を誅求すれば血出でむのみ。

(一〇五〇) 盲者が顚ぶと杖が悪いと云ふ。

意明かなり。

(一〇五一) 水にはまつた人を救ひ上げたに網巾價をくれと云はれた。

網巾とは額に當つる馬尾もて編みたるものなり。

水に穽まれば網巾濕らん。されば拯ひ上げたる序に更に其の價を要求せるなり。

慈善をなして却て損を受くる場合を擧言せるなり。

(一〇五二) 絹の衣物を着たとて、肩を聳やかして見せびらかす。

常に綿服の外着けざる人なるべし。

(一〇五三) 僧侶が肉を旨しと云つて、村に下りて牛を縛つた床板を嘗《なめ》る。

他人の古物を大黒にする時卽ち是れなり。

(一〇五四) 凍つた足に溺《いば》りす。

一時の効能のみ。終に効なしの意也。

（一〇五五）折れ刀の柄に漆を塗る。

無用ならずや。

（一〇五六）金剛山の見物も食後にこそだ。

金剛山は天下第一の景なり。され共腹減りては賞玩する者なし。

（一〇五七）人の長き《たけたか》は德にして木の長きは害也。

長木は伐らるゝこと早し。

（一〇五八）我が錢三文は他人の錢四百圓より優れり。

痛快。

（一〇五九）柘榴は落ちても、落ちない柚子を羨みはしない。

己惚心の强きをいへるなり。

（一〇六〇）いくら逐はれても靴を脫いで往かれやうか。

この國の人は決して跣足せず。

（一〇六一）聰明は鈍筆に如かず。

如何に聰明なるも、鈍筆の書き記しおくよりは正確なるを得じ。

（一〇六二）甲を怒つて乙を怨む。

力弱き人多く然り。

（一〇六三）小鳥の網に雁が罹つた。

意明かなり。

（一〇六四）吊られて居る犬が臥て居る犬を笑ふ。

未決囚馬車に乘れる者が、徒歩者を笑ふが如けん。

（一〇六五）一文の商ひに、二文損して賣つても賣ればこそ商賣だ。

兎に角金になりさへすれば可なり。鮮人は今尙この主義の者あり。

（一〇六六）貧乏したら都へ出て住め。

田舍にて貧しくなりしものは、家畑を賣りて都に出て、力役するはこの國の風俗なり。

（一〇六七）一文も持たない奴が二文持て居る風をする。

金は見懸けよりも少なきが常則なり。

（一〇六八）先生の前で本許めくつてる。

昔のこの國の書堂にては朝より晩迄音讀なり。されば終に兒童等も飽きて音讀は實際せず。唯口を動かして衆と共に本をめくるのみ。

（一〇六九）喧嘩は調停して、商相談は成立する樣にしてやる。

これ人情の至當ならずや。

（一〇七〇）食鹽を荷て水に入るも我が考へ次第なり。

獨立獨行の尊ぶべきを云へる也。

（一〇七一）豆腐一丁を七文宛で買て食ふも、我が斟酌(考ヘ次第)。

前同意。

(一〇七二) 石も十年チットト見てゐると穴が明く。

精力主義者の咒文となすべし。

(一〇七三) 家門の德で尊敬される。

意明かなり。

(一〇七四) 魚魯は辨別出來ず。

意明かなり。

(一〇七五) 岩上の狗跡。

跡着くべき筈なし。

(一〇七六) 鄕に入つては鄕に從へ。

意明かなり。

(一〇七七) 糞をたれてゐる友が勸酒歌を歌ふ。

勸酒歌はこの國の宴間妓生の歌ふ歌なり。其の中に牧童遙指杏花村等の句入る。勸酒歌如何に酒興を助くと雖、脫糞者之を倡へなば何かせん。

（一〇七八）少し宛食へば小さい糞をたれるか。

何ぞ然らん。

（一〇七九）京城へ往かうにも鞋《くつ》さへまだ出來ない。

田舍者は常に草鞋を穿つ、都に往かんとせば鞋よりして造るべし。

（一〇八〇）子供の樣でない奴が、不幸のあつた內へ往つて位牌を盜む。

惡むべきをいふ也。

（一〇八一）齒の澤山な八十老爺の樣だ。

意明かなり。

（一〇八二）一魚水を濁す。

一奸國を亡すの意なり。

（一〇八三） 犬に食はせやうと粥を作つた。

犬骨折つて鷹に取られる。

（一〇八四） 雉子は頭許り草に隠す。

意明かなり。

（一〇八五） 山が笑へば野原が泣き。野原が笑へば山が泣く。

朝鮮の田地は水利の工あることなく唯だ降るが儘の天水に依頼す。されば洪水に依りて蒙る害は極めて稀にして旱魃に依りて凶作となるは頻年なり。この俚諺は能くこの光景を云へるものなり。大雨なれば山は崩れて泣け共田野は豊作にして穀物穂穂として笑ひ。旱魃なれは山崩れざれ共不作にして田野生色なし。大雨に山崩るといへは山林なき禿山なることを知るべし。

（一〇八六） 死僧を得て笞《むち》を習ふ。

抵抗する力なき者を攻撃して以て我か立身出世の資となすを云ふ。

（一〇八七）賣つても我が田地。

賭博より出し俚諺なり。今負けて我が田地を賣り飛ばしたれ共復た直ちに勝ちて買ひ戻さんといふなり。


（一〇八八）餘りけちで眉間に刺された錐でも吸ひ込む。

錐も亦金屬なればなり。され共錐を眉間に刺されては活くること難し。終に利に殉す。


（一〇八九）靑瓦製造者。

靑瓦は靑若くは淡褐色の釉藥を塗りし瓦なり。前朝の廟社宮室多く之を用ふ。され共此が製造は秘密に屬し工匠一子相傳して他に漏さゞるを法とす。此の諺は秘して人に傳へざる事ある場合に用ふ。


（一〇九〇）廳を借りて房に入る。

廂を假りていつか母屋に入れるなり。

（一〇九一） 二階に登らせて梯子を去る。

人を擔ぎて終に困厄に陷らしむるなり。

（一〇九二） 枕を高くするものは命が短い。

朝鮮の俗傳に曰く東方朔は紙一枚を枕とせりと。實にも小兒は枕の高きを好まず。

（一〇九三） 錢は持たねど網巾の品惡ろし。

批評は容易なり。買ふ力なければ品好みするに當らねど粗末なる品は善しとは言はぬが人情なり。

（一〇九四） 洞簫が町に往けば聲がなくなる。

他の諸音は羞ぢて聲を收むるなり。西施出れば婦女皆顏色なし。

（一〇九五） 科擧に及第は出來ないでたゞ倡夫を先導さする。

前朝科擧に及第せる者は唱夫を傭うて行列を作りて市街を練り行く。之を遊街と謂ふ。及第もせずして遊街すおかしき極なり。

（一〇九六） 春風に死ぬ老人。
初春の風陣々たり。反りて人に毒なり。寒冬に生き長らひし老人の此期に至りて死するもの尠からず。

（一〇九七） 魯城尹氏の食道樂。

（一〇九八） 連山金氏の墓道樂。

（一〇九九） 懷德宋氏の家道樂。
魯城、連山、懷德は忠清南道の地なり。尹氏金氏宋氏は何れも名門の大兩班なり。夫々の豪奢ありと見えたり。

（一一〇〇） 一度出した言葉は拾はれぬ。
意明なり。

（一一〇一） 姑が死むで奥の座が私の物。
意明なり。

（一一〇二）言葉の多いのは寡婦の家の下女。
されど共言葉の種子を作るは寡婦に非ずや。

（一一〇三）餓死するのは丞相になるより六づかしい。
故に伯夷は百代に傳はる。

（一一〇四）大家の宴會に小家の豚死す。
一將功成りて萬骨枯るとも謂ふべきか。

（一一〇五）堅い堅いのは慶尙道の奴だ。
これも地方の俚諺なり。されど共慶尙道の人は由來眞摯なるに名あり。

（一一〇六）祈禱せずに三食でもせよ。
意明なり。

（一一〇七）隣りは從兄弟。
比隣の親しむべきを言へるなり。

（一一〇八）池を掘れば蛙が集まる。
權勢を得れば賓客沓至す。

（一一〇九）出て往く言葉が奇麗でこそ入つて來る言葉が奇麗だ。
意明なり。

（一一一〇）飯を貰ひに行く暇はあれど、取入れを覩に行く暇はない。
不精者を笑へるなり。朝鮮の法秋期收穀の際地主は田に往きて監督す。さらでは小作人にしてやらるゝの虞あり。

（一一一一）粉は振る程奇麗になるが言葉は振る程荒くなる。
意明なり。

（一一一二）實父の薪割する處へは往かないが、義父の餅搗する處へは往く。
薪割の手傳へは骨折れ餅搗の手傳は餅を得るの望あり。人情利を主とするに譬ふ。

（一一一三）炭を衡《はか》りて焚き、米を數へて食ふ。

吝嗇の極を形容せり。

(二二四) 十年の茶屋遊に人の顔色を讀む事だけ覺えた、

警拔。遊蕩兒得る所此に窮まらん。

(二二五) 村の内の處女の成長したことは判らない。

娘は常に内房に蟄居して男に面見らるゝこと稀なればなり。

(二二六) 自分の顔の醜いことは言はないで鏡をこわす。

婦人の情を穿てり。

(二二七) 酒の禁令に麴の取引。

高麗及李朝に在りて往々全國に禁酒令を下したりしは史乘に昭々たり。され共斯かる時にも酒麴は盛に取引せらるゝなり。其の實に行はれざること見るべし。

(二二八) お上の命で把摠にされて官帽の心配。

朝鮮の平民は皆兵丁たるべき義務あり。一村の内特に見立てられて什長伍長に任ぜらるゝ者あり。其の者は難有もなき任命を受け、爲に官帽を買うて蒙らざるべからず。世話に所謂難有迷惑の意なり。

（一二九）先づ網巾を着けて顔を洗ふ。

先後顚倒せるなり。顔を洗ひて後に着巾するを法とすればなり。

（一三〇）人を殺した奴が九遍吊ひを言ふ。

以て己れが罪を蔽はんとするなり。

（一三一）白丁《ゑた》が兩班の眞似《まね》をしても犬が吠える。

白丁は朝鮮社會中最賤階級にして屠獸皮革の業をなす。中に往々富めるあり。他郷に往きて美服鷹揚に士人を摸するも鋭敏なる狗子は既に之を識別して劇しく吠ゆ。是れ實際にして鮮人も亦異常となす。

（一三二）坊主の食ふ素麪は魚を下に入れて盛る。

魚肉を覆ふなり。

（一一三三）麥で造つた酒はどうしても麥の癖が拔けない。

朝鮮に亦た舊と麥酒あり。米酒に比して品尤も降る。

（一一三四）凶年に閏月がある。

凶年は早く過ぎん事を祈るに生憎閏月あり。民の窮や更に一層を加ふ。

（一一三五）釜は黒いが飯は黒くない。

意明かなり。

（一一三六）稻村に火を付けて稻粒を拾ふ。

輕重を誤れるを謂ふなり。

（一一三七）芋の畑で針を探す。

求め難きをいふなり。

（一一三八）餅家で酒を尋ねる。

見當違ひなり。

（二二九）蜜瓶の表を舐める。

何ぞ甘からんや。

（二三〇）平壤監司でもいやなら成らない。

監司は小なる王者なり。就中平壤監司を以て王中の王となす。眞の國王たることは臣下の分望むべからざる所。平壤監司は朝鮮人の普ねき理想なり。され共人あり若し之を厭はゞ敢て之を辭せんといふなり。

（二三一）友達が勸めるので喪の笠を被る。

喪笠は鍔廣き竹もて編める笠なり。顔を掩うて人をして見る能はざらしむ。此の俚諺は主心なき人の他人の言に依りて動かさるるを形容せるなり。

（二三二）爺《おやぢ》の下人でも自分の下人には及ばない。

到底我の程は遠慮なく使用する能はざればなり。

（二三三）鬼神の聞く所で餅の話をするな。

朝鮮の鬼神は餅を嗜むと信ぜらる。

（一二三四）鶴がコッ〳〵と啼くと鸛の鳥もコッ〳〵と啼く。

附和雷同を謂へるなり。

（一二三五）牛亡《な》くしたものは牛を捜し、馬亡くしたものは馬を捜す。

意明なり。

（一二三六）猫を肉庫の番人にする。

意明なり。

（一二三七）長承箭に餅の餡を塗り着けて餅の價を請求する。

長承箭は里程を記して路傍に立てられし人形標なり。之に魔憑けりと信ぜらる。餡を塗抹せるは以て祈禱の意を表すなり。大抵世間の神頼みは之に類す。身に不幸來れば聊かの供物をなして其の必ず免灾せしめ給はんことを強請す。

（一二三八）病氣をやり藥をやる。

仇を與へて恩を賣る。

（一二三九）大工の多い家は屹度傾く。

意見區々にして統一を缺けばなり。

（一二四〇）竿で天をはかる。

意明なり。

（一二四一）遊むだ迹は無いが勉強した功は殘る。

意明なり。

（一二四二）食つた牛が糞をする。

意明なり。

（一二四三）夢も見ない前に夢判斷。

おもしろし。

（一二四四）役人にならない前に日傘の用意。

日傘は高官の人の出歩きに從者の指して日を遮るものなり。

（一二四五）曉に往けば夕方に來たものがある。

上に上あるに譬へしなり。

（一二四六）斧の脊に刄を着ける。

咸鏡道俚諺なり。用なきに力を費やすの愚を笑へるなり。

（一二四七）絹の着物を着れば從兄弟迄溫かい。

此も咸鏡道の俚諺なり。邊僻の地風俗質素絹衣の衣難きこと由て以て知るべし。

（一二四八）世の中は元亨利貞が第一だ。

元亨利貞とは正道の意なり。漢語の俗化せられしこと斯の如し。

（一二四九）雨の降るのは飯を焚く婦人が眞先に知る。

雨の降らんとするや炊烟低く地を這ふが故に炊婦先づ之を知るなり。

（一二五〇）無用の嫉妬で可愛い子供が害を受ける。

婦の氣荒くなりて子供に迄強く當ればなり。

（二五一）死ぬには頓死が一番。

苦痛なければなり。

（二五二）今喫べるには乾柿が甘い。

朝鮮には澁柿多し。

（二五三）誕生日の祝に澤山食べやうと思つて七日前から絶食して遂に死んだ。

愚夫の愚を形容せるなり。

（二五四）心安くなつて離れる。

寧ろ初より知らざりしに如かず。

（二五五）犢《こうし》十匹持つた牝牛は鞍を卸す暇がない。

世間の多子多苦を言へるなり。

（二五六）いやな人には追ひかけて挨拶をする。

敬遠主義を巧みに表はせり。

（一一五七）橋の下で郡守を呵る。

畏しき尹君は相見てはたゞ平伏するのみ。たゝ橋下に在りて橋上の人見ず恣に悪口して聊か自ら快とす。

（一一五八）高麗の公事。

高麗の晩年政權王家を離れて制令朝令暮改し民適從する所を知らず。此の諺の生ぜし所以。

（一一五九）僧に非す俗に非す。東すべく、西すべし。

主見定體なき人を笑へるなり。

（一一六〇）蟻は小さいが塔を築く。

意明なり。

（一一六一）懐仁郡に監司が來た。

懐仁は忠清北道清州の南、山間の寒郡なり。突如一日監司公此に枉駕す。郡官吏員乃至邑人如何にして之を禮接待遇すべきかを知らず。徒に周章慌忙するのみ。此れ懐仁地方の俚諺なり。然りと雖も單に懐仁のみならず山間の寒邑は皆斯くの如し。

（二二六二）廳庭に粟を晒し郡守が雀を逐ふ。

此亦懐仁の俚諺なり。地僻に人朴にして官事閑なるを形容せるなり。

（二二六三）尹君來る時に泣き、去る時に復た泣く。

これ亦懐仁の諺なり。郡守の懐仁に任命せらるるや地僻に民寒疎なるを以て謫せらるるが如くに思ひて泣き。既に着任してよりは官事閑に民淳樸加ふるに山水最も清秀漸く狎れて漸く捨て難し。遂に此仙鄕に老いんことを願ふるに至る。轉任の命を受くや戀々として去り難く復た泣く。此と同意味の俚諺又た他地方にもあるが如し。

(二二六四) 虎も飢えては宦官でも食ふ。
宦官は陽物を斷ちたれば人の數には入らぬと見ゆ。
(二二六五) 腐つた繩でも引けばこそ切れる。
何事も努せずして成らざるを謂ふなり。
(二二六六) 蝶番は錆びない。
恒に活動すればなり。
(二二六七) 寛の樋は腐らない。
前諺と同意。
(二二六八) 糞の中でも猫の糞が一番惡い。
猫糞の臭氣眞に堪へ難し。
(二二六九) 明日の天子より今日の宰相。
かゝる意味の諺猶外に在り。

（二七〇）正しい人の兒は餓死することがない。

積善の家には餘慶あるをいふなり。

（二七一）酒が如何に烈《きつ》くても飮まない者は醉はぬ。

意明かなり。

（二七二）他家の金櫝は吾家の只の櫝には及ばぬ。

我か物ならぬ物は我に價なし。

（二七三）善く走る善く走ると褒められて僧帽を脫いで手に持つて走る。

世間の虛譽に乘りて徒らに我が身を苦むる可笑しさを笑へるなり。

（二七四）一度漏れた水は復た拾はれぬ。

意明なり。

（二七五）犬の樣に働いて宰相の樣に食ふ。

犬の如き働は賤しく苦し。されど共後來能く宰相の如く安樂に生活するを得ば人生の希望達せりと謂ふべし。

（二七六）明太魚一疋やつて祭臺を顚覆《ひつくりかへ》す。

小利を與へて大害を加ふるをいふなり。

（二七七）蝙蝠に蜜をやる樣だ。

朝鮮の兒童等蝙蝠を捕へんとすれば棒尖に少しく蜜を塗りて之を嘗めしめつゝ漸く近寄りて捕ふ、本俚諺の生する所以。

（二七八）頭を捕《つか》めてこそ尾を捉められる。

尾を捉へたりとて頭は捉ふる能はず。所謂各種の運動の方法之を以て最善とす。

（二七九）盲者《めくら》か入口を間違へぬ。

案外の者の出來善かりし等に譬ふ。

（二八〇）急流の水は山を穿てない。

却りて靜に流れて絕えさる水山を穿つ。

（二八一）　狂人《きちがひ》が虎に食はれた樣だ。
力を量らずして强敵に向ひて敗れたるをいふなり。

（二八二）　串は燒けたが魚は不熟《なま》だ。
世間かゝる事往々にして見る。

（二八三）　泥棒は主人を憎む。
主人なくして思ひの儘に物の盜まるる家を愛するなり。

（二八四）　悧巧ぶるのは馬鹿を立て通すに叶はぬ。
處世の道守我愚を第一となす。

（三八五）　大川邊の田地は買ふものでない。
價廉なれ共洪水の患絕えざるなり。

（二八六）　年の少《わか》い者には借金給《や》れ。
先づ世間の眞味を嘗めしむるなり。

（二二八七）人を欺くのは天を欺くより難い。

意明なり。

（二二八八）友達にやる物はないが泥棒にやる物はある。

意明なり。

（二二八九）曹操の矢却りて曹操を射る。

曹操は奸人なり。人を陥るるを以て能となす者。され共終に自ら傷くことあるを言ふなり。三國志の廣く讀まれたるは此諺に就ても知るべし。

（二二九〇）一身起居の自由は足袋を寛くするに在り、一家の和合の安樂は蓄妾せざるに在り。

而して足袋を堅く作り妾を蓄ふるは朝鮮紳士の習弊なり。

（二二九一）十人の刑吏と交るよりも一條の罪を犯すな。

意明なり。

（一二九二）子孫の多いのを願ふより教育に注意せよ。
意明なり。

（一二九三）世間見ずの悧巧は世間の廣い愚か者に及ばない。
是れ往々學者の意見の政治家に侮らるゝ所以。

（一二九四）西門の門番餅を搗く。
これ平安南道德川郡の地方諺なり。昔時一度德川郡守西門の門番をして無賃にて餅を搗かしめたることあり。其後例となりて毎々無賃にて搗餅せしめたり。此諺の生ぜし所以。

（一二九五）死んだ鷄にも戶稅を負はす。
亦德川郡の俚諺なり。李朝晚年政道糜爛するや小兒傭人迄も一人格として之に上納を課したり。此の俚諺は此を極端に表せるものなり。

（一二九六）寢て居る傦も餅五つ。

爲す事なくして祈禱の供餅の分配に預るなり。

（二九七）幼僧に肉を食はす。

人を誘うて罪悪に陷らしむるの意なり。

（二九八）村外《はづ》れへ往つて米粒を拾ふ。

失敗して生計に困難するに喩ふ。

（二九九）母と娘と豆腐を作る樣だ。

二人仲善く働き其の結果亦た善きを言ふなり。

（三〇〇）蠅一石皆な食つたと言はれても、實際食はなけりや其れ迄だ。

如何なる寃罪を受くるも良心に羞つる所なければ憂ふるに足らざるをいへるなり。

（三〇一）猫が鼠を愛する樣だ。

意明なり。

（三〇二）蝿奴《はへの》に頭に蛆を産み付けられた。

人より凌辱せらるゝに喩ふ。

（三〇三）壽㞑《すどる》が寧邊へ往つて戻つて來た様だ。

昔壽㞑なる馬鹿者寧邊へ使者に往き用を辨ぜずして返り來れり。使者の返りて要領を得ざるに喩ふ。

（三〇四）庖丁は自分の柄を削られない。

意明なり。

（三〇五）刀を扱いてはたゞには鞘に納めるな。

これ平安北道碧潼郡の俚諺なり。如何に北邊人の氣象慓悍にして血を畏れざるかを見るに足るべし。

（三〇六）どんな名刀でも使ひ方を知つてこそ斬れる。

意明なり。

（一三〇七）年の少い娘が先に嫁入つた。

意明なり。嫁せるは娘の成功なり。

（一三〇八）雉子が、歩く様に上手に飛べれば鷹に捕へられない。

實に雉子は飛ふに拙にして歩くに巧なり。世間に一長一短ある者、己れが短を以て人の長と較するハ皆雉と鷹との如し。

（一三〇九）瘠馬《やせうま》は尾長し。

おもしろき所を見付けたり。馬痩せたりとて尾特に長ずるにあらず。何となく尾長く見ゆるものなり。人亦然り。貧しければ自然貧相に見え、富めば復た福相に見ゆ。

（一三一〇）仁を行はんとせば産を破り、産を殖さんとせば仁を行ふ能はず。

是れ仁の聖諦第一義たる所以なり。

（一三一一）婦人の笑は財布の涙。

虛榮は婦人の天性なり。婦悅へば財囊渇く。

（三二二）我家の煙は他家の火より善い。

（三二三）鷄は金剛石を見ても麥とも思はぬ。

意明なり。

（三二四）新しい草鞋を買ふ前に舊い草鞋を捨てるな。

此の俚諺をよく實踐せば天下に浪人の數甚だ減ぜむ。

（三二五）強い馬は繫がれた杭《くひ》で傷く。

處世の道剛を忌むなり。

（三二六）馬の尾に着いた蠅が萬里を往く。

（三二七）穴を堀るには劍は鑿《のみ》に劣り、鼠を捕へるには驥は猫に劣る。

二諺共に支那より輸入せるものなり。

（三二八）泥棒月を嫌ふ。

哀れ暗闇の人間よ。

（三二九）盲人に目で知らし、聾者に囁《さゝ》やく。

意明なり。

（三三〇）土を食ふ蚯蚓は世界の土を惜む。

土の食ひ盡されんことを憂ふるなり。

（三三一）白酒は人の顔を赤くし、黄金は士の心を黒くする。

意明なり。

（三三二）足の折れた大將が城内で怒つて居る樣だ。

怒憤如何に熾なりと雖一步城外に出るを得ず。

（三三三）虎の腹から狗。

子の不肖なるを謂ふなり。

（三三四）死むだ子供の耳形《み・なり》の善いことを言ふな。

耳形に依りて運勢を占するを得。され共如何に耳形福よかなりしとて死せる者は詮なし。

（二三五）　頭が大きければ將軍、足が長ければ泥棒。

朝鮮亦人の頭大なるを尊ぶ殊に前後徑の大なるを相好しとなす。

（二三六）　他家の火事を見物せない君子はない。

朝鮮田舍の故俗他家の火災に駈け付けて之を救ふの事なく多くたゞ傍觀して恬然たり。され共其の一旦鎭火するや翌日より直ちに村民協力して再建の事に從事し主人は唯だ飯を饗するのみにて賃銀を出さざるを常とす。されば未だ幾日ならずして再び家の立つを見る。これ予の江原道地方にて屢々實驗せる所なり。此の俚諺を以て一概に他人の患難を恤へざるものと解するは當らず。

（二三七）　襦袢を脫いて銀の指輪。

襦袢も着けさる程の者銀指輪を串《は》むるは身分に相應せざるなり。

(一三二八)　十里の砂原にも眼を銜く棘はある。

世には親友多くとも又讐敵あるを言へるなり。

(一三二九)　いくら雀が騒いでも青大將は動かない。

恐るゝに及ばざればなり。

(一三三〇)　曲つた木が先祖の墓の守り木。

曲木は風致あり又材に適せざればなり。物各其の用所あるを謂へるなり。

(一三三一)　盲者の家に窓硝子。

おかしきをいへるなり。

(一三三二)　盲者の眼形《めなり》は如何《どう》でも、占ひが上手ならそれでよろしい。

朝鮮の盲者はみな占を業とす。既に盲者なれば眼形の如きは問ふに及ばざるなり。

(一三三三)　山豚を捕へに往つてる間に飼ひ豚を虎に捕られた。

小利を望みて大損に逢ひしなり。

（一三四）鰥夫《やもめ》が法事を延ばす樣だ。

手廻り兼ぬればなり。期日を遷延するに用ふ。

（一三五）賭《か》け錢七文に博奕打は九人。

爭猛ならざるを得ず。

（一三六）一粒の飯が十の鬼を逐ふ。

病みて後に祈禱するより平生攝生に注意しよく滋養分を取るべきを謂へるなり。

（一三七）被衣《かつぎ》の裏で飴を食ふ樣だ。

人知れず獨り事業を經營する場合等に使用す。

（一三八）先きに生へた耳は使へなくても後から生へた角は使ふ。

後生畏るべしの意なり。

（一三九）五獸動かぬ有樣。

鼠、猫、犬、虎、象なり。鼠は猫を見て動く能はず、猫は犬を見て動く能はず、犬は虎を見て動く能はず虎は象を見て動く能はず。

（三四〇）坊主が櫛代《くしだい》を儲《た》めた事があるか。

下戸の建てた庫はなし。

（三四一）富子は衆人の食膳。

人情何國も同じ。

（三四二）人の父は己《お》れの父。

我が父を愛敬するを知らば人の父をも愛敬すべし。

（三四三）飢えた狗が厠を望むで喜ぶ。

食を擇ばざるなり。

（三四四）貰つた粥に頭が痛い。

人に物を與ふるにも禮道を踏まざれば與へて却りて心を失するを謂ふなり。

（三四五）年取つた犬が門を守るのが辛い。

大家に飼はれて豐養せられながら我が能の之に副ふこと能はざるを憂ふるなり。

身不才の者優遇を受けながら内心痛憂あるに譬ふ。

（三四六）僧を見て劍を拔く。

人を見るの明なきに喩ふ。

（三四七）川を越えてからの杖、取入れを濟ましてからの袋。

狡兎死良狗烹の類。

（三四八）拾うた物はサドンの狗でも返さぬ。

朝鮮人の拾得を以て所有權と同一視すること知るべし。

（三四九）連れ子が自分より三つ年上。

不似合なるを擧げたるなり。

（三五〇）御寺に往つて佛を烹る。

家に居りて主人を毒する者を罵るなり。

(一三五一) お祖父さんと孫娘の様な連れ合ひ。

呆然として言語道斷の場合に用ふ。され共今の世呆るゝ人漸く減ず。

(一三五二) 帝釋の叔父も働かねば食はれぬ。

意明なり。

(一三五三) 夜鏡を窺《のぞ》けば好きな女を見られぬ。

(一三五四) 夕方顔を洗へば痘痕《あばた》女を娶る。

(一三五五) 食後直に寢ると牛になる。

(一三五六) 太陽のある内に燈火《あかり》を點《つけ》ると惡い嫁を貰ふ。

(一三五七) 我が往く道を狐が横切ると商賣がよく出來る。

(一三五八) 蟻が引つ越したら雨が降る。

(一三五九) 豚が騒げば風が吹く。

（三六〇）朝小說を讀むと貧乏になる。

（三六一）食事時に高い聲を出すと貧乏になる。

（三六二）用事のないのに箒で掃くと惡口を聞く。

（三六三）自分の頭髮を人に踏まれると憎みを受ける。

（三六四）衣物《きもの》の紐を長くすると女に惚れられる。

（三六五）齒痕のある食物を食ふと爭ふ。

（三六六）鼠の尾を捉へると食物の味がなくなる。

（三六七）外出の際眞先に女を見ると身に害がある。

（三六八）夜中に足の爪を切ると屍體を番する人となる。

（三六九）深山で咽喉が渴《かわ》いたと言ふと虎を見る。

（三七〇）熱い酒を吹いて飮むと鼻の尖が赤くなる。

（三七一）寢てから齒切りをすると貧乏になる。

（一二七二）屍體の上を猫が通ると立つ。
（一二七三）冬の日山の花が咲くと豊年だ。
（一二七四）主人が出發後《たつてから》主人の室を掃くと主人が脚病になる。

以上は皆黄海道松禾郡地方の迷信なり。期せずして我國の其れと符合するものあるもおもしろし。

（一二七五）功勞は働いた人に、罪は犯した者に。

意明なり。

（一二七六）惡い草を刈れば善い草も刈らる。

玉石共焚。

（一二七七）厭やな筈は受けても厭やな食ひ物は食はぬ。

意明なり。

（一二七八）獵に往くに銃持たずに往く樣だ。

意明なり。

（三七九）炒豆に花が咲くか。

意明なり。

（三八〇）法を知らない官吏が笞で勢を示す。

官の畏るべく惡むべき所以。

（三八一）幼い時に曲つた木は後に鞍の材となる。

幼時の習慣の恐るべきを謂へるなり。

（三八二）草の緑もよく視れば別々だ。

造化の妙は一幽草の端にも見るべし。

（三八三）牛は農家の御先祖。

全羅南道の俚諺なり。朝鮮の農業牛なくては、濟すこと能はず。

（三八四）百姓は土龍《もぐらもち》だ。

土龍の土を離るれば死するか如く、農民亦田地を離るれば活くる能はず。

（三八五）家に虎一つあれば繁昌す。

家中の誰か一人虎の如き威厳を以て家事を監督し指揮すれば家族畏服して敢て怠惰に流るることなし。

（三八六）體の無事なのは郡吏のお蔭、腹の脹れるのは天のお蔭。

凡そ腹に入る物質にして天力に待たぬ物あらざればなり。

（三八七）人が銀裝刀を佩びるから、己れは庖丁を挾《さ》す。

人眞似《まね》するのおかしみを謂へるなり。

（三八八）空家《あきや》に人を入れる。

博奕をなすに錢持たぬ者をも入れて、錢持てる者の錢を奪ふ等の場合に用ふ。

（三八九）桑の葉も摘みだり、男にも逢つたり。

田舍の娘の心を善く說き出せり。

（三九〇）鬼神に桃の木の棒。

鬼神は桃の木を忌避すと信ぜらる。

（三九一）觀察使の到る處宣化堂。

宣化堂は觀察使の在る所なり。されば觀察使の在る所何處を問はず宣化堂たるべきなり。

（三九二）長《たけ》の低い人も、高い人も、天に屆かないのは一樣だ。

五十步百步と略相似たり。

（三九三）酒食を一所にするには友達で善いが、患難相救ふは兄弟でなくてや駄目。

兄弟の朋友より重きを謂へるなり。

（三九四）お寺に居る婦女をおばさんと呼ぶ奴は坊主の義侄だ。

寺に居る婦女は如何なる名義なるに拘らず實は僧妻なり。之を嫂と呼ぶ者なれば僧の妻の侄なることと明なり。

（一三九五）子を育てることを覺えてから嫁《よめ》に往く女があるか。

育兒の婦人自然の本能なるを謂へるなり。

（一三九六）自分は藪から滑り落ちる砥石の樣だ。

砥石を藪におとせばするくと拔け落ちて木の根草の間に隱れむ。人と共に密事を計劃しながらや〻形勢不利と見るや早く身を脫して我不關焉たる者を謂ふ。

（一三九七）人情は馬に積み、進上は串《くし》に刺す。

人情は大小官吏の王と民との間に在りて取る所、進上は王の手に入る所なり。彼茜多此甚少。民瘠せて王亦肥えざる所以。

（一三九八）昔は取られるに忙しく、今は貰うに忙しい。

是最近總督府施政以後の發生に係る。實に總督府の政治は民に與へて民を富ましめん事をこれ謀れり。前朝民に取りて與へざりしと比較すれば民に此の感生するも宜なり。

（終）

明治四十三年九月一日印刷
明治四十三年九月五日發行

價金壹圓

不許複製

著作者　高橋亨
京城南山町一丁目

發行者　森山美夫
京城本町二丁目四十番戶

印刷者　青木弘
東京市牛込區市ケ谷加賀町一丁目十二番地

印刷所　株式會社秀英舍第一工場
東京市牛込區市ケ谷加賀町一丁目十二番地

發行所　日韓書房
京城本町二丁目四十
電話百四十五番
韓振替口座百十五番

이시준 숭실대학교 일어일본학과 교수
숭실대학교 동아시아언어문화연구소 소장
일본설화문학, 동아시아 비교설화 · 문화

장경남 숭실대학교 국어국문학과 교수
한국고전산문, 동아시아속의 한국문학

김광식 숭실대학교 동아시아언어문화연구소 전임연구원
한일비교설화문학, 식민지시대 역사 문화

숭실대학교 동아시아언어문화연구소
식민지시기 일본어 조선설화집자료총서 2

조선이야기집과 속담

초판인쇄 2012년 05월 01일
초판발행 2012년 05월 14일

저 자 다카하시 도루(高橋亨)
편 자 이시준 · 장경남 · 김광식
발 행 인 윤석현
발 행 처 제이앤씨
등록번호 제7-220호
책임편집 이신

우편주소 132-702 서울시 도봉구 창동 624-1 현대홈시티 102-1206
대표전화 (02)992-3253
전 송 (02)991-1285
홈페이지 www.jncbms.co.kr
전자우편 jncbook@hanmail.net

ISBN 978-89-5668-911-1 94380 정 가 70,000원